MÉMENTOS LMD

Droit des Sociétés

et des groupes

4e édition

Jean-Marc MOULIN
est Maître de conférences de droit privé à l'Université de Caen et Co-directeur du Master Ingénierie Financière et des Marchés à l'IUP Banque Assurance de l'Université de Caen.

Du même auteur chez le même éditeur

- Manuel – Droit des sociétés, coll. *Fac-Universités*, 2006
- Exercices corrigés – Droit des sociétés, coll. *Exercices corrigés*, 2e éd., 2007
- Master Pro – Droit de l'ingénierie financière, coll. *Fac-Universités*, 3e éd., 2009

33, rue du Mail 75081 Paris cedex 02
ISBN 978 - 2 - 297 - 01312 - 3

MÉMENTOS LMD

Droit des Sociétés

et des groupes

4e édition

Jean-Marc MOULIN

Gualino
lextenso éditions

Présentation

Cet ouvrage a pour objectif de présenter de manière concise, simple et aussi exhaustive que possible le droit des sociétés et des principaux groupements participant à l'activité économique.

Il se développe autour de trois axes principaux.

Le premier a pour ambition de présenter ce que l'on peut qualifier de droit commun des sociétés. Ainsi, la première partie s'intéresse à la naissance des sociétés, la seconde aux règles propres aux sociétés à risque illimité et la troisième à celles relatives aux sociétés à risque limité.

Le second axe veut traduire l'ambition du législateur de multiplier les structures juridiques afin de mieux répondre aux souhaits de tous ceux qui veulent initier une entreprise économique ; ainsi, la quatrième partie présente les règles relatives à quelques groupements particuliers intervenant dans le domaine économique.

Le troisième axe, enfin, se propose de révéler l'aspect dynamique du droit des sociétés en présentant dans la cinquième partie l'encadrement juridique de la structuration des sociétés et des groupes qu'elles constituent entre elles.

Ce mémento s'adresse aux étudiants des UFR de Droit et d'AES, des IUP, des écoles de commerce, des IUT et à ceux qui sont inscrits en BTS. Plus largement, il intéressera tous ceux qui, pour des raisons professionnelles (examen, concours) ou personnelles, souhaitent mieux comprendre le fonctionnement et l'agencement de ces acteurs principaux de l'économie contemporaine que sont les sociétés et les autres groupements.

Sommaire

Présentation 5

Introduction 21

1 Définition de la société 21
2 Intérêts de constituer une société 21
3 Évolutions du droit des sociétés 22
4 Tendances contemporaines du droit des sociétés 23
5 Sources du droit des sociétés 23

PARTIE 1
Naissance de la société

Chapitre 1 Conditions tirées du droit commun des contrats 29

1 Capacité des associés 29
A - Les mineurs 29
B - Les majeurs 29
1) Les incapables 30
2) Les personnes mariées et « pacsées » 30
3) Les débiteurs en sauvegarde, redressement ou liquidation judiciaire 31
4) Les étrangers 31
C - Les personnes morales 31
2 Consentement 32
A - L'existence du consentement 32
B - La sincérité du consentement 32
C - L'intégrité du consentement 32
3 Objet 32
A - Les caractéristiques de l'objet social 33
B - Les incidences de l'objet social 33
4 Cause 34

Chapitre 2 Conditions tirées du droit propre aux sociétés 35

1 Associés 35
A - Le nombre 35
B - La qualité d'associé 36
2 Apports 36
A - La nature des apports 37
1) Les apports en numéraire 37
2) Les apports en nature 37
3) Les apports en industrie 38
B - Les modalités d'apport 38
1) L'apport en pleine propriété 38
2) L'apport en jouissance 38
3) L'apport en usufruit 39
3 Partage des résultats 39
A - La participation aux bénéfices et aux économies 39
1) La vocation au partage 39
2) Les modalités du partage : liberté et limites 39
B - La contribution aux pertes 40
1) La notion de contribution 40
2) Les modalités de contribution 41
4 Affectio societatis 41
A - La définition 41
B - Les incidences 41

Chapitre 3 La personnalité morale de la société 43

1 Création de la société personne morale 43
A - Les formalités de la constitution 43
1) Avant la rédaction des statuts 43
2) La rédaction des statuts 44
3) Après la rédaction des statuts 44
B - La reprise des engagements antérieurs à la constitution 45
C - Les nullités de la période constitutive 46
1) Les causes de nullité 46
2) L'action en nullité 47
3) Les effets de la nullité 48
2 Existence de la société personne morale 48
A - L'individualisation de la société 48
1) La dénomination sociale 48
2) Le siège social 48
3) La nationalité 49
4) La durée de la société 49
5) Le caractère civil ou commercial de la société 50

B - Le financement de la société 50
1) Le capital social 50
2) Le quasi-capital 51
3) Les comptes courants d'associés 51
4) Les contrôles liés au financement 52
a) Missions du commissaire aux comptes 52
b) Moyens du commissaire aux comptes 53
c) Statut du commissaire aux comptes 53
C - La responsabilité de la société 53
1) La responsabilité civile 54
2) La responsabilité pénale 54
3 Transformation de la personne morale 54
4 Extinction de la société personne morale 55
A - Les causes de dissolution 55
1) Les causes communes 56
2) Les causes particulières 56
B - Les effets de la dissolution 57

Chapitre 4 Fonctionnement de la société 59

1 Associés 59
A - Les droits individuels des associés 59
1) Les droits pécuniaires 59
2) Les droits extra-pécuniaires 60
a) Droit à l'information 60
b) Droit de vote 61
3) Les droits patrimoniaux 62
B - Les assemblées d'associés 62
2 Dirigeants de la société 64
A - Le statut des dirigeants sociaux 64
1) La désignation 64
2) La durée du mandat 65
3) Le cumul mandat/contrat de travail 66
a) Dans les SA à conseil d'administration 66
b) Dans les autres sociétés 66
4) Le statut fiscal et social 67
B - Les pouvoirs des dirigeants 67
1) Dans le cadre d'une société in bonis 67
2) Dans une société en crise 68
C - La responsabilité des dirigeants 69
1) La responsabilité civile des dirigeants 69
a) Hypothèses de responsabilité des dirigeants sociaux 69
b) Régime de la responsabilité 70
2) La responsabilité pénale des dirigeants 71
3) La responsabilité fiscale des dirigeants 72

3 Salariés 72
A - Le droit politique des salariés 72
B - Les droits pécuniaires 73

PARTIE 2
Règles propres aux sociétés à risque illimité

Chapitre 5 La société en nom collectif (SNC) 79

1 Constitution 79
A - Les associés 79
B - Le capital 80
C - Les formalités 80
2 Organisation interne 81
A - Les dirigeants 81
1) Le statut 81
a) Nomination 81
b) Cessation des fonctions 81
2) Les pouvoirs 82
3) Les responsabilités 82
B - Les associés 83
1) Les droits 83
2) Les obligations 84
3 Mutations 85
A - Des parts sociales 85
B - De la structure sociétaire 85
1) La transformation de la société 85
2) La dissolution de la dissolution 86

Chapitre 6 La société en commandite simple (SCS) 87

1 Constitution 87
A - Les associés 87
B - Le capital 87
C - Les formalités 88
2 Organisation 88
A - Les dirigeants 88
1) Le statut 88
2) Les pouvoirs 89
3) Les responsabilités 89
B - Les associés 89

1) Les statuts des associés 89
2) Les droits des associés 89
3 Mutations 90
A - Des parts sociales 90
B - De la structure sociétaire 91
1) La transformation de la société 91
2) La dissolution de la société 91

Chapitre 7 Société sans personnalité morale 93

1 Société en participation 93
A - Constitution 93
B - Fonctionnement 94
1) Entre les associés 94
2) Vis-à-vis des tiers 94
C - Extinction 95
2 Société créée de fait 95
A - Constat d'existence 95
B - Régime 96

Chapitre 8 La société civile de droit commun 97

1 Constitution 97
A - Les associés 97
B - L'objet social 98
C - Le capital social 98
2 Organisation 98
A - Les dirigeants 98
1) Le statut 98
2) Les pouvoirs 99
3) Les responsabilités 100
B - Les associés 100
1) Les droits pécuniaires 100
2) Les droits politiques 100
C - Les mutations 101
1) Des parts sociales 101
a) Transmission des parts 101
b) Droit de retrait des associés 102
2) De la structure sociétaire 103

PARTIE 3
Règles propres aux sociétés à risque limité

Chapitre 9 La société à responsabilité limitée (SARL) 107

1 Constitution 107
A - Les conditions de fond 107
1) Le nombre d'associés 107
2) Le capital social 108
B - Les conditions de forme 109
2 Organisation 109
A - Les dirigeants 109
1) Le statut 109
a) Nomination 109
b) Cumul mandat/contrat de travail 109
c) Révocation du gérant 110
2) Les pouvoirs 110
3) Les contrôles 111
a) Contrôle externe 111
b) Contrôles internes 111
4) Les responsabilités 113
B - Les associés 113
1) Les droits pécuniaires 113
2) Les droits politiques 114
a) Droit d'information 114
b) Droit de participer aux décisions collectives 115
3 Mutations 116
A - Des parts sociales 116
B - De la structure sociétaire 117
1) La transformation de la société 117
2) La dissolution de la société 117

Chapitre 10 L'entreprise unipersonnelle à responsabilité limitée (EURL) 119

1 Constitution 119
2 Organisation 120
A - Le dirigeant 120
B - L'associé unique 121
3 Mutations 121
A - Des parts sociales 121
B - De la structure sociétaire 122

Chapitre 11 La société anonyme (SA) 123

1 Constitution 123
A - Les conditions de fond 123
B - Les conditions de forme 124
1) La constitution avec offre au public 124
2) La constitution sans offre au public 125
2 Organisation interne 126
A - Les dirigeants 126
1) SA à conseil d'administration ou monocéphale 126
a) Conseil d'administration 126
b) Président du conseil d'administration 132
c) Le directeur général et les directeurs généraux délégués 133
2) SA à directoire et conseil de surveillance 134
a) Directoire 134
b) Conseil de surveillance 135
B - Les actionnaires 137
1) Les droits politiques 137
a) Droit à l'information 137
b) Droit de vote de l'actionnaire 139
2) Les droits pécuniaires 141
a) Droit aux dividendes 141
b) Droit au remboursement du capital et au boni de liquidation 142
C - Les contrôles 143
1) Le contrôle interne 143
2) Les contrôles externes 144
a) Commissaire aux comptes 144
b) Comité d'entreprise 145
c) Autorité des marchés financiers 145
D - Les valeurs mobilières émises par les SA 146
3 Mutations 147
A - Les opérations sur le capital 147
1) L'augmentation du capital 147
2) La réduction du capital 149
3) L'amortissement 149
4) Le rachat par la société de ses propres actions 150
B - Des actions 150
C - De la structure sociétaire 151
1) La transformation 151
2) La dissolution 152

Chapitre 12 La société par actions simplifiée (SAS) 153

1 Constitution 153

A - La création ex nihilo *ou* ab initio 153
1) Les associés 153
2) Le capital 154
B - La création par transformation 154
2 Organisation 155
A - Le dirigeant 155
1) Le statut 155
2) Les pouvoirs 155
3) Les contrôles de la direction 156
4) Les responsabilités 156
B - Les associés 156
1) Les droits pécuniaires 156
2) Les droits politiques 157
3 Mutations 158
A - Des droits sociaux 158
B - De la structure sociétaire 159

Chapitre 13 La société en commandite par actions (SCA) 161

1 Constitution 161
A - Les associés 161
B - Le capital social 162
2 Organisation 162
A - Les dirigeants 162
B - Les contrôles 163
C - Les associés 163
3 Mutations 164
A - Des droits sociaux 164
B - De la structure sociétaire 164

PARTIE 4
Règles propres à des groupements particuliers intervenant dans le domaine économique

Chapitre 14 Les associations 169

1 Constitution 169
2 Organisation 170
A - Les membres 170
B - Les dirigeants 170
3 Ressources 170

4 Objet 171
5 Responsabilités 171
6 Dissolution 171

Chapitre 15 Les groupements d'intérêt économique et européen économique 173

1 Constitution 173
A - Les conditions de fond 173
B - Les conditions de forme 174
2 Organisation 174
A - Les dirigeants 174
B - Les membres 174
C - Les contrôles 175
3 Mutations 175
A - Des membres 175
B - De la structure 175
1) La dissolution 175
2) La transformation 176

Chapitre 16 La société européenne – Societas europea (SE) 177

1 Présentation 177
2 Constitution 177
3 Fonctionnement 179
4 Mutations 179
A - Des actions 179
B - De la SE 179

Chapitre 17 La fiducie 181

1 Définition 181
2 Utilités 182
3 Patrimoine fiduciaire 182
4 Contrat fiduciaire 182
5 Fonctionnement de la fiducie 183
6 Fin de la fiducie 184

PARTIE 5
Structuration des sociétés

Chapitre 18 Fusions, scissions et apports partiels d'actifs 187

1 Fusions 187

A - La définition de la fusion 187

B - Le régime 188

1) La préparation 188

a) Contenu du projet 188

b) Contrôles du projet 188

c) Publicité du projet de fusion 189

2) La réalisation de la fusion 189

a) La procédure normale 189

b) Procédure simplifiée pour les filiales à 100 % 190

C - L'officialisation de la fusion 190

1) La publicité de la fusion 190

2) La déclaration de conformité 191

D - Les effets de la fusion 191

1) L'effet à l'égard des dirigeants 191

2) L'effet à l'égard des associés 191

3) L'effet à l'égard des tiers 192

2 Scissions 193

A - La définition 193

B - La préparation de la scission 193

C - Les modalités de la scission 194

D - Les effets de la scission 194

3 Apports partiels d'actifs 195

A - La définition de l'apport partiel d'actifs 195

B - Les modalités de l'apport partiel d'actifs 195

C - Les effets de l'apport partiel d'actifs 196

Chapitre 19 Prises de contrôle 197

1 Cession de contrôle 197

A - Les conditions de validité de la cession de droits sociaux 197

1) Les conditions de fond 198

a) Conditions relevant du droit commun des contrats 198

b) Conditions relevant du droit de la vente 199

2) Les conditions de forme 200

B - Les effets de la cession de droits sociaux 201

1) Le paiement du prix par le cessionnaire 201

2) Les garanties dues par le cédant 201
a) Insuffisance des garanties légales 202
b) Recours aux garanties conventionnelles 202
2 Offres publiques (OPA-OPE) 203
A - Les cas d'offres publiques 204
1) Les cas d'offres obligatoires 204
2) Les tempéraments 205
B - Les autres procédures publiques 206
1) La garantie de cours 206
2) Les offres publiques de retrait (OPR) 206
3) Le retrait obligatoire (Squeeze out) 207
C - Les offres concurrentes et surenchères 208
D - L'action de concert 208

Chapitre 20 Les groupes de sociétés 211

1 Définition 211
A - Le contrôle, filiale et participations 211
1) Le contrôle 211
2) Les filiales et participations 212
B - Les modes de constitution des groupes 212
C - La typologie des groupes 213
2 Aspects juridiques des groupes de sociétés 213
A - L'absence de droit des groupes 213
B - Le groupe saisi par le droit 214
1) Le droit des sociétés 214
a) Participations réciproques et l'autocontrôle 214
b) Information des actionnaires et des sociétés 214
2) Le droit fiscal 215
a) Organisation fiscale 216
b) Répression 216
3) Le droit comptable 216
4) Le droit bancaire 217
5) Le droit du travail 217
a) Relations collectives 217
b) Relations individuelles 218
6) Le droit de la concurrence 218
7) Le droit des procédures collectives 219
8) Le droit répressif 219

Bibliographie 221

Index 222

Liste des principales abréviations

Art.	Article
AMF	Autorité des marchés financiers
BALO	*Bulletin des annonces légales obligatoires*
BODACC	*Bulletin officiel des annonces civiles et commerciales*
Bull. civ.	*Bulletin des arrêts des chambres civiles de la Cour de cassation*
Bull. Joly Sociétés	*Bulletin Joly Sociétés*
Bull. Joly Bourse	*Bulletin Joly Bourse et Produits Financiers*
Cass. civ.	Chambre civile de la Cour de cassation
Cass. com.	Chambre commerciale de la Cour de cassation
Cass. crim.	Chambre criminelle de la Cour de cassation
Cass. soc.	Chambre sociale de la Cour de cassation
CA	Cour d'appel
C. civ.	Code civil
C. com.	Code de commerce
CGCT	Code général des collectivités territoriales
CGI	Code général des impôts
Chr.	Chronique
Comm.	Commentaire
C. rur.	Code rural
COB	Commission des opérations de bourse
CMF	Conseil des marchés financiers
C. mon. fin.	Code monétaire et financier
C. trav.	Code du travail
D. (suivi d'un numéro)	Décret
D. (suivi d'une année)	*Recueil Dalloz*
D. aff.	*Dalloz affaires*
Defrénois	*Répertoire Defrénois du notariat*
Dr. et patr.	*Droit et patrimoine*
Dr. sociétés	*Droit des sociétés* (Actes pratiques et ingénierie sociétaire)
JAL	*Journal d'annonces légales*
JCP E	*La Semaine juridique édition entreprise*
JCP G	*La Semaine juridique édition générale*
JCP N	*La Semaine juridique édition notariale et immobilière*
JO	*Journal officiel*
L.	Loi
LPF	*Livre des procédures fiscales*
Obs.	Observations
Op. cit.	Ouvrage précité
RCS	Registre du commerce et des sociétés
Règl.	Règlement
Rev. sociétés	*Revue des sociétés*
RD bancaire et bourse	*Revue de droit bancaire et bourse*
RG	Règlement Général
RTD civ.	*Revue trimestrielle de droit civil*
RTD com.	*Revue trimestrielle de droit commercial*
RJ com.	*Revue de jurisprudence commerciale*

RJDA	*Revue de jurisprudence de droit des affaires*
RJF	*Revue de jurisprudence fiscale*
T. com.	Tribunal de commerce
TGI	Tribunal de grande instance

Introduction

1 • DÉFINITION DE LA SOCIÉTÉ

La définition de la société est donnée par l'article 1832 du Code civil au terme duquel : « *La société est instituée par deux ou plusieurs personnes qui conviennent par un contrat d'affecter à une entreprise commune des biens ou leur industrie en vue de partager le bénéfice ou de profiter de l'économie qui pourra en résulter. Elle peut être instituée, dans les cas prévus par la loi, par l'acte de volonté d'une seule personne. Les associés s'engagent à contribuer aux pertes* ».

La société doit être distinguée de l'entreprise dont elle n'est que l'un des vêtements juridiques possibles.

L'entreprise est un concept économique que notre droit peine à saisir. Pourtant notre législation renvoie très fréquemment et dans les domaines les plus variés (droit du travail, de la concurrence, droit fiscal, droit des procédures collectives, droit financier...) au concept d'entreprise.

Une définition prétorienne de l'entreprise émerge selon laquelle « la notion d'entreprise comprend toute entité (regroupement de moyens humains et matériels) exerçant une activité économique (de production et/ou de commercialisation de biens et de services) ». Une entreprise peut se lover dans le cadre d'autres institutions qu'il s'agisse d'un simple contrat (par exemple, société créée de fait ou indivision comme dans le cas des fonds communs de placement) ou d'une autre personne morale (par exemple, l'association) ; nous y reviendrons.

2 • INTÉRÊTS DE CONSTITUER UNE SOCIÉTÉ

Ces intérêts sont nombreux et variés : permettre à plusieurs personnes d'agréger leurs forces pour développer ensemble un projet commun qu'elles n'auraient pu seules réaliser, faciliter la séparation des patrimoines professionnels et privés, mieux organiser la transmission des patrimoines professionnels que ce soit au profit de descendants ou de tiers, permettre le recours à la personnalité morale conférée aux sociétés ce qui offre d'autonomiser et de pérenniser l'entreprise sociétaire par rapport à ses fondateurs.

3 • ÉVOLUTIONS DU DROIT DES SOCIÉTÉS

La société plonge ses racines dans les temps les plus anciens car les hommes ont toujours cherché à regrouper leurs moyens pour réaliser des projets qui les dépassaient individuellement. C'est cependant le droit romain qui nous a légué la *societas*, contrat par lequel deux ou plusieurs personnes mettent en commun des biens ou tout ou partie de leur industrie pour en retirer un avantage économique. Le Moyen-Âge et la Renaissance ont vu apparaître des structures sociétaires telle la « *commanda* » d'où est issue la société en commandite ou la « *compania* » d'où provient la société en nom collectif. C'est cependant le XVIIe siècle qui voit naître les compagnies qui officient dans le cadre du commerce international et colonial, prémices des sociétés que nous connaissons actuellement. La « révolution industrielle » ne constitue pas en matière de droit des sociétés une véritable charnière. Ainsi, le Code de commerce de 1807 ne contenait encore que peu de dispositions relatives au contrat de société, procédant par renvoi aux principes généraux contenus dans les articles 1832 à 1873 du Titre IX du Livre III du Code civil intitulé « Du contrat de sociétés ». La loi de 1867 modernisa et libéralisa le droit des sociétés (principalement celui des sociétés anonymes qui purent alors se constituer librement) pour mieux résister à la concurrence des compagnies anglaises.

La loi du 24 juillet 1966 et son décret d'application du 23 mars 1967 marquent un nouvel âge du droit des sociétés : la matière devient technique voire technocratique, la liberté contractuelle recule au profit d'un plus grand dirigisme et formalisme même si la sécurité des tiers et des associés, promus à cette occasion, constitue un louable objectif.

Les réformes postérieures à la loi de 1966 ont conduit à disperser le droit applicable aux sociétés dans de multiples textes.

Un besoin d'organisation et de rationalisation s'est fait sentir à la fin du XXe siècle. Tel fut l'objet de la loi n° 99-1071 du 16 décembre 1999 qui autorisa le Gouvernement à codifier cette matière par voie d'ordonnance. Ainsi, l'ordonnance n° 2000-912 du 18 septembre 2000 a créé un nouveau Code de commerce dont le Livre II est intitulé « Des sociétés commerciales et des groupements d'intérêt économique ». La codification s'est faite à droit constant ce qui signifie qu'elle n'a eu pour seul projet que de rassembler les textes épars existant sans créer de nouvelles dispositions. Le décret du 23 mars 1967 a lui aussi fait l'objet d'une codification par le décret n° 2007-431 du 25 mars 2007 dont les dispositions se retrouvent aujourd'hui aux articles R. 210-1 et suivants du Code de commerce après avoir été modifié de manière substantielle parfois par le décret n° 2006-1566 du 11 décembre 2006.

Les premières années du XXIe siècle ont été marquées par un regain de textes cherchant à réformer en profondeur la matière afin de l'adapter aux nouvelles exigences économiques (globalisation des échanges, mondialisation du capitalisme, croissance de l'épargne publique).

4 • TENDANCES CONTEMPORAINES DU DROIT DES SOCIÉTÉS

Quatre tendances du droit des sociétés peuvent être relevées :

- *l'instrumentalisation*, tout d'abord. Elle se traduit de deux façons : d'une part, par une multiplication des types de sociétés au gré des besoins et des revendications de chaque métier, d'autre part, par l'insertion et l'ordonnancement fréquent de sociétés dans des montages non destinés spécialement au développement d'une entreprise (transmission de patrimoine, économie fiscale, holding...) ;
- *la contractualisation*, ensuite. L'époque contemporaine redécouvre les vertus de la liberté contractuelle. Cela se manifeste par une multiplication des structures sociétaires contractuelles (société en commandite et, plus encore, société par actions simplifiée) et par une place toujours plus grande laissée au contrat pour organiser les relations entre les associés (les pactes d'actionnaires) ;
- *la financiarisation*, par ailleurs. Notre droit contemporain des sociétés mêle toujours plus ses eaux dans celle de la financiarisation croissante de notre économie en dépit des crises financières à répétition (réforme d'envergure des valeurs mobilières et des opérations sur ces valeurs par l'ordonnance n° 2004-604 du 24 juin 2004, loi n° 2006-387 sur les offres publiques d'acquisition) ;
- *l'internationalisation*, enfin. Elle se traduit, en premier lieu, par une harmonisation croissante des législations nationales sous l'impulsion des instances communautaires (création du GEIE, de la Société européenne, de la Société coopérative européenne). Elle s'exprime, en second lieu, par une internationalisation des pratiques au gré de l'essaimage des grands cabinets d'affaires, des banques et des sociétés elles-mêmes (par exemple, en capital investissement) et des problématiques (corporate governance) qui accompagnent la globalisation des échanges. Elle conduit, en troisième et dernier lieu, à une concurrence entre les pays, pour attirer les sociétés ou les maintenir sur le territoire national, qui sont conduits à toujours plus simplifier leur droit et à proposer des avantages fiscaux à l'efficacité guère mesurée.

5 • SOURCES DU DROIT DES SOCIÉTÉS

Les sources de la réglementation du droit des sociétés sont internes et communautaires.

Au plan interne, la base de la réglementation réside dans les dispositions contenues dans le Titre neuvième du Livre III du Code civil intitulé « De la société ». Ce titre est divisé en trois chapitres :

- le chapitre premier (articles 1832 à 1844-17) contient les dispositions applicables à toutes les sociétés dès lors qu'il n'en est pas disposé autrement par la loi. Il s'agit donc du droit commun des sociétés ;
- le deuxième chapitre (articles 1845 à 1870-1) consigne les dispositions intéressant les seules sociétés civiles ;

– le troisième chapitre (articles 1871 à 1873), enfin, fixe le régime juridique des sociétés dénuées de la personnalité morale que sont les sociétés en participation et les sociétés créées de fait.

Ces dispositions ont été profondément réformées par la loi n° 78-9 du 4 janvier 1978, complétée par son décret d'application n° 78-704 du 3 juillet 1978.

Le reste de la réglementation avait son siège dans la loi n° 66-537 du 24 juillet 1966 et son décret d'application n° 67-236 du 23 mars 1967. La loi a fait l'objet d'une codification (à droit constant) dans le nouveau Code de commerce. Désormais, le Livre II de ce code est intitulé « Des sociétés commerciales et des groupements d'intérêt économique » et contient cinq titres. Le décret du 23 mars 1967 a lui aussi été codifié aux articles R. 210-1 et suivants du Code de commerce par le décret n° 2007-431 du 25 mars 2007.

À côté de l'œuvre du législateur, mention doit aussi être faite des réglementations émanant d'autorités administratives indépendantes, telle l'Autorité des marchés financiers (AMF), dont le Règlement général, pris sur habilitation législative et homologation ministérielle, comporte nombre de dispositions intéressant le droit des sociétés.

On ne saurait, enfin, passer sous silence le rôle important que joue la jurisprudence tant dans l'interprétation des règles (rôle de plus en plus important à l'époque contemporaine où la qualité de l'œuvre législative tend à décroître) que dans la création ou la révélation de règles importantes en matière de droit des sociétés (par exemple, obligation de loyauté pesant sur les dirigeants, création des abus de majorité et de minorité).

Au plan communautaire, le droit des sociétés a fait l'objet de nombreuses Directives qui ont pour objet de coordonner, afin de les rendre équivalentes, les garanties exigées des sociétés dans les divers États membres en vue de protéger les associés et les tiers (art. 44 § 2, g, du Traité de Rome du 25 mars 1957), conditions préalables pour parvenir à un degré suffisant d'harmonisation des législations des divers États membres afin de permettre aux sociétés de s'établir et d'opérer librement au sein de l'Espace économique européen.

BIBLIOGRAPHIE

BERTREL (J.-L.), « Le débat sur la nature de la société », *in Mélanges A. Sayag*, Litec, 1997, p. 131.

COURET (A.), « Les dispositions de la loi de sécurité financière intéressant le droit des sociétés », *JCP* éd. E 2003, p. 1290.

COURET (A.) et LE NABASQUE (H.), *Valeurs mobilières – Augmentations de capital – Nouveau régime*, éd. FRANCIS LEFEBVRE 2004.

DIDIER (P.), « Une définition de l'entreprise », *in Mélanges P. Catala*, Litec, 2001, p. 849.

DOM (J.-P.), *Les montages en droit des sociétés*, GLN-Joly, 1998.

GUYON (Y.), Traité des contrats. Les sociétés. Aménagements statutaires et conventions entre associés, LGDJ, 5e éd., 2002.

HILAIRE (J.), *Introduction historique au droit commercial*, PUF, 1986.

JEANTIN (M.), « La réforme du droit des sociétés par la loi du 4 janvier 1978 », *D.* 1978, chron. p. 173.

LE CANNU (P.), « Existe-t-il une société de droit commun », *in Mélanges M. Jeantin*, Dalloz, 1999, p. 247.

LE NABASQUE (H.), « Commentaire des principales dispositions de la loi n° 2003-706 du 1er août 2003 sur la sécurité financière intéressant le droit des sociétés », *Bull. Joly Sociétés* 2003, p. 855.

MASSART (Th.), « Aspects sociétaires de l'ordonnance n° 2004-274 du 25 mars 2004 portant simplification du droit des formalités pour les entreprises », *Bull. Joly Sociétés* 2004, p. 743.

MARTIN-SERF (A.), « L'instrumentalisation du droit des sociétés », *RJ com.* 2002, p. 108.

MENJUCQ (M.), « La société européenne : enfin l'aboutissement ! », *D.* 2001, p. 1085.

MESTRE (J.), « La société est bien encore un contrat... », *in Mélanges Ch. Mouly*, Litec, 1998, t. 2, p. 131.

MOULIN (J.-M.), « La loi n° 2006-387 du 31 mars 2006 transposant la Directive OPA du 21 avril 2004 », *JCP* éd. E 2006, p. 1651.

PAILLUSSEAU (J.), « Le droit des activités économiques à l'aube du XXIe siècle », *D.* 2003, p. 260.

RODRIGUEZ (K.), « L'attractivité, nouvelle perspective du droit national des sociétés », *Bull. Joly Sociétés* 2004, p. 330.

RONTCHEVSKY (N.), « Droit des sociétés : le mouvement perpétuel », *D.* 2002, p. 2594.

SAINTOURENS (B.), « Les réformes du droit des sociétés par les lois du 26 juillet 2005 pour la confiance et la modernisation de l'économie et du 2 août 2005 en faveur des petites et moyennes entreprises », *Rev. sociétés* 2005, p. 527.

SAINTOURENS (B.), « La flexibilité du droit des sociétés », *RTD com.* 1987, p. 457.

PARTIE 1

Naissance de la société

À l'origine de toute société existe un acte de volonté, collectif ou unilatéral. La société se présente comme un contrat qui, pour être valable, doit répondre, d'une part, aux conditions de validité de tout contrat (Chapitre 1) et, d'autre part, à des conditions de validité spécifiques au droit des sociétés (Chapitre 2). Par le biais de son immatriculation au Registre du commerce et des sociétés (RCS), la société-contrat peut se muer en une véritable institution et donner naissance à une personne morale (Chapitre 3).

CHAPITRE 1

Conditions tirées du droit commun des contrats

L'acte unilatéral de volonté qui se trouve à l'origine de toute société, qu'il soit collectif ou unilatéral, doit, pour être valable, répondre aux conditions posées par l'article 1108 du Code civil :

- capacité de contracter ;
- consentement de la partie qui s'oblige ;
- cause licite dans l'obligation ;
- et objet certain qui forme la matière de l'engagement.

1 • CAPACITÉ DES ASSOCIÉS

Pour être associé d'une société, il faut être juridiquement capable, c'est-à-dire se voir reconnaître l'aptitude à être sujet de droit. Faute de dispositions spécifiques en droit des sociétés, ce sont les règles générales des incapacités civiles et commerciales qui trouvent à s'appliquer. Sous ces remarques, il convient d'examiner la situation des mineurs (A), des majeurs (B) et, enfin, celle des personnes morales (C).

A - Les mineurs

Le mineur émancipé a la même capacité juridique qu'un majeur (C. civ., art. 481) mais ne peut en aucun cas être commerçant (C. com., art. L. 121-2) ; aussi il ne peut être associé d'une SNC, ni associé commandité dans les sociétés en commandite, qu'elles soient simples ou par actions (SCS et SCA). En revanche, il peut, ainsi que le mineur non émancipé, être librement associé des sociétés où sa responsabilité sera limitée (SARL, SA) ; mais le mineur non émancipé ne peut alors agir que par l'intermédiaire de ses représentants légaux (le plus fréquemment ses parents).

B - Les majeurs

Il convient de distinguer la situation des incapables, celle des personnes mariées ou « pacsées », celle des débiteurs en redressement ou liquidation judiciaire et, enfin, celle des étrangers.

1) Les incapables

Le majeur sous sauvegarde conserve l'exercice de ses droits (C. civ., art. 433 et s.) et peut donc être associé de toutes les sociétés sauf à mettre en œuvre l'action en annulation, en rescision pour lésion ou en réduction pour excès (C. civ., art. 435).

Le majeur sous curatelle ne peut devenir associé dans les sociétés qui requièrent la qualité de commerçant et, dans les autres formes de société, ne peut faire seul un apport que si celui-ci consiste en un bien d'usage courant ou a le caractère de fruit. Dans tous les autres cas, il doit être assisté d'un curateur, sous peine de nullité de l'apport (C. civ., art. 467).

Le majeur sous tutelle est dans la même situation que le mineur non émancipé (C. civ., art. 473).

2) Les personnes mariées et « pacsées »

Depuis 1985, deux époux peuvent être associés, seuls ou avec d'autres, de n'importe quelle société (C. civ., art. 1832-1, al. 1er). Il est toutefois recommandé de dresser un acte authentique afin d'éviter toute critique fondée sur le terrain des donations déguisées (C. civ., art. 1832-1, al. 2).

Lorsque les époux n'apportent que des biens propres, celui qui réalise l'apport devient associé et les actions ou parts sociales qu'il reçoit en contrepartie ont la qualité de propres (C. civ., art. 1428), sous réserve des dispositions de l'article 215 du Code civil protégeant le logement familial dont aucun des deux époux ne peut disposer sans obtenir l'accord de son conjoint.

Lorsque les époux apportent des biens communs, il convient de distinguer selon le type de société.

Si l'apport est réalisé au profit d'une société qui émet des actions (SA, SCA, SAS...), celui qui réalise l'apport a seul la qualité d'associé, même si la finance de l'action (sa valeur ainsi que les dividendes qu'elle génère) entre dans la communauté.

En revanche, la souscription de parts sociales (SARL, Société civile...) impose à l'apporteur (C. civ., art. 1832-2), sous peine de nullité de l'apport (C. civ., art. 1427), d'informer son conjoint qui, de surcroît, peut revendiquer la qualité d'associé pour la moitié de l'apport.

Enfin, notons que pour certains biens importants (logement familial, immeuble, fonds de commerce, meubles soumis à publicité, droits sociaux non négociables), il ne faut pas se contenter d'informer l'époux mais, de manière plus exigeante, de recueillir son accord (C. civ., art. 1424), indépendamment de la forme sociale de la société qui reçoit l'apport. Il en va de même en cas d'apport de biens communs à une fiducie.

En matière de Pacte civil de solidarité (PACS), originellement l'acquisition ou la souscription d'actions ou de parts sociales par l'un des partenaires, sans volonté de partager cette qualité avec l'autre, devait conduire à écarter la présomption d'indivision prévue à l'ancien article 515-5 du Code civil au moyen d'une stipulation expresse en ce sens dans l'acte d'apport ou de souscription de parts ou actions. Pour les pactes conclus après le 23 juin 2006, la présomption d'indivision n'existe plus (C. civ., art. 515-5 nouv., introd. L. n° 2006-728 du 23 juin 2006) ; aussi, les droits sociaux appartiennent normalement en propre à celui des partenaires qui les détenait avant le PACS ou qui les souscrit à compter du pacte sauf à ce que conventionnellement ces droits acquis ou souscrits après la signature du PACS soient soumis au régime de l'indivision (C. civ., art. 515-5-1).

3) Les débiteurs en sauvegarde, redressement ou liquidation judiciaire

Pendant la période de sauvegarde, le dirigeant continue d'administrer la société même si ses pouvoirs peuvent être limités par un ou plusieurs mandataires ou n'être exercés que sur autorisation du juge-commissaire lorsqu'ils ne se rattachent pas à la gestion courante de l'entreprise (C. com., art. 622-1 et s.).

Pendant la période suspecte, après la date de cessation des paiements, les apports réalisés par le débiteur placé par la suite en redressement seront annulés lorsqu'il sera considéré qu'ils ont été effectués à titre gratuit ou à des conditions lésionnaires (C. com., art. L. 632-1).

Par ailleurs, pendant la période de redressement, le débiteur ne peut, sous peine de nullité, effectuer aucun apport à une société sans l'accord du juge-commissaire (C. com., art. L. 622-7).

En outre, si la procédure se traduit par une mise en liquidation judiciaire, le débiteur se voit privé de tous ses droits de gestion sur son patrimoine et seul le liquidateur pourrait, le cas échéant, effectuer un apport (C. com., art. L. 641-9).

De surcroît, le dirigeant de la société peut se voir imposer de conserver ses droits sociaux ou, à l'inverse, de les céder (C. com., art. L. 626-4).

Enfin, la personne sanctionnée de la faillite personnelle se voit interdire de diriger, gérer, administrer ou contrôler toute entreprise commerciale ou artisanale (C. com., art. L. 653-2).

4) Les étrangers

Les étrangers qui souhaitent devenir commerçants ou acquérir la qualité d'associé en nom (SNC) ou d'associé commandité (SCS et SCA) ou qui veulent détenir le pouvoir de gérer et de diriger une société ou qui veulent enfin être associé indéfiniment responsable d'une société, doivent soit obtenir une carte de séjour temporaire portant la mention de l'activité professionnelle envisagée, soit demander un visa long séjour auprès des services diplomatiques ainsi que faire une déclaration préalable d'autorisation auprès de la Préfecture du lieu d'implantation de l'entreprise. Sont dispensés de cette demande les ressortissants des États membres de la Communauté européenne, de l'Espace économique européen, de l'OCDE et les ressortissants des pays qui ont conclu une convention bilatérale avec la France sur ce point.

C - Les personnes morales

Toute personne morale de droit privé peut, normalement, devenir associé d'une société.

Les personnes morales de droit public appellent des distinctions : si l'État peut souscrire librement au capital de sociétés quelconques (encore qu'une loi soit nécessaire s'il veut en acquérir le contrôle), il n'en va pas de même des collectivités locales qui ont besoin, pour prendre une participation dans une société, d'un décret pris en Conseil d'État sauf s'il s'agit d'une Société d'économie mixte (SEM) dans laquelle elles peuvent librement investir.

2 • CONSENTEMENT

A - L'existence du consentement

L'existence de la société postule une rencontre des volontés des premiers associés sur ce point. Cette exigence permet de distinguer le contrat de société du simple projet dans lequel les parties envisagent éventuellement de s'engager sans être cependant d'accord sur les éléments essentiels de la future personne morale. Elle le distingue aussi de la simple promesse de société qui est une convention au terme de laquelle son débiteur s'engage à s'associer. L'absence de volonté réelle permet de caractériser les sociétés fictives qui sont nulles.

B - La sincérité du consentement

Le consentement des associés doit, de surcroît, être sincère ; cela signifie que les parties ne doivent pas, sous couvert d'un contrat de société, avoir eu pour objectif de conclure une autre convention (par exemple, un contrat de vente, un contrat de travail ou une donation). Dans de telles hypothèses, les règles de droit commun de la simulation trouvent à s'appliquer (C. civ., art. 1321) : primauté de l'acte secret entre les parties, tandis que les tiers auront le choix de faire primer l'acte apparent.

C - L'intégrité du consentement

Le consentement de chaque associé doit être exempt de vices (C. civ., art. 1109).

Seule l'erreur sur la substance (erreur sur la nature du contrat ou la forme de la société) et sur la personne (dans les sociétés fortement imprégnées d'intuitu personae ou à responsabilité illimitée) peut vicier le consentement (C. civ., art. 1110).

Quant au dol, son appréciation renvoie aux manœuvres frauduleuses voire au mensonge ou à la rétention d'information dont peut être victime une personne entrée en société (C. civ., art. 1116).

La violence, enfin, bien que rare, peut se rencontrer sous l'expression de violences morales ou économiques conduisant à contraindre une personne à rentrer dans une société.

3 • OBJET

L'objet social, déterminé par les statuts (C. civ., art. 1835 ; C. com., art. L. 210-2), consigne l'ensemble des activités économiques que la société se propose d'exercer pour atteindre son but.

A - Les caractéristiques de l'objet social

L'objet social se distingue, d'une part, de l'objet du contrat de société qui réside, invariablement, dans la recherche d'un bénéfice ou d'une économie et, d'autre part, de l'activité sociale qui désigne l'activité effectivement mise en œuvre par la société dans le cadre de son objet social.

Pour que la société ne soit pas nulle, d'une part, l'objet social ne doit pas être contraire aux lois, à l'ordre public ni aux bonnes mœurs (C. civ., art. 1833) et, d'autre part, son objet doit être possible lors de sa constitution (l'impossibilité de réaliser l'objet social en cours de vie sociale étant sanctionnée par la dissolution – C. civ., art. 1844-7, 2° – ou la modification des statuts).

B - Les incidences de l'objet social

L'objet social conditionne, dans certains cas, l'existence même de la société : certaines irrégularités y afférant sont sanctionnées de la nullité de la société tandis que sa réalisation ou son extinction est une cause de dissolution de la société (C. civ., art. 1844-7, 2°).

De plus, c'est l'objet social qui, dans les formes sociales qui ne sont pas dotées de la personnalité morale, conditionne le caractère civil ou commercial de la société (C. civ., art. 1845 ; C. com., art. L. 210-1).

Par ailleurs, l'objet social peut, dans certains cas, conduire à appliquer des réglementations spécifiques.

En outre, l'objet social est le cadre d'exercice de la capacité de jouissance de la société qui, en vertu du principe de spécialité légale des personnes morales, ne dispose pas de prérogatives juridiques pour agir valablement en dehors du cadre pour lequel elle a été constituée.

Enfin, l'objet social est la limite des pouvoirs des dirigeants de la société. Au vrai, il faut opérer une distinction :

- dans ***l'ordre interne***, vis-à-vis des associés et de la société, le dépassement de l'objet social par le dirigeant est susceptible d'entraîner la nullité de l'acte et/ou la responsabilité voire la révocation du dirigeant ;
- dans ***l'ordre externe***, c'est-à-dire vis-à-vis des tiers, il faut, de nouveau opérer une distinction : dans les sociétés de capitaux (SARL, SA, SCA, SAS), dans lesquelles la responsabilité des associés est limitée, les actes du dirigeant excédant l'objet social n'en engagent pas moins la société sauf à rapporter la preuve (extrêmement difficile) que le tiers connaissait ce dépassement ou ne pouvait l'ignorer compte tenu des circonstances, étant exclu que la seule publication des statuts puisse constituer cette preuve (C. com., art. L. 223-18, 225-35, 225-51, 225-64, 226-7, 227-6), en revanche, dans les sociétés à risque illimité (SNC, SCS, Société civile), l'acte du dirigeant dépassant l'objet social n'engage pas la société (C. com., 221-5 et 222-2 ; C. civ., art. 1849), sauf à prouver que l'acte litigieux a été passé en vertu d'une décision unanime des associés ou s'inspire d'une communauté d'intérêt entre les deux sociétés.

4 • CAUSE

La cause objective renvoie à la cause du contrat de société lui-même et se confond avec l'objet social.

La cause subjective renvoie aux mobiles des associés. Sera jugée frauduleuse et donc illicite, la société constituée pour soustraire un bien voire tout un patrimoine à l'action d'un créancier ou pour faire échec au droit du conjoint ou d'héritiers réservataires. La sanction traditionnelle de l'illicéité de la cause, comme celle de la fraude, réside dans la nullité du contrat. La transposition de la sanction en droit des sociétés n'est cependant pas certaine au regard du droit communautaire dérivé issu de la jurisprudence de la Cour de justice des Communautés européennes (CJCE, 13 novembre 1990, *aff. Marleasing SA* : *Rev. sociétés* 1991, p. 532, note Y. Chaput).

BIBLIOGRAPHIE

BESNARD-GOUDET (R.), « Réflexions sur le Pacs et le droit des sociétés », *JCP* E 2001, p. 1128.

CHAPUT (Y.), « De la cause et/ou de l'objet de la société », *in Mélanges J. Stoufflet*, LGDJ, 2001, p. 25.

CHAPUT (Y.), « L'influence de l'objet social sur les pouvoirs des représentants des sociétés autres que les sociétés par actions et les sociétés à responsabilité limitée », *JCP* N 1987, I, 304.

HOVASSE (H.), GENTILHOMME (R.) et DESLANDES (M.), « PACS et sociétés », *Dr. sociétés*, Actes pratiques, 2001.

NURIT-PONTIER (L.), « Le couple et le droit des sociétés », *Dr. et patr.*, juin 2003, p. 20.

MALECKI (C.), « Le Pacs et le droit des sociétés », *Rev. sociétés* 2000, p. 653.

REVEL (Th.), « Droit des sociétés et régime matrimonial : préséance et discrétion », *D.* 1993, chron., p. 35.

CHAPITRE 2

Conditions tirées du droit propre aux sociétés

La société est un contrat de type particulier qui nécessite la réunion d'éléments spécifiques que sont un certain nombre d'associés, des apports, un partage des bénéfices et des pertes et, enfin, l'affectio societatis (C. civ., art. 1832).

1 • ASSOCIÉS

La loi ne donne aucune définition de l'associé. L'on s'accorde à voir dans celui qui réalise un apport à la société et qui dispose en contrepartie d'un droit d'intervention dans les affaires sociales cette qualité.

A - Le nombre

L'article 1832 du Code civil dispose que la société peut être instituée par deux ou plusieurs personnes comme elle peut l'être, dans les cas prévus par la loi, par la volonté d'une seule personne.

Du côté des minima, figurent en tête du palmarès les EURL (C. com., art. L. 223-1), les SASU (C. com., art. L. 227-1) ainsi que les Sociétés d'exercice libéral à responsabilité limitée unipersonnelle (SELARL Unipersonnelle – L. n° 99-515 du 23 juin 1999, art. 31) qui ne comprennent qu'un seul associé. Viennent ensuite les sociétés qui doivent comporter au moins deux associés telles les Sociétés en nom collectif (C. civ., art. 1832), les SARL (C. com., art. L. 223-1), les Sociétés en commandite simple (C. civ., art. 1832 ; C. com., art. 222-1). Les Sociétés d'exercice libéral à forme anonyme doivent en compter trois (SELAFA – L. n° 90-1258 du 31 décembre 1990, art. 4), les Sociétés en commandite par actions quatre (C. com., art. L. 226-1) et les SA sept (C. com., art. 225-1).

Le nombre minimum d'associés requis dans chaque forme sociale doit être respecté tout au long de la vie de la société. À défaut, la société n'est pas dissoute mais la régularisation doit intervenir dans le délai d'un an, sous peine de dissolution, sauf dans les sociétés qui tolèrent une forme allégée en terme de nombre d'associés (par exemple, les SARL, les SAS et les SELARL peuvent chacune devenir unipersonnelles).

Du côté des maxima, seule la SARL a retenu l'attention du législateur à qui il est imposé de ne pas dépasser le seuil de 100 associés (seuil au-delà duquel l'offre de titre au public est présumée). Si le seuil est dépassé, la société est dissoute au terme d'un délai d'un an, sauf régularisation ou transformation.

B - La qualité d'associé

Acquise, la qualité d'associé perdure aussi longtemps que l'associé n'a pas souhaité quitter la société. L'associé ne peut être exclu de la société sauf dans certaines circonstances prévues par la loi ou les statuts.

Il reste que certaines situations peuvent rendre difficile la détermination de la qualité d'associé :

- *en matière d'indivision*, suite à la dissolution d'une communauté ou d'une succession non encore liquidée ou encore en matière de pacs, plusieurs personnes (les ex-époux, les héritiers, les partenaires) peuvent prétendre à la qualité d'associé. Pour la jurisprudence, chaque coindivisaire a la qualité d'associé sans que chacun puisse cependant exercer librement tous les droits attachés à cette qualité. Si chaque coindivisaire a le droit d'être informé ou de prendre seul, sur autorisation judiciaire, des mesures urgentes justifiées par l'intérêt commun (C. civ., art. 815-6), en revanche, seule l'indivision, agissant par l'intermédiaire d'un mandataire (l'un des coindivisaires ou un tiers), peut céder les droits sociaux, percevoir les fruits de l'exploitation sociale ou participer aux décisions collectives ;
- *en matière de démembrement*, les prérogatives réelles (*usus, fructus, abusus*) sur les droits sociaux sont réparties entre un nu-propriétaire et un usufruitier. La qualité d'associé est généralement déniée à l'usufruitier, raison prise de ce qu'il ne serait pas apporteur. Il reste que l'usufruitier peut prétendre aux fruits produits par les droits sociaux (dividendes, réserves, usufruit des actions gratuites). En outre, dans toutes les sociétés, il jouit du droit de vote dans les assemblées se prononçant sur l'affectation des bénéfices qui sont analysés comme des fruits (C. civ., art. 1844, al. 4) et, dans les seules sociétés par actions, il bénéficie du droit de vote pour toutes les résolutions débattues au cours des assemblées générales ordinaires (C. com., art. L. 225-110, al. 4). Il peut être dérogé statutairement aux dispositions relatives au droit de vote de l'usufruitier mais sans que l'usufruitier ne voie ses droits entrer dans la dépendance exclusive du nu-propriétaire et sans que le nu-propriétaire ne soit totalement exclu de toute participation à la vie sociale.

2 • APPORTS

Par le contrat de société, les associés conviennent d'affecter à l'entreprise commune des biens ou leur industrie (C. civ., art. 1832) ; en contrepartie, ils vont recevoir des titres sociaux, parts sociales ou actions (C. civ., art. 1843-3).

L'absence d'apports (apports fictifs), comme l'apport d'une chose dénuée de toute valeur ou de toute utilité, est sanctionnée de la nullité de la société elle-même (C. civ., art. 1844-10 ; C. com., art. L. 235-1).

Les apports, à l'exception des apports en industrie, contribuent à constituer le capital social des sociétés, qui doit atteindre un montant minimum fixé par la loi dans les sociétés à risque limité, sauf dans les SARL et les SA depuis la loi du 4 août 2008 où ce minimum relève désormais des statuts (C. com., art. L. 223-2 et L. 227-1).

A - La nature des apports

1) Les apports en numéraire

C'est la situation la plus courante qui consiste pour l'associé à libérer les actions ou les parts sociales qu'il a souscrites au moyen d'une somme d'argent (espèces, chèques, virements).

Si la souscription (l'engagement d'apporter une somme ou des biens) de l'ensemble du capital est une condition de constitution des sociétés, en revanche la libération (le versement effectif à la société) des apports en numéraire, peut être étalée dans le temps.

Ainsi, dans les SNC, les sociétés en commandite simple et les sociétés civiles, ce sont les statuts qui fixent librement le délai et les modalités de libération des apports en numéraire. Dans les sociétés par actions et les SAS (C. com., art. L. 225-3), seule la moitié de l'apport doit être libérée lors de la souscription et le cinquième dans les SARL (C. com., art. L. 223-7), le solde pouvant être libéré dans le délai de 5 ans.

L'associé défaillant devient, de plein droit, débiteur de cette somme et des intérêts de cette somme à compter du jour où elle devait être payée et ce sans préjudice de plus amples dommages et intérêts en cas de préjudice pour la société (C. civ., art. 1843-3, al. 5).

La libération du reliquat peut se faire par voie de compensation de créances de l'associé sur la société (par exemple, des dividendes).

2) Les apports en nature

Il s'agit de tous les biens autres que de l'argent. Il peut s'agir de biens corporels (immeuble, matériel, marchandises) comme de biens incorporels (brevets, fonds de commerce, marque, bail commercial, actions ou parts sociales).

Certains de ces apports sont soumis à un formalisme particulier : notamment, ils peuvent nécessiter l'accomplissement de formalités de publicité (immeuble, navire, aéronef, fonds de commerce, créances).

En outre, ces apports doivent faire l'objet d'une évaluation pour savoir quelle part du capital ils vont représenter et, partant, à combien de parts ou actions leur apporteur pourra prétendre. À cette fin, dans les sociétés à risque limité (SA, SARL et SAS – C. com., art. L. 223-9, 225-14 et 227-1), un commissaire aux comptes, qualifié pour la circonstance de commissaire aux apports, est chargé, sous sa responsabilité, de leur évaluation.

3) Les apports en industrie

L'associé met alors à la disposition de la société ses compétences techniques, son travail, son expertise, son savoir-faire, voire sa notoriété. Il est peu pratiqué car on lui préfère le contrat de travail assorti d'une clause d'intéressement.

S'il est interdit dans les SA ainsi que dans les sociétés en commandite pour les seuls commanditaires, en revanche, il est permis dans toutes les autres formes sociales y compris la SARL et les SAS dans lesquelles ils ont été généralisés suite à la loi Nouvelles Régulations Économiques du 15 mai 2001 (C. com., art. L. 223-7) et la loi n° 2008-776 du 4 août 2008 dite de Modernisation de l'Économie (C. com., art. L. 227-1).

L'apporteur en industrie recevra des parts dont le montant est librement fixé par les statuts et percevra une part des dividendes égale à celui des associés qui a le moins apporté, sauf si les statuts prévoient une répartition différente (C. civ., art. 1844-1). La même règle vaut pour le droit de vote.

En outre, parce que l'apport est intimement lié à son apporteur, les parts de ce dernier sont intransmissibles et incessibles.

Enfin, le rapporteur en industrie doit rendre compte à la société de tous les gains qu'il a réalisés par l'activité faisant l'objet de l'apport (C. civ., art. 1843-3, al. 6).

B - Les modalités d'apport

Cette question n'intéresse au vrai que les seuls apports en nature.

1) L'apport en pleine propriété

Dans ce cas, l'associé transfère la propriété du bien à la société qui en devient propriétaire ce qui lui permettra d'exercer toutes les prérogatives (usus, fructus, abusus) traditionnellement liées à ce droit réel. Le transfert implique cependant que la société ait la personnalité morale.

Le transfert de propriété se double du transfert des risques attachés à la chose (*Res perit domino*).

Dans le cadre d'un apport en pleine propriété, l'apporteur est garant envers la société comme un vendeur envers son acheteur (C. civ., art. 1843-3, al. 3) ; il est donc débiteur des garanties d'éviction et des vices cachés.

Toutefois, à la différence de la vente, lors de la liquidation de la société, l'associé a le droit de reprendre son apport après paiement des créanciers sociaux (C. civ., art. 1844-9, al. 3).

2) L'apport en jouissance

Dans cette hypothèse, la société ne dispose d'aucun droit réel sur la chose mais seulement d'un droit d'usage sur le bien pendant une durée déterminée. L'apporteur demeure propriétaire du bien qu'il a vocation à récupérer à l'expiration du temps pour lequel il a apporté la jouissance du bien. Il en est garant envers la société comme un bailleur envers son preneur (C. civ., art. 1843-3). C'est une sorte de contrat de louage où le loyer est payé en une seule fois au moyen de droits sociaux.

3) L'apport en usufruit

La société est ici titulaire d'un droit réel qui s'incarne dans l'usus et le fructus mais elle ne dispose pas de l'abusus qui reste entre les mains de l'apporteur. Aussi, la société ne supporte pas le risque de la perte de la chose et peut percevoir les fruits ainsi qu'utiliser la chose apportée. L'apporteur reçoit, quant à lui, des droits sociaux en pleine propriété. La durée de l'apport en usufruit est variable : l'apport d'un usufruit constitué conserve sa durée initiale tandis que l'apport d'un usufruit spécialement constitué pour les besoins de la société est limité à trente années (C. civ., art. 619).

3 • PARTAGE DES RÉSULTATS

L'article 1832 du Code civil reconnaît à tout associé une vocation à participer aux économies et aux profits de la société. Il doit, en contrepartie, s'engager à contribuer aux pertes.

A - La participation aux bénéfices et aux économies

1) La vocation au partage

Jusqu'en 1978, une société n'était constituée que pour la recherche d'un bénéfice que devaient se partager les associés. La réforme de 1978 a élargi le but de la société à la recherche et au partage d'économies.

Le bénéfice s'entend d'un gain pécuniaire (gain en argent caractérisé par des dividendes) ou matériel (distribution par la société de marchandises, d'actions) ajoutant à la fortune des associés (Cass. Ch. Réunies, 14 mars 1914, *Caisse rurale de la commune de Manigod* : *DP* 1914, I, 257, note L. Sarrut) ; quant à l'économie, elle consiste en une économie en numéraire (par exemple, éviter une dépense ou atténuer une perte).

La décision d'attribuer le bénéfice aux associés est du ressort exclusif de l'assemblée générale qui se réunit chaque année après la clôture de l'exercice pour approuver les comptes de l'exercice écoulé tels qu'ils ont été établis par les dirigeants. Les bénéfices peuvent être distribués aux associés comme mis en réserve. Il reste que pour qu'il y ait effectivement distribution de bénéfices aux associés, encore faut-il qu'il y ait un bénéfice distribuable. Celui-ci est défini comme le bénéfice de l'exercice écoulé diminué des pertes antérieures ainsi que des sommes à porter en réserves légales (5 % chaque année dans les sociétés par actions et les SARL jusqu'à atteindre 10 % du capital – C. com., art. L. 232-10), statutaires (C. com., art. L. 232-11) et éventuellement libres, et augmenté du report bénéficiaire (C. com., art. L. 232-11).

2) Les modalités du partage : liberté et limites

Selon l'article 1844-1 du Code civil, la participation de chaque associé aux bénéfices est proportionnelle à sa part dans le capital social : c'est la situation qui prévaut en cas de silence des statuts. Mais les statuts peuvent aménager cette règle et convenir d'une répartition non proportionnelle à la participation au capital des bénéfices entre les associés.

Toutefois, cette liberté de répartition non proportionnelle des dividendes n'est pas absolue. Ainsi, l'article 1844-1 du Code civil prohibe les stipulations attribuant à un associé la totalité du profit procuré par la société ou celle excluant totalement un associé du profit. Une telle clause, qualifiée de léonine, est, dans toutes les sociétés, réputée non-écrite c'est-à-dire qu'elle ne saurait produire le moindre effet. Peu importe qu'elle figure dans les statuts ou dans un acte séparé : si les associés restent en deçà de cette limite, leur liberté est totale. Ainsi, est valable la clause réservant la distribution de bénéfices au cas où la société réalise un certain niveau de bénéfices ou celle par laquelle un ou plusieurs associés renoncent aux bénéfices auxquels ils avaient droit.

B - La contribution aux pertes

L'alinéa 3 de l'article 1832 du Code civil dispose que les associés s'engagent à contribuer aux pertes.

1) La notion de contribution

La notion de contribution aux pertes doit être distinguée de celle d'obligation aux dettes. En effet, l'obligation aux dettes sociales signifie que les associés s'engagent à payer les dettes de la société directement entre les mains de ses créanciers.

Il s'agit là d'un critère important de classification des sociétés : l'obligation aux dettes des associés peut être illimitée ou limitée au montant de l'apport et, dans le premier cas, elle peut être conjointe (cas des sociétés civiles), chaque associé ne pouvant être poursuivi que pour sa part, ou solidaire (cas des SNC), n'importe quel associé pouvant être poursuivi pour la totalité des dettes sociales à charge pour celui qui a payé de se retourner contre ses coassociés pour obtenir le paiement de leur propre part.

L'obligation intéresse donc les rapports entre les associés et les tiers à la société. La contribution vise au contraire le rapport interne qu'entretiennent entre eux les associés. Dans quelle proportion chacun va-t-il supporter les éventuelles pertes ? Étant précisé qu'en réalité, les pertes d'un exercice ne sont pas mises à la charge des associés mais sont reportées sur l'exercice suivant ; portées au passif du bilan, elles entament le poste capital social. En conséquence, la véritable contribution aux pertes n'apparaît qu'au jour de la dissolution de la société, sauf si les associés décident, dans les statuts ou par un vote, de supporter effectivement en cours de vie sociale ces pertes (par exemple, par une réduction du capital social – C. com., art. L. 225-248 – qui peut conduire à porter celui-ci à zéro). Relevons que, dans les SARL (C. com., art. L. 223-42) et les sociétés par actions (C. com., art. L. 225-248 pour les SA, 226-1 pour les SCA et 227-1 pour les SAS), lorsque du fait des pertes constatées dans les documents sociaux les capitaux propres (somme des apports, primes, réserves, report à nouveau bénéficiaire, écarts de réévaluation) de la société deviennent inférieurs à la moitié du capital social, les associés, convoqués en assemblée, doivent se prononcer, soit sur la dissolution de la société, soit sur la régularisation de la situation par reconstitution des capitaux propres par augmentation ou réduction de capital ou tout autre moyen (par exemple, changement de forme sociale).

2) Les modalités de contribution

À nouveau l'article 1844-1 du Code civil indique que cette contribution doit être proportionnelle à la participation au capital social mais que cette règle n'est pas impérative mais supplétive (répartition inégale des pertes) sous la réserve, de nouveau, des clauses léonines qui viseraient à exonérer un associé de toute contribution aux dettes ou qui feraient supporter la totalité de celle-ci par le même associé.

La situation extrême ne pose pas de problème. La clause statutaire ou le pacte extrastatutaire réservant à un associé le versement d'une redevance forfaitaire due en toutes circonstances seraient réputés non-écrits (cas des clauses d'intérêts fixes ou intercalaires). La situation est plus délicate s'agissant des conventions par lesquelles un associé s'engage à acheter les parts ou actions d'un autre, à terme, à un prix minimum garanti quelle que soit, par ailleurs, l'évolution des pertes générées par la société et que devrait, normalement, refléter le prix de vente. Tel est le cas des promesses unilatérales d'achat ou de vente de droits sociaux ou encore des conventions de portage par lequel une personne accepte de porter, en les acquérant, momentanément, les droits sociaux appartenant à un associé, moyennant leur rachat et une rémunération forfaitaire. Si la validité des conventions de portage a été admise, celle des promesses de cessions de droits sociaux à un prix plancher est admise par la Chambre commerciale de la Cour de cassation mais discutée par sa Chambre civile.

4 • AFFECTIO SOCIETATIS

A - La définition

Ce troisième et dernier élément du contrat de société ne figure pas à l'article 1832 du Code civil mais résulte de la tradition. Il se veut traduire la volonté qu'ont les associés de collaborer activement et de manière égalitaire à l'entreprise commune intéressée.

Cette notion est cependant incertaine et difficile à cerner d'autant qu'elle peut fortement varier d'une société à l'autre ; que l'on songe au petit porteur de la société France Télécom ou, à l'inverse, à l'associé unique d'une EURL ou d'une SASU.

B - Les incidences

L'*affectio societatis* n'en demeure cependant pas moins opératoire. Ainsi, elle permet de distinguer société et contrat de prêt avec participation aux bénéfices ou contrat de travail en raison de l'absence de tout lien de subordination. L'absence d'*affectio societatis* peut également permettre de révéler une société fictive. Enfin, sa présence, même implicite, permet de caractériser des sociétés créées de fait entre concubins lors de la rupture du concubinage ou avec des banquiers quand ceux-ci interviennent dans les affaires sociales.

BIBLIOGRAPHIE

CAMBASSEDES (M.-J.), « La nature et le régime juridique de l'opération d'apport », *Rev. sociétés* 1976, p. 431.

COZIAN (M.), « Du nu-propriétaire ou de l'usufruitier, qui a la qualité d'associé ? », *JCP* E 1994, I, 374.

KENDERIAN (F.), « La contribution aux pertes sociales », *Rev. sociétés* 2002, p. 617.

KESSLER (G.), « L'objectivation de l'affectio societatis », *D.* 2004, p. 1305.

LUCAS (F.-X.), « Promesses d'achat de droits sociaux à prix garanti et prohibition des clauses léonines », *JCP* E 2000, p. 168.

REBOUL (N.), « Remarques sur une notion conceptuelle ou fonctionnelle : l'*affectio societatis* », *Rev. sociétés* 2000, p. 425.

REGNAULT-MOUTIER (C.), *La notion d'apport en jouissance*, LGDJ, 1994.

SERLOOTEN (P.), « L'*affectio societatis*, une notion à revisiter », *in Mélanges Y. Guyon*, Dalloz, 2003, p. 1007.

VIANDIER (A.), *La notion d'associé*, LGDJ, 1978.

CHAPITRE 3

La personnalité morale de la société

La naissance à la vie juridique d'une société nécessite l'accomplissement de diverses formalités dont la principale demeure l'immatriculation au Registre du commerce et des sociétés. Cette formalité confère la personnalité morale à la société. La personnalité morale permet à la société de jouir d'un certain nombre d'attributs juridiques et, à titre principal, d'une capacité et d'un patrimoine. Ceux-ci peuvent évoluer au cours de la vie de la société qui peut, enfin, s'éteindre et disparaître dans certains cas prévus par la loi.

1 • CRÉATION DE LA SOCIÉTÉ PERSONNE MORALE

La naissance d'une société ne se fait pas en un seul trait de temps et est précédée d'une longue phase d'élaboration au cours de laquelle seront rédigés les statuts et sera démarrée l'activité sociale. Cette phase délicate de création est susceptible d'ouvrir le jeu à des nullités.

A - Les formalités de la constitution

1) Avant la rédaction des statuts

Avant de procéder à la rédaction des statuts, les personnes qui souhaitent créer une société entre elles, les fondateurs, vont entrer en pourparlers pour arrêter les grandes lignes de leur projet (forme, objet, capital...). Cette période pré-contractuelle ne met aucune obligation particulière à la charge de ceux qui y participent autre que celle de loyauté qui prévaut dans toute phase de négociation (C. civ., art. 1134) et qui, si elle n'est pas respectée (par exemple, rupture abusive des pourparlers) pourra être sanctionnée par la mise en œuvre de la responsabilité délictuelle de son auteur (C. civ., art. 1382).

Le projet de créer une société peut se muer, à l'insu des parties, en une société créée de fait. Ainsi en va-t-il lorsqu'on peut relever « le développement de façon durable et importante d'une activité dépassant l'accomplissement de simples actes nécessaires à la constitution de la société ». En principe, dans une telle société, appelée société créée de fait occulte, seul celui qui agit est engagé vis-à-vis des tiers, comme en matière de société en participation (C. civ., 1873). Toutefois, cette règle est écartée au profit de l'engagement de tous les associés en présence d'une société créée de fait ostensible, c'est-à-dire lorsqu'un ou plusieurs autres associés ont agi en cette qualité au vu et au su des tiers, lorsque l'associé s'est immiscé dans les affaires sociales ou, enfin, lorsque l'engagement a profité à l'associé (C. civ., 1872-1).

2) La rédaction des statuts

Les statuts ou pacte social ou encore charte sociétaire, consignent les éléments essentiels de la société sur lesquels les associés sont d'accord. Ils vont lier les associés présents et futurs qui y adhéreront.

Ils doivent être obligatoirement passés par écrit (C. civ., art. 1835). L'acte écrit peut être sous-seing privé ou sous forme authentique, cette dernière forme étant toutefois obligatoire en cas de constitution d'une société au moyen d'un apport en nature avec translation de propriété portant sur un immeuble soumis à publicité foncière et vivement recommandée lorsque la société est constituée entre époux (C. civ., art. 1832-1 – pour éviter de tomber dans le champ de la prohibition des donations déguisées) ou avec un héritier présomptif (C. civ., art. 854 – pour éviter qu'il ait à rapporter à la masse successorale ce qu'il a retiré d'avantages de la société).

Leur contenu est fixé par la loi. Au terme de la loi (C. civ., art. 1835 et C. com., art. L. 210-2), les statuts doivent consigner les apports de chaque associé, la forme sociale, l'objet, la dénomination, le siège social, le capital social, la durée de la société et les modalités de son fonctionnement. Allant plus loin, le législateur a prévu un modèle type de statuts pour les EURL dont l'associé unique est également le gérant (C. com., art. R. 223-2), modèle qui s'impose à défaut d'en produire un autre lors de l'immatriculation (C. com., art. L. 223-1).

L'article L. 210-7, alinéa 2 du Code de commerce ouvre à tout intéressé une action en régularisation lorsque l'une de ces mentions obligatoires fait défaut.

Enfin, les statuts doivent être signés par tous les associés, personnellement ou par mandataire (C. com., art. L. 233-6 et 225-15). À compter de cette signature, la société existe en tant que contrat. Jusqu'à l'immatriculation de la société au RCS, les rapports entre les associés vont être régis par les termes de ce contrat ainsi que les principes généraux du droit applicables aux contrats et obligations (C. civ., art. 1842, al. 2).

3) Après la rédaction des statuts

Après la signature des statuts, un certain nombre de formalités doivent encore être réalisées pour que l'existence de la société soit opposable en tant que telle aux tiers.

Les associés doivent :

- procéder à ***l'enregistrement des statuts*** auprès de la recette des impôts dans le délai d'un mois suivant leur signature ;
- faire ***publier un avis de constitution*** qui reprend les mentions obligatoires des statuts dans un journal d'annonces légales dans le département du siège social ;
- ***déposer les statuts*** (deux exemplaires) ***au greffe du tribunal de commerce*** dans le ressort duquel se trouve le siège de la société en formation, ainsi que les actes de nomination des dirigeants sociaux, le rapport du commissaire aux apports s'il existe, le certificat du dépositaire des fonds dans les SA et, dans celles faisant appel public à l'épargne, le procès-verbal des délibérations de l'assemblée

générale constitutive. Il revient au greffier du tribunal de vérifier l'ensemble de ces formalités (C. com., art. L. 210-7) ; le greffier devra procéder à la publication d'un avis au *Bulletin officiel des annonces civiles et commerciales* (*BODACC*).

Parallèlement, les fondateurs doivent déposer auprès du greffe du tribunal de commerce, une demande d'immatriculation de la société au RCS. Concrètement, les fondateurs s'adressent au Centre de formalités des entreprises (CFE – généralement installés dans les chambres consulaires ; le greffe du tribunal de commerce est compétent pour les sociétés civiles) qui, en un même lieu, va permettre de transmettre la demande d'immatriculation au greffe ainsi qu'aux divers organismes interlocuteurs des entreprises (URSSAF, services fiscaux, ASSEDIC, INSEE, Inspection du Travail...) : c'est le fameux « guichet unique ».

L'immatriculation doit normalement intervenir dans le délai franc d'un jour ouvrable après réception de la demande (délai porté à cinq jours si le dossier est complexe).

À compter de l'immatriculation, la société acquiert la personnalité morale (C. civ., art. 1842 ; C. com., art. L. 210-6). Elle se voit attribuer un numéro unique d'identification, numéro SIREN attribué par l'INSEE.

Après l'immatriculation, le greffier doit encore aviser le CFE de l'inscription de la société et, dans les huit jours qui suivent l'immatriculation, faire paraître un avis au BODACC pour assurer la diffusion de la création de la société.

B - La reprise des engagements antérieurs à la constitution

Avant l'immatriculation, la société n'a pas encore la personnalité morale : elle ne peut donc pas accomplir d'actes juridiques, ni agir en justice. Pourtant un certain nombre d'actes pratiques doivent être accomplis dans son intérêt : conclusion d'un bail, ouverture d'un compte bancaire, achat de matériel et de marchandises, recrutement de personnel.

Aussi ne peuvent-ils l'être que par les fondateurs.

Les personnes qui ont agi au nom de la société en formation sont tenues indéfiniment et solidairement ou conjointement, selon le cas, des actes ainsi accomplis (C. civ., art. 1843 ; C. com., art. L. 210-6, al. 2).

Normalement toutefois, la société a vocation à être immatriculée et à reprendre les actes passés en son nom et pour son compte pendant la période de formation. Si elle a lieu, la reprise emporte libération du souscripteur initial et substitution rétroactive de la société comme débiteur.

Les décrets du 3 juillet 1978 et du Code de commerce (C. com., art. R. 210-5) ont prévu trois mécanismes de reprise :

- pour ***les actes conclus avant la signature des statuts***, un état annexé à ces statuts, détaillant chaque opération ainsi que l'engagement qui en résulterait pour la société, est présenté aux associés ; la signature des statuts emporte reprise automatique de ces actes ;
- pour ***les actes conclus après la signature des statuts*** mais avant l'immatriculation, un mandat spécial et exprès, donné par les associés dans les statuts ou dans un acte séparé, à l'un ou plusieurs d'entre eux ou au gérant non associé, permettra que la reprise de ces actes opère automatiquement lors de l'immatriculation ;

- enfin, une reprise balai existe ***après l'immatriculation*** pour les actes qui n'ont pu être repris ou qui ont été oubliés ; elle consiste en une décision de l'assemblée générale, se prononçant à la majorité, au cours de laquelle, de manière expresse, doit être repris chacun des actes accomplis ; en aucun cas la reprise ne saurait être tacite ou implicite, résultant de l'exécution spontanée de l'acte par la société ou de l'approbation des premiers comptes sociaux.

La reprise, lorsqu'elle opère, permet d'imputer l'acte sur le patrimoine de la société. Comme le dispose l'article 1843 du Code civil, ils « sont alors réputés avoir été dès l'origine contractés » par la société. Toutefois, même si la société se reconnaît débitrice de l'acte, l'associé qui l'a passé à l'origine peut demeurer tenu s'il n'a pas spécifié, lorsqu'il a contracté, qu'il agissait pour le compte d'une société en formation.

C - Les nullités de la période constitutive

La constitution d'une société connaît de nombreux cas de nullité. Toutefois, son prononcé peut soulever nombre de difficultés, notamment s'agissant de la mise en œuvre des restitutions, conséquences logiques de la nullité. Les causes de nullité sont donc réduites tandis qu'existent nombre de voies de régularisation pour l'éviter.

1) Les causes de nullité

Selon l'article 1844-10 du Code civil, applicable à toutes les sociétés, la nullité d'une société peut résulter de la violation des articles 1832 et 1833 du Code civil ou de l'une des causes de nullité des contrats en général.

Quant à l'article L. 235-1 du Code de commerce, applicable aux seules sociétés commerciales, il dispose que « la nullité d'une société ou d'un acte modifiant les statuts ne peut résulter que d'une disposition expresse du présent livre (Livre II du Code de commerce consacré aux sociétés commerciales et aux GIE) ou des lois qui régissent la nullité des contrats » ; après recensement, il n'y en a qu'une : l'article L. 235-2 du Code de commerce qui requiert dans les SNC et les SCS l'accomplissement des mesures de publicité à peine de nullité.

Au titre des conditions générales de validité des contrats (C. civ., art. 1108), peut être sanctionnée de la nullité la société dans laquelle :

- le consentement des associés est vicié ou fait défaut, étant précisé que dans les SARL et les sociétés par actions (SA, SCA et SAS), ce vice ne peut être retenu (C. com., art. L. 235-1, al. 1er) ; en outre, dans les autres formes sociales, la nullité ne frappera la société que si l'associé en cause était indispensable aux yeux des autres ;
- les associés sont incapables, étant précisé que dans les SARL et les sociétés par actions ce vice doit atteindre tous les associés pour que la nullité puisse être prononcée (C. com., art. L. 235-1) ;
- l'objet est inexistant, immoral ou illicite ;
- la cause est absente, illicite ou immorale.

Relevons que s'agissant des seules SARL et SA, la première Directive européenne du 9 mars 1968 ne permet pas de sanctionner de la nullité la société dont l'objet réel ou la cause seraient illicites, ces cas de nullité n'étant pas visés par l'article 11 de ladite

Directive (CJCE, 13 novembre 1990, *aff. Marleasing SA* : *Rev. sociétés* 1991, p. 532, note Y. Chaput).

Au titre des conditions spéciales de validité du contrat de société (C. civ., art. 1844-10), la société peut être sanctionnée de la nullité lorsque :

- la société est constituée par un seul associé, sauf, naturellement dans les sociétés qui peuvent être unipersonnelles *ab initio* ou le devenir ;
- l'apport est inexistant ou fictif, à condition toutefois que cet apport soit essentiel à la société ; cause de nullité inapplicable aux SARL et aux sociétés par actions en application de la première Directive européenne ;
- l'*affectio societatis* fait défaut même si cette cause de nullité n'est cependant pas visée par la Première Directive de 1968 ;
- la règle de la participation aux résultats sociaux n'est pas respectée, encore que les clauses léonines stigmatisaient par l'article 1844-1 du Code civil sont réputées non-écrites ;
- l'objet de la société est illicite ;
- les associés ne partagent pas d'intérêt commun ;
- les formalités de publicité requises dans les SNC et les SCS n'ont pas été respectées (C. com., art. L. 235-2).

La nullité de la société peut encore résulter de la fictivité de celle-ci ou de la fraude en vertu de l'adage *fraus omnia corrumpit* qui permet d'atteindre la société dont la cause est illicite ou immorale même si elle n'est pas partagée par tous les associés.

2) *L'action en nullité*

Le titulaire de l'action en nullité varie selon que la nullité vise à protéger un intérêt particulier ou un intérêt plus général : dans le premier cas (par exemple, en cas de dol ou d'incapacité), la nullité est relative et seule la personne bénéficiaire de la protection en est titulaire et peut agir, tandis que dans le second, la nullité est absolue et toute personne justifiant d'un intérêt légitime (associé, créancier, dirigeant, commissaire aux comptes...) peut intenter l'action sur ce fondement.

Le délai de prescription de l'action est de trois ans à compter du jour où la nullité est encourue (C. civ., art. 1844-14 ; C. com., art. L. 235-9), sauf lorsque la nullité sanctionne l'illicéité de l'objet, la fraude ou lorsque la loi répute certaines clauses non-écrites. L'exception de nullité est, quant à elle, perpétuelle.

Enfin, lorsqu'une cause de nullité frappe une société, à l'exception de celle sanctionnant l'illicéité de l'objet, celle-ci peut être couverte par la voie de la régularisation : l'action en nullité est éteinte si, au jour où le juge statue au fond, la cause de la nullité a disparu, sauf si cette nullité est fondée sur l'illicéité de l'objet (C. civ., art. 1844-11 ; C. com., art. L. 235-4). En outre, lorsque la cause de la nullité réside dans un vice du consentement ou dans une règle de capacité, tout intéressé peut mettre en demeure la personne susceptible d'opérer la régularisation d'agir en nullité ou de régulariser (C. com., art. L. 235-6). De même, lorsque la nullité réside dans le non-respect des règles de formalités prévues à l'article L. 235-7 du Code de commerce pour les SNC et les SCS, tout intéressé peut mettre en demeure la société de régulariser la situation ou saisir le juge pour qu'il nomme un mandataire qui y pourvoira.

3) Les effets de la nullité

La nullité n'a pas d'effet rétroactif en droit des sociétés ; elle produit les effets d'une dissolution pour l'avenir (C. civ., art. 1844-15). La société est liquidée. Il en résulte que les actes passés antérieurement à son prononcé ne sont pas remis en cause, que les tiers de bonne foi peuvent demander l'exécution des engagements précédemment pris par les dirigeants (C. com., art. L. 235-12). En revanche, les associés engagent leur responsabilité civile lorsque l'annulation leur est imputable (C. com., art. 235-13, al. 2).

2 • EXISTENCE DE LA SOCIÉTÉ PERSONNE MORALE

Les sociétés jouissent de la personnalité morale à compter de leur immatriculation au RCS (C. civ., art. 1842 ; C. com., art. L. 210-6). La personnalité morale confère à la société la personnalité juridique, c'est-à-dire l'aptitude à participer à la vie juridique en tant que sujet de droit doté d'une capacité propre, dominée par les principes de spécialité légale et statutaire. Dès lors, la société, personne morale, est titulaire d'un patrimoine propre et jouit de prérogatives extra-patrimoniales dont elle peut assurer le respect en estant. Par divers moyens de financement, la société va développer une activité propre qui nécessitera une organisation interne des divers organes qui la composent. Enfin, elle encourt une mise en cause de sa propre responsabilité.

A - L'individualisation de la société

L'individualisation permet de distinguer les sociétés entre elles.

1) La dénomination sociale

La dénomination sociale est le nom de la société, celui sous lequel elle se présente aux tiers et qui permet de la distinguer. Toute société dotée de la personnalité morale doit avoir une appellation (C. civ., art. 1835) et toute société commerciale doit mentionner dans ses statuts sa raison ou sa dénomination sociale (C. com., art. L. 210-2).

Le choix de cette dénomination est libre et peut être inspiré de l'activité entreprise, du nom de certains fondateurs ou associés ou, encore, être de pure fantaisie ; des sigles divers (tel le fameux @) peuvent la composer.

Toutefois, la liberté n'est pas totale : d'une part, servant à renseigner les tiers elle ne saurait créer chez eux une confusion (par exemple, en adoptant la dénomination d'une société concurrente) et, d'autre part, elle ne saurait utiliser des termes ou des noms contraires à l'ordre public et aux bonnes mœurs.

2) Le siège social

Le siège social est le domicile des personnes morales, le lieu de leur principal établissement. Les statuts doivent le mentionner (C. civ., art. 1837 ; C. com., art. L. 210-2).

Ce siège social statutaire peut cependant ne pas correspondre au lieu où se trouvent les organes de direction et d'administration de la société ; dans ce cas, les tiers peuvent faire valoir, selon leurs intérêts, le siège statutaire ou le siège réel (C. civ., art. 1837, al. 2 ; C. com., art. L. 210-2, al. 2).

Le siège social a, en pratique, une grande importance car de lui dépend la nationalité de la société, la loi applicable à la société, le tribunal territorialement compétent pour mettre en cause la société, le RCS auprès duquel doivent être réalisées les formalités et publicités concernant la société.

En principe, le siège social est fixé dans les locaux de la société elle-même. En effet, l'article L. 123-11-1 du Code de commerce dispose que toute personne morale demandant son immatriculation au RCS doit justifier de la jouissance de locaux où elle installe, seule ou avec d'autres, le siège de l'entreprise.

La société peut, en cours de vie sociale, changer de siège social. Cette décision qui va entraîner une modification des statuts, doit être prise par l'assemblée des associés statuant aux conditions requises pour adopter une telle modification. Toutefois, dans les SA et les SARL, le transfert du siège dans le même département ou dans un département limitrophe peut être pris par le seul conseil d'administration ou de surveillance ou le gérant, selon le cas, sous réserve de ratification par la prochaine AGO (C. com., art. L. 225-36 et 225-65 et L. 223-18, al. 8). Par ailleurs, le transfert du siège social à l'étranger peut s'analyser en une augmentation des engagements des associés, la loi applicable à la société n'étant plus la même, nécessitant, en conséquence, une décision prise à l'unanimité.

3) La nationalité

En principe, en France (il existe d'autres systèmes, tel celui de l'incorporation en Grande-Bretagne), la société a la nationalité du pays dans lequel elle a établi son siège social (C. civ., art. 1837 ; C. com., art. L. 210-3). Le critère du siège social est toutefois écarté au profit du critère du contrôle lorsque les intérêts vitaux de la France sont en jeu, comme c'est le cas en temps de guerre ; dans ce cas, au-delà du siège social, la nationalité de la société découlera de celle des personnes la contrôlant et la dirigeant.

S'il existe une distorsion entre le siège social statutaire et le siège social réel, il revient au juge d'écarter le critère du siège social statutaire pour retenir celui du siège social réel. Toutefois, il en ira de la sorte uniquement s'il n'y a aucun motif légitime pour que les fondateurs aient choisi de localiser leur société dans un pays autre que la France.

4) La durée de la société

La durée de toute société est limitée à 99 ans (C. civ., art. 1838 ; C. com., art. L. 210-2). Cette durée, qui doit être fixée dans les statuts, peut consister en un terme certain ou incertain.

La durée initialement retenue peut être prorogée. Cette prorogation est le fait des associés qui statuent à l'unanimité ou, si les statuts le prévoient, à la majorité prévue pour la modification de ceux-ci (C. civ., art. 1844-6). Cette dernière solution est de droit dans les SARL (C. com., art. L. 223-30) et les SA (C. com., art. L. 225-96).

Un an avant l'expiration du terme, les associés doivent être consultés pour savoir si la société sera prorogée. À défaut d'être convoqué, tout intéressé peut saisir le juge afin qu'il désigne un mandataire chargé de provoquer la consultation. La durée de la prorogation est libre.

L'arrivée du terme entraîne la dissolution de la société (C. civ., art. 1844-7).

5) Le caractère civil ou commercial de la société

Même si le législateur tend à rapprocher les sociétés civiles et commerciales, il demeure important de connaître le caractère civil ou commercial d'une société car de nombreuses conséquences en découlent.

Selon l'article L. 210-1, alinéa 1er du Code de commerce, le caractère commercial d'une société se détermine par sa forme ou son objet.

Sont ainsi des sociétés commerciales par la forme, et quel que soit leur objet, les SNC, les SCS, les SARL, les SA, les SCA et les SAS. Même si ces sociétés ont un objet civil ou exercent une activité civile, elles sont commerciales et sont soumises au même statut que les commerçants personnes physiques (tenue d'une comptabilité, compétence des tribunaux de commerce, prescription abrégée, preuve libre, application des procédures de redressement et liquidation judiciaire, mais pas le régime du bail commercial qui appartient aux seules sociétés commerciales par la forme ayant une activité commerciale).

Les autres groupements de type sociétaire (société en participation, société créée de fait, GIE, GEIE) voient leur caractère déterminé à raison de leur objet : ils seront commerciaux s'ils ont un objet ou une activité réelle d'ordre commercial et, à l'inverse, un caractère civil si leur objet ou leur activité est d'ordre civil.

Relevons que si une société civile exerce une activité commerciale, elle sera requalifiée en société créée de fait auquel on appliquera le régime des SNC ce qui entraînera un alourdissement de la responsabilité de ses associés.

B - Le financement de la société

Pour développer l'activité qu'ont souhaité développer les associés, la société doit disposer de moyens financiers : des fonds d'emprunt (auprès des établissements financiers, notamment) et des fonds propres (capital social immédiat ou différé, comptes courants d'associés). Seuls ces derniers seront ici examinés.

1) Le capital social

Le capital social est constitué par l'ensemble des apports effectués par les associés susceptibles d'une évaluation monétaire (tous les apports à l'exception de l'industrie). En termes comptables, tous les biens apportés se retrouvent au bilan : au passif, sous l'expression de leur valeur (sous forme abstraite), et à l'actif sous l'expression de leur emploi (individualisation des biens apportés). Son importance varie selon le type de société : important dans les sociétés dites de capitaux où la responsabilité des associés est limitée à son montant (SA, SCA, SAS et SARL dans une moindre mesure aujourd'hui), il est peu significatif dans les sociétés de personnes (société civile, SNC) où importe davantage la fortune et le talent des associés eux-mêmes dont la responsabilité est indéfinie.

Le capital social a, théoriquement, plusieurs fonctions :

– il servirait de ***gage aux créanciers*** en ce qu'il correspondrait à une valeur fixe au bilan (les associés ne peuvent demander à être remboursés de leurs apports avant

que tous les autres créanciers l'aient été) sur lequel, en cas de difficultés financières, les créanciers pourraient se payer. À cette fin, plusieurs règles sont édictées : dans les sociétés à risque limité, le capital social doit avoir un minimum imposé par la loi (exception notable des SARL depuis la loi pour l'initiative économique du 1er août 2003 et de la SAS depuis la loi de Modernisation de l'Économie du 4 août 2008) ; il est interdit de distribuer des dividendes quand l'actif devient inférieur à ce capital (sinon cela équivaut à un remboursement constitutif du délit de distribution de dividendes fictifs) ; le respect dû au principe d'intangibilité ou de fixité du capital, qui peut certes augmenter ou baisser selon les formalités adéquates, mais qui ne peut varier au gré des sorties des associés. Toutefois cette fonction est illusoire car, en pratique, la société peut régler ses dépenses avec les ressources provenant du capital social et, en cas de pertes importantes, l'actif social net (actif moins dettes externes) descendra en dessous du capital social de sorte que le gage des créanciers va disparaître dans le concret (actif) même s'il demeure dans l'abstrait (passif) ; en réalité, seuls les actifs sociaux constituent le véritable gage des créanciers ;
- il serait un ***critère d'estimation financière*** de la société ; cette proposition est fausse dans la mesure où la réalisation de bénéfices va rendre l'actif supérieur au capital social et, inversement, la réalisation de pertes va entamer ce même actif ;
- enfin, il serait la ***clé de répartition du pouvoir*** dans la société dans la mesure où la plupart des droits (notamment le droit de vote) sont répartis entre les associés au prorata de leur participation dans le capital ; si la règle n'est pas inexacte, elle doit être cependant tempérée avec la dissociation de plus en plus fréquente entre le capital et le droit de vote (par exemple, par l'émission d'actions de préférence ou l'attribution d'avantages particuliers).

2) *Le quasi-capital*

Certaines sociétés peuvent également disposer, pour se financer, d'un quasi-capital. Il s'agit de titres de créances émis par la société mais donnant droit à terme et selon des moyens variés d'accéder au capital de la société. Tel est le cas des obligations convertibles, remboursables ou échangeables en action, des obligations à bons de souscription d'actions et, plus largement, de toutes les valeurs mobilières composées que peut émettre une société et qui donne accès par les moyens les plus divers (conversion, échange, remboursement, présentation d'un bon ou de toute autre manière), à l'attribution à tout moment ou à date fixe de titres de capital qui, à cet effet, sont ou seront émis en représentation d'une quotité du capital de la société émettrice (C. com., art. L. 228-91, dans sa rédaction issue de l'ordonnance n° 2004-604 du 24 juin 2004 portant réforme du régime des valeurs mobilières).

3) *Les comptes courants d'associés*

On désigne par cette expression des sommes placées par les associés dans la société, génératrices d'intérêts, dont elle peut se servir à sa guise. Il ne s'agit donc pas d'un apport dans la mesure où ces sommes peuvent être retirées à tout moment de la société par l'associé. Il ne s'agit pas non plus d'un compte-courant car le compte ouvert au nom de l'associé ne saurait être débiteur. Il s'agit d'un contrat de prêt.

Cette convention de prêt peut être conclue pour une durée déterminée (à terme) ou indéterminée. Dans le premier cas, le prêt n'est remboursable par la société qu'à son échéance tandis que dans le second cas, l'associé peut en demander le remboursement quand il le veut (C. civ., art. 1134).

Fréquemment, les créanciers externes de la société qui consentent des prêts à la société exigent que ces sommes fassent l'objet d'un blocage pour, le plus souvent, la durée du prêt, afin d'en garantir le remboursement.

4) Les contrôles liés au financement

L'information financière émise par la société doit permettre aux investisseurs de mieux connaître la société. Son élaboration est cependant entre les mains des dirigeants et l'on peut dès lors craindre que ceux-ci la manipulent pour présenter leur société sous ses plus beaux atours afin de la rendre séduisante. Aussi, importe-t-il qu'un tiers à la société puisse intervenir afin de certifier que les comptes divulgués par la société sont « réguliers, sincères et donnent une image fidèle du résultat des opérations de l'exercice écoulé ainsi que de la situation financière et du patrimoine de la société à la fin de cet exercice ». Telle est la principale mission légale (C. com., art. L. 823-9) dévolue au commissaire aux comptes. Elle est loin d'être la seule.

a) Missions du commissaire aux comptes

Le commissaire aux comptes, professionnel libéral indépendant qui détient ses missions en monopole, doit :

- certifier que les comptes des sociétés sont réguliers, sincères et donnent une image fidèle de la situation financière et du patrimoine de la société, vérifier les valeurs et les documents comptables de la société, contrôler la conformité de sa comptabilité aux règles en vigueur et vérifier la sincérité et la concordance avec les comptes annuels des informations données dans le rapport de gestion élaboré par les dirigeants sociaux (C. com., art. L. 823-9 et s.) ;
- informer les associés, à travers notamment son rapport général annuel présenté à l'assemblée et de son rapport joint sur la partie du rapport du président du conseil relative aux procédures de contrôle interne et à l'élaboration et au traitement de l'information comptable et financière (C. com., art. L. 225-235) ;
- informer les dirigeants, à qui il doit révéler les irrégularités et les inexactitudes qu'il a constatées (C. com., art. L. 823-10) ;
- informer les tiers dont le procureur de la République à qui il doit révéler les faits délictueux dont il a pu avoir connaissance (C. com., art. L. 823-12), mais aussi le comité d'entreprise (C. trav., art. L. 432-4), et l'Autorité des marchés financiers ;
- élaborer, occasionnellement, des rapports spéciaux (sur les conventions réglementées passées par les dirigeants avec la société, sur les opérations modifiant le poste capital social, sur les opérations de fusions, scissions et de transformation de la société) ;
- déclencher la procédure d'alerte lorsqu'il relève « un fait de nature à compromettre la continuité de l'exploitation » (C. com., art. L. 234-1) et peut convoquer les assemblées des actionnaires en cas de carence des dirigeants sociaux.

b) Moyens du commissaire aux comptes

À toute époque de l'année, le commissaire aux comptes opère toutes vérifications et tous contrôles qu'il juge opportuns et peut se faire communiquer sur place (dans les locaux de la société) toutes les pièces qu'il estime utiles à l'exercice de sa mission et notamment tous contrats, livres, documents comptables et registre de procès-verbaux (notamment des séances des organes de direction) (C. com., art. L. 823-13). Il peut, pour mener à bien ses investigations, se faire assister par des experts ou collaborateurs de son choix. Il est convoqué à toutes les réunions des organes de direction qui arrêtent les comptes ainsi qu'à toutes les assemblées (C. com., art. L. 823-17). Il est destinataire de nombreuses informations (comme les associés mais aussi celles contenues dans les réponses aux demandes d'information diligentées par le comité d'entreprise ou des associés dans la procédure d'alerte).

En aucun cas il ne peut s'immiscer dans la gestion de la société : c'est un contrôleur de la légalité des décisions sociales et non point de leur opportunité. Le chemin de crête est souvent étroit. Aussi peut-il voir engager sa responsabilité civile s'il ne réalise pas correctement les missions qui lui sont dévolues et pour lesquelles il est rémunéré par la société (C. com., art. L. 823-17), et parfois sa responsabilité pénale lorsqu'il ne respecte pas certaines prescriptions (par exemple, non-révélation de faits délictueux ou violation du secret professionnel – C. com., art. L. 820-7 et L. 820-5). Les commissaires aux comptes encourent également des sanctions disciplinaires prononcées par la chambre régionale de leur ordre lorsqu'ils commettent des infractions aux lois, règlements et règles professionnelles les concernant (C. com., art. L. 822-6 et s.).

c) Statut du commissaire aux comptes

L'obstacle mis à leur désignation et/ou l'exercice de leur mission sont sanctionnés du délit d'entrave visé à l'article L. 820-4 du Code de commerce (5 années d'emprisonnement et une amende de 75 000 euros).

La présence d'un commissaire aux comptes n'est pas obligatoire dans toutes les personnes morales.

Le nombre de commissaire aux comptes par entité est d'un titulaire auquel est attaché un suppléant, nombre porté à au moins deux (règle dite des « quatre mains ») dans les sociétés qui élaborent des comptes consolidés (C. com., art. L. 823-2).

Leur désignation est le fait des associés réunis en assemblée qui doivent choisir le commissaire aux comptes parmi une liste officielle (C. com., art. L. 822-1 et s.). La durée de leur mandat est fixée à six exercices renouvelables sauf dans les sociétés dont les titres sont admis à la négociation sur un marché réglementé (C. com., art. L. 822-14). Leur mandat prend fin par l'arrivée du terme s'ils ne sont pas renouvelés par l'assemblée, par le décès, la démission, la révocation pour faute ou empêchement et la récusation pour juste motif ou encore en cas de transformation de la société en une forme dans laquelle la présence d'un commissaire aux comptes n'est pas requise.

C - La responsabilité de la société

Étant une personne juridique dotée d'une capacité propre, la société encourt une mise en cause de sa responsabilité tant au plan civil que pénal.

1) La responsabilité civile

Au plan civil, toute société peut voir sa responsabilité recherchée tant sur le terrain contractuel, pour inexécution ou mauvaise exécution d'un contrat dont elle est débitrice, que sur le terrain délictuel à raison des dommages causés fautivement par son représentant légal agissant ès qualités (C. civ., art. 1382 et 1383) ou par les personnes ou les choses dont elle assume la garde (C. civ., art. 1384, al. 1er et 5).

2) La responsabilité pénale

Jusqu'en 1994, les personnes morales n'étaient pas responsables pénalement faute de pouvoir leur imputer une quelconque volonté. Même si les exceptions légales se multipliaient, le principe demeurait. Le principe a été inversé puisque l'article 121-2 du Code pénal disposait que « *les personnes morales, à l'exclusion de l'État, sont responsables pénalement (...), dans les cas prévus par la loi ou le règlement, des infractions commises, pour leur compte, par leurs organes ou représentants* ». L'article 121-1 du Code pénal se poursuit ainsi : « *la responsabilité des personnes morales n'exclut pas celle des personnes physiques auteurs ou complices des mêmes faits* ».

Plusieurs observations doivent être faites :

- tout d'abord, depuis la loi n° 2004-204 du 9 mars 2004 portant adaptation de la justice aux évolutions de la criminalité, dite « Perben II » entrée en vigueur le 31 décembre 2005, les sociétés peuvent être poursuivies pour n'importe quelle infraction et plus seulement celles pour lesquelles elles étaient spécialement visées ;
- ensuite, l'infraction doit être le fait des seuls organes ou représentants de la société, à l'exclusion de toutes autres personnes, agissant, au moment des faits, pour le compte de la société ;
- par ailleurs, au plan procédural, la société n'étant qu'une personne morale, l'action publique est exercée contre celle-ci mais prise en la personne de son représentant légal à l'époque des poursuites sauf si la société et son dirigeant sont coauteurs des mêmes faits ou complices, auxquels cas il convient de nommer judiciairement un mandataire spécialement chargé de représenter la société (C. pr. pén., art. 706-43) ;
- enfin, les peines frappant les personnes morales tiennent compte de leur spécificité. Si les peines d'emprisonnement sont exclues, les peines d'amende, d'un montant généralement cinq fois supérieur à celui encouru pour les mêmes peines par les personnes physiques, sont systématiques tandis que le juge peut prononcer d'autres peines, accessoires, allant de l'interdiction pour la société d'exercer certaines activités ou de participer aux marchés publics jusqu'à la dissolution de la société (C. pén., art. 131-37 et 131-39). Les peines prononcées à l'encontre de la société figurent dans un casier judiciaire (C. pr. pén., art. 768-1).

3 • TRANSFORMATION DE LA PERSONNE MORALE

La transformation est l'opération par laquelle une société va quitter son enveloppe juridique présente pour en adopter une autre.

La transformation peut être libre comme elle peut être imposée (par exemple, décès d'un associé dans une SNC – C. com., art. L. 221-15 ; dépassement du seuil de cent associés dans une SARL – C. com., art. L. 223-3).

Juridiquement, la transformation correspond à une modification des statuts. Aussi, ce sont les associés, réunis en AGE ou consultés selon les formes propres aux modifications statutaires dans chaque forme sociale, qui ont seuls le pouvoir de décider de la transformation. La décision est importante ce qui explique que, parfois, les règles de majorité soient quelque peu aménagées ; ainsi, par exemple, la transformation d'une SA ou d'une SARL en SNC requiert une décision unanime des associés (C. com., art. L. 223-43 et 225-245) ; il en va de même en cas de transformation d'une société quelconque en SAS (C. com., art. L. 227-3).

Par ailleurs, il importe que la société qui souhaite se transformer réunisse, avant la transformation, toutes les conditions spécifiques requises pour constituer valablement la société dont elle souhaite adopter le statut juridique. Ainsi, par exemple, une SARL qui souhaite se transformer en SA doit compter au moins sept associés et disposer d'un capital minimum de 37 000 euros.

En outre, on relèvera que l'article L. 224-3 du Code de commerce, dans sa rédaction issue de la loi de Sécurité financière du 1er août 2003, prévoit désormais la désignation d'un ou plusieurs commissaires à la transformation lorsqu'une société, de quelque forme que ce soit qui n'a pas de commissaire aux comptes souhaite se transformer en société par actions (SA, SCA et SAS).

La décision de transformation de la société doit faire l'objet de mesures de publicité afin d'aviser les tiers de ce changement d'enveloppe juridique. Ce sont les règles propres à la publicité légale (insertion d'un avis dans un *Journal d'annonces légales (JAL)*, enregistrement, modification du RCS, insertion au *BODACC*) déjà rencontrées lors de la constitution de la société qui trouvent à s'appliquer. La transformation n'est opposable aux tiers qu'à compter de la réalisation de ces formalités de publicité.

Enfin, le changement de forme sociale est sans effet sur la personnalité morale qui perdure et passe, sans difficultés, d'une forme à l'autre. Au-delà de la transformation, c'est la même entreprise qui se poursuit sous une autre forme (C. civ., art. 1844-3 ; C. com., art. L. 210-6). La solution est identique en droit fiscal.

4 • EXTINCTION DE LA SOCIÉTÉ PERSONNE MORALE

Si la personnalité morale s'acquiert, elle peut aussi se perdre. C'est le cas lorsque la société est dissoute. La dissolution de la société entraîne sa liquidation.

A - Les causes de dissolution

Il existe plusieurs causes de dissolution énoncées à l'article 1844-7 du Code civil. Ce sont des causes communes à toutes les sociétés. Il existe aussi des causes spécifiques à certaines formes sociales seulement.

1) Les causes communes

Les causes communes de dissolution sont :

- ***l'arrivée du terme***, étant précisé que le terme est celui visé aux statuts ou, à défaut, la durée de 99 ans (C. civ., art. 1838 ; C. com., art. L. 210-2). Toutefois, les associés peuvent décider la prorogation de la société à l'occasion d'une consultation collective au moins un an avant la date d'expiration de la société. Leur décision doit être prise en assemblée, à l'unanimité ou, si les statuts le prévoient, à la majorité requise pour la modification de ceux-ci (C. civ., art. 1844-6) ;
- ***la réalisation ou l'extinction de l'objet social*** (par exemple, la réalisation d'un film ou la mise en scène d'un opéra, l'achat d'un terrain, viabilisation, construction, vente par appartement) ;
- l'annulation du contrat de société ;
- ***la dissolution anticipée décidée par les associés***, étant précisée que la dissolution anticipée décidée par les associés est l'expression d'un parallélisme des formes : ce qu'ont fait les associés, ils peuvent le défaire ;
- ***la dissolution judiciaire pour justes motifs***, étant précisé que la dissolution judiciaire sera prononcée par le tribunal à la demande d'un associé pour justes motifs notamment en cas d'inexécution de ses obligations par un associé ou de mésentente entre associés paralysant le fonctionnement de la société ;
- ***la dissolution judiciaire consécutive à la réunion de toutes les parts ou actions en une seule main***, étant précisé que cette cause de dissolution ne concerne ni les SARL, ni les SAS qui, dans une telle hypothèse, se transforment automatiquement en EURL ou en SASU (C. com., art. L. 223-4 et L. 227-1). Pour les autres sociétés, l'article 1844-5 du Code civil autorise le tribunal, à la demande de tout intéressé, à prononcer la dissolution de la société devenue irrégulière si, au terme d'une année, sa situation n'a pas été régularisée. Il se peut, toutefois, que l'associé unique souhaite dissoudre la société devenue unipersonnelle. Dans ce cas, depuis la loi NRE du 15 mai 2001, il convient d'opérer une distinction selon la qualité de l'associé unique : si c'est une personne morale, la dissolution de la société devenue unipersonnelle entraîne la transmission universelle du patrimoine de la société à l'associé unique tandis que lorsque l'associé unique est une personne physique, la transmission universelle et automatique du patrimoine de la société ne joue pas et il faudra procéder à la liquidation de la société ;
- ***le prononcé de la liquidation judiciaire*** dans le cadre des procédures collectives ;
- ***le prononcé d'une sanction pénale***, le juge pénal pouvant, au titre des sanctions frappant les personnes morales, prononcer la dissolution de la société qui s'est rendue coupable de délits ou de crimes ;
- et, enfin, ***toute autre cause prévue par les statuts***, les fondateurs de la société, comme les associés en cours de vie sociale, pouvant élire tout événement ou toute circonstance qui, si elle venait à disparaître ou, au contraire, à apparaître, entraîneraient, *ipso facto*, la dissolution de la société.

2) Les causes particulières

Outre les causes communes de dissolution, certaines formes sociales connaissent des causes spécifiques de dissolution. Par exemple, une société civile peut être dissoute lorsque la gérance est vacante depuis plus d'un an (C. civ., art. 1846-1) ou lorsque les statuts prévoient la dissolution au décès de l'un des associés (C. civ., art. 1870). De même, une SNC sera dissoute au cas où l'un de ses associés viendrait à décéder, sauf disposition statutaire contraire (C. com., art. L. 221-15). Une SARL doit être dissoute lorsque le nombre d'associés vient à franchir le seuil de 100 pendant plus d'un an (C. com., art. L. 223-3). Enfin, une SA peut être dissoute lorsque le nombre de ses actionnaires vient à être inférieur à sept depuis plus d'un an (C. com., art. L. 225-247). Ces deux dernières formes sociales peuvent de surcroît être dissoutes lorsque leurs capitaux propres deviennent inférieurs à la moitié de leur capital social (C. com., art. L. 223-42 et 225-248).

B - Les effets de la dissolution

La dissolution de la société marque le début d'une période appelée la liquidation (C. civ., art. 1844-8, al. 1er). Les tiers en sont avertis par l'insertion d'un avis dans un *JAL* et le dépôt des actes de dissolution et de désignation du liquidateur au CFE, c'est-à-dire au greffe du tribunal de commerce, une inscription modificative au RCS et l'insertion d'un avis au *BODACC* (parallélisme des formes avec la constitution). De surcroît, tous les documents sociaux doivent indiquer, après la dénomination sociale, la mention « société en liquidation ».

Pendant cette liquidation, la personnalité morale subsiste mais uniquement pour les besoins de la liquidation (réalisation de l'actif, recouvrement des créances impayées, paiement des dettes sociales) jusqu'à la clôture de celle-ci (C. civ., art. 1844-8, al. 3 ; C. com., art. L. 237-2, al. 2) ; sa capacité juridique est donc limitée à la seule liquidation de la société et aux opérations qui s'y rattachent directement ; le liquidateur ne saurait initier une nouvelle activité, par exemple.

C'est un liquidateur, ancien dirigeant ou professionnel, désigné conformément aux statuts ou par les associés ou, encore, à défaut, par le président du tribunal de commerce, pour une période de trois ans, qui va conduire ces opérations (C. civ., art. 1844-8 ; C. com., art. L. 237-3). Substitué aux organes de gestion et d'administration de la société, il réalisera un inventaire, recouvrera les créances et convertira tous les éléments d'actif en argent afin de rembourser les créances sociales, y compris les apports s'il y a assez d'argent et, le cas échéant, le reliquat restant, que l'on appelle le boni de liquidation, sera partagé entre les associés dans les mêmes proportions que leurs participations aux bénéfices et aux pertes (C. civ., art. 1844-9), sauf clause statutaire contraire. Relevons qu'un associé peut reprendre le bien qu'il a apporté initialement (par exemple, immeuble ou fonds de commerce) ; cela est tout à fait possible si les statuts prévoient cette faculté ou si une décision des associés l'autorise (C. civ., art. 1844-9, al. 3), à charge de soulte s'il y a lieu.

Lorsque les fonds ont été suffisants pour rembourser les créanciers sociaux, le liquidateur procédera ensuite à la clôture de la liquidation ; dans le cas inverse, il est obligé de déposer le bilan et de saisir le tribunal pour que soit ordonnée l'ouverture d'une procédure collective.

Sa mission achevée, il doit convoquer les associés afin de leur rendre compte de sa mission de liquidation (C. com., art. L. 237-9). Les associés statuent alors sur le compte définitif, votent le quitus de la gestion du liquidateur et le déchargent de son mandat et, enfin, constatent la clôture de la liquidation. Il revient alors au liquidateur de procéder à la publication de l'avis de clôture dans un *JAL*, d'opérer une radiation au RCS et d'insérer un avis de radiation au *BODACC*. C'est à la date de cette publication que la société perd définitivement sa personnalité morale (C. civ., art. 1844-8, al. 3). Il doit encore procéder à la radiation de la société au RCS ; à défaut, la radiation interviendra d'office au bout de trois ans.

Si, suite à un oubli ou une méprise, un créancier social cherche à faire valoir ses droits, il y a lieu, soit de faire renaître la société pour les besoins du règlement de la situation de ce créancier particulier mené par un mandataire *ad hoc* nommé en justice (solution complexe et coûteuse), soit d'autoriser le créancier à agir directement contre les associés.

BIBLIOGRAPHIE

BORONALD-LESOIN (E.), « La survie de la personne morale dissoute », *RTD com.* 2003, p. 1.

BOUILLOUX (A.), « La survie de la personnalité morale pour les besoins de la liquidation », *Rev. sociétés* 1994, p. 393.

MASCALA (C.), « L'élargissement de la responsabilité pénale des personnes morales : la fin du principe de spécialité ? », *Bull. Joly Sociétés* 2006, p. 5.

SAINTOURENS (B.), « Les causes de nullité des sociétés : l'impact de la première Directive CEE de 1968 sur les sociétés, interprétée par la Cour de justice des Communautés européennes », *Bull. Joly Sociétés* 1991, p. 23.

CHAPITRE 4

Fonctionnement de la société

La société, en tant qu'être collectif, doit organiser la vie de ses acteurs principaux que sont les associés qui lui ont apporté ses capitaux et les dirigeants qui la dirigent et la représentent.

1 • ASSOCIÉS

En contrepartie de leurs apports, les associés reçoivent des parts sociales ou des actions, selon la forme sociale, qui va intégrer leur patrimoine personnel. La détention de parts et/ou d'actions confère à l'associé diverses prérogatives individuelles. Leur expression collective, catégorielle, est généralement assurée par le biais d'assemblées. La société étant l'organisation capitalistique de l'entreprise, les assemblées en sont les organes souverains.

A - Les droits individuels des associés

Ces droits relèvent de trois catégories : droits pécuniaires, droits extra-pécuniaires ou de gouvernement et droits patrimoniaux.

1) Les droits pécuniaires

Les droits pécuniaires sont de l'essence même de la participation d'une personne à une société. Il est permis de les distinguer :

- *le dividende* : en cours de vie sociale, l'associé peut prétendre à percevoir une partie du bénéfice sous forme d'un dividende si la société a réalisé un bénéfice distribuable (produit net de l'exercice moins les pertes antérieures et les réserves légales et statutaires augmentées de l'éventuel report bénéficiaire) à la clôture de l'exercice et si l'assemblée décide d'en distribuer tout ou partie (sur la répartition du dividende, cf. *supra*) ;
- *le droit préférentiel de souscription* : lors des augmentations de capital en numéraire, les associés déjà présents dans la société peuvent parfois bénéficier d'un droit préférentiel de souscription leur permettant de souscrire les parts ou actions nouvellement émises. De la sorte, les associés déjà présents dans la société ne se trouvent pas dilués à raison de l'entrée de nouveaux associés qui

auraient, *ipso facto*, des droits concurrents équivalents notamment sur les réserves constituées ;
- ***le boni de liquidation*** : à la dissolution de la société, après remboursement de leurs créances aux créanciers sociaux et de leurs apports aux associés, s'il reste quelque chose que l'on nomme le boni de liquidation, celui-ci doit être partagé entre les associés selon les mêmes modalités que le dividende (C. civ., art. 1844-9, al. 1er). Le boni correspond aux bénéfices mis en réserve et aux plus-values réalisées sur les divers éléments d'actifs qui appartiennent à la société.

2) Les droits extra-pécuniaires

Les droits extra-pécuniaires (encore appelés politiques ou de gouvernement) sont traditionnellement présentés comme étant ceux qui permettent à l'actionnaire, d'une part, de contrôler son investissement dans la société et, d'autre part, de prendre part à la vie sociale.

Aussi, les deux principaux droits extra-pécuniaires reconnus aux associés sont le droit à l'information et le droit de vote.

a) Droit à l'information

Le droit à l'information ne fait l'objet d'aucune disposition générale mais se déduit des règles propres à chaque type de société. Globalement, les associés ont le droit :
- d'obtenir communication, préalablement à la tenue des assemblées, des documents sociaux (comptes sociaux, rapports de gestion, projet de résolution) ainsi que du rapport du commissaire aux comptes s'il en existe un (C. civ., art. 1856 pour les sociétés civiles et C. com., art. L. 221-7 pour les SNC, L. 223-26 pour les SARL et L. 225-108 pour les SA) ;
- de poser des questions écrites aux dirigeants qui sont tenus d'y répondre (C. civ., art. 1856, pour les sociétés civiles et C. com., art. L. 221-8 pour les SNC, L. 223-26 pour les SARL et L. 225-108 pour les SA) ;
- en cours d'assemblée, d'interroger la direction sociale sur la gestion et les documents qui leur ont été remis ;
- aussi, au moins une fois par an, de se rendre au siège de la société pour se faire communiquer l'ensemble de la documentation sociale (ce droit emportant celui de prendre copie et pouvant être exercé avec l'assistance d'un expert du choix de l'associé – C. civ., art. 1855 pour les sociétés civiles et C. com., art. L. 221-8 pour les SNC, L. 223-26 pour les SARL et L. 225-117 pour les SA).

Relevons que l'Autorité des marchés financiers veille à la bonne diffusion de l'information par les sociétés cotées. Comme tous les tiers, les associés peuvent consulter, au greffe du tribunal de commerce, les documents sociaux (comptes annuels, rapport de gestion, rapport du commissaire aux comptes éventuellement) que les dirigeants des sociétés par actions (SA, SCA et SAS) des SARL et des SNC sont tenus de déposer dans le mois qui suit l'approbation des comptes par l'assemblée générale ordinaire.

Pour parfaire cette information, en cas de doute sur l'exactitude de celle qui lui est communiquée par les dirigeants, l'associé peut diligenter des expertises, de gestion ou *in futurum* (CPC, art. 145).

La violation des règles relatives à l'information des associés est sanctionnée par la mise en cause de la responsabilité des dirigeants fautifs et l'annulation de la délibération litigieuse, voire de l'assemblée elle-même dans les hypothèses les plus graves.

b) Droit de vote

Le droit de vote est en revanche consacré pour l'ensemble des sociétés par l'article 1844, alinéa 1 du Code civil qui dispose que tout associé a le droit de participer aux décisions collectives.

Le droit de vote est, généralement, attribué proportionnellement au montant de la participation dans les sociétés de capitaux et par associé dans les sociétés de personnes et les sociétés coopératives. Toutefois, des dérogations existent qui autorisent, par exemple, l'émission d'actions sans droit de vote (C. com., art. L. 228-11, mod. ord. juin 2004) ou à droit de vote double (C. com., art. L. 225-123) ou à droit de vote multiple dans les SAS (C. com., art. L. 227-9) ou encore qui permettent de prévoir des plafonnements de la puissance de vote (C. com., art. L. 225-125) ou, enfin, qui autorisent une répartition du vote proportionnelle à la participation des associés au capital social dans les sociétés de personnes.

Il reste que les associés ont donc un droit de vote qu'ils vont utiliser pour, à la fois participer à la définition de l'intérêt commun et, dans le même temps, protéger et défendre leur intérêt particulier. Aussi, peut-il exister des zones de conflits : l'associé pourrait être tenté d'abuser de son droit de vote. La jurisprudence créatrice de droit a trouvé la parade en forgeant les concepts d'abus de majorité et de minorité :

- ***l'abus de majorité*** est constitué lorsqu'une décision adoptée régulièrement en la forme par la majorité des associés a été prise contrairement à l'intérêt social et dans l'unique dessein de favoriser les membres de la majorité au détriment des membres de la minorité (Cass. com., 18 avril 1961 : *Bull. civ.* III, n° 175 – par exemple, en cas de mise en réserve systématique des bénéfices ou encore dans le cas de filialisations abusives). L'abus de majorité est sanctionné par la nullité de la délibération adoptée ainsi que la condamnation des majoritaires à verser des dommages et intérêts à la société ;
- ***l'abus de minorité*** s'incarne dans l'attitude des minoritaires qui, en contrariété avec l'intérêt social, s'opposent et interdisent la réalisation d'une opération essentielle pour la société et dans l'unique dessein de favoriser ses propres intérêts au détriment de l'ensemble des autres associés (Cass. com., 9 mars 1993 : *JCP* E 1993, II, 448, note A. Viandier – par exemple, lorsque les minoritaires s'opposent à une augmentation de capital nécessaire à la survie de la société uniquement pour ne pas perdre leur minorité de blocage). L'abus de minorité est sanctionné par la condamnation des minoritaires au versement de dommages et intérêts à la société ainsi qu'à la désignation judiciaire d'un mandataire *ad hoc* chargé de voter en lieu et place des minoritaires dans le sens voulu par l'intérêt social.

Enfin, dans les sociétés, il peut être tentant lorsqu'existent des dissensions ou des voix divergentes, de fédérer, avant l'assemblée, les votes de plusieurs associés : tel est l'objet des ***conventions de vote***. Leur validité est admise dès lors que la convention sert l'intérêt social ou, à tout le moins, qu'elle n'y est pas contraire, qu'elle ne comporte aucun engagement définitif et, enfin, qu'elle n'est pas animée par une intention frauduleuse.

3) Les droits patrimoniaux

L'associé est propriétaire de ses titres sociaux et exerce sur eux des droits réels. En découlent plusieurs conséquences :

- librement entré dans la société, l'associé est libre d'y demeurer ; ***une décision majoritaire ne saurait exclure un associé***, ce qui s'analyserait en une expropriation pour cause d'utilité privée qui est prohibée en droit français. Toutefois, ce principe tend à s'amenuiser : d'une part, dans certaines hypothèses, le législateur est intervenu pour prévoir cette exclusion (exécution en bourse prévue à l'article L. 228-27 du Code de commerce, retrait obligatoire dans les SA prévue à l'article L. 433-4 du Code monétaire et financier, clause d'exclusion dans les SAS prévue à l'article L. 227-16, par exemple) et, d'autre part, certains juges du fond plaident pour l'admission de l'exclusion remède lorsqu'il y a mésentente entre associés. La Cour de cassation demeure toutefois ferme et, en l'absence de dispositions légales ou statutaires, décide qu'il est impossible d'exclure un associé contre son gré (Cass. com., 12 mars 1996 : *Bull. Joly* 1996, p. 576, note J.-J. Daigre) ;
- l'associé a, lors de son entrée dans la société, exactement défini la portée de son engagement social : entré dans une société à responsabilité limitée, il ne risque que le montant de son apport ; entré dans une société à responsabilité illimitée, il expose l'intégralité de son patrimoine. Aussi, il importe que l'associé demeure maître de la portée de cet engagement social et que, en conséquence, ***ses engagements ne puissent être augmentés sans son consentement en cours de vie sociale*** (C. civ., art. 1836, al. 2). Aussi, un associé ne saurait-il être contraint d'augmenter sa participation au capital d'une société contre son gré comme il ne peut subir la transformation de la SARL à laquelle il participe et dans laquelle sa responsabilité est limitée en une SNC dans laquelle sa responsabilité deviendrait indéfinie ou une SAS dans laquelle la liberté d'organisation est plus grande, souffrir du blocage de son compte-courant ou encore supporter la décision de la société civile holding à laquelle il appartient de racheter les parts détenues par un apporteur. Dans toutes ces hypothèses, seule l'unanimité peut parvenir au résultat souhaité, ce qui confère à chaque associé un droit de veto ;
- ***l'associé est également libre de quitter la société quand il le désire***. À tout moment il peut décider de vendre ses actions ou ses parts sociales. Sauf dans les SNC où la cession requiert l'agrément unanime des associés, un associé ne saurait demeurer prisonnier de ses droits sociaux. Toutefois, il est possible de restreindre cette liberté, soit quant au choix du cessionnaire au moyen d'une clause d'agrément (elle oblige le cédant à révéler à ses coassociés l'identité du cessionnaire potentiel), soit quant à l'ordre de la cession au moyen d'une clause de préemption (elle oblige à offrir ses droits à la cession d'abord aux bénéficiaires désignés de la clause), soit, enfin, en restreignant le moment de la cession au moyen d'une clause d'inaliénabilité (elle rend indisponible les droits sociaux pendant un temps déterminé).

B - Les assemblées d'associés

Les assemblées d'associés réunissent les associés qui sont amenés à s'exprimer collectivement sur nombre de sujets (relevons cependant que la réunion d'une assemblée peut être remplacée par une consultation écrite dans les SARL et que se développe le vote par correspondance – par courrier ou télématique – dans les SA). L'assemblée est l'organe souverain de la société, celui dont procèdent tous les autres pouvoirs sociaux : elle nomme et révoque les dirigeants, approuve ou non les comptes, décide des orientations stratégiques de la société, modifie les statuts dans toutes leurs dispositions.

On distingue les assemblées ordinaires (AGO) des assemblées extraordinaires (AGE) :

- les ***AGO*** sont réunies au moins une fois par an pour permettre aux dirigeants de rendre compte de la gestion de l'exercice écoulé et aux associés d'approuver ces mêmes comptes, de définir les orientations du prochain exercice, de décider d'affecter ou de distribuer le produit de l'exercice ;
- les ***AGE***, quant à elles, sont seules compétentes pour modifier les statuts, c'est-à-dire le contrat de société sur la base duquel les associés se sont engagés. Les décisions à prendre dans ce second type d'assemblée étant plus importantes, les conditions de quorum et de majorité y sont toujours plus exigeantes, parfois même l'unanimité des associés est requise. Cependant, les assemblées faisant davantage le vide que le plein, il est prévu des règles plus souples lors de la seconde convocation des assemblées.

Relevons cependant que, tendanciellement, les exigences de quorum (1/5, 1/4, 1/3) et de majorité (qualifiée des 2/3 ou simple) baissent pour permettre la tenue effective des assemblées (voir, dans les SA, art. L. 225-98 pour les AGO et L. 225-96 pour les AGE et dans les SARL, art. L. 223-30, avant et après la loi Breton du 26 juillet 2005).

Les assemblées peuvent être frappées de nullité en cas de violation des règles de répartition de compétences entre elles, de l'ordre du jour (C. com., art. L. 225-121, al. 1er) ou encore en cas de convocation irrégulière (C. com., art. L. 225-104).

Les délibérations qu'elles adoptent peuvent également être annulées. Toutefois, il convient de distinguer selon que la délibération litigieuse modifie ou non les statuts :

- s'agissant des ***délibérations modifiant les statuts***, leur nullité ne peut résulter que de la violation d'une disposition expresse du Livre II du Code de commerce relatif aux sociétés commerciales et aux GIE (par exemple, voir les articles L. 223-43 pour la transformation d'une SARL ou L. 225-96 pour les règles de quorum et de majorité dans les SA et, plus largement dans cette forme sociale, art. L. 225-121) ou de celles qui régissent les contrats (par exemple, défauts et vices du consentement, l'incapacité, l'illicéité de l'objet ou de la cause mais aussi l'abus de majorité ainsi que la fraude en vertu de l'adage *fraus omnia corrumpit*) ;
- s'agissant des ***actes et délibérations qui ne modifient pas les statuts des sociétés commerciales***, l'alinéa 2nd de l'article L. 235-1 du Code de commerce ne stigmatise que les dispositions impératives du Livre II du Code de commerce et les lois qui régissent les contrats (voir, pour les sociétés civiles, C. civ., art. 1844-10, al. 3).

Relevons que l'action en nullité de ces délibérations appartient soit au titulaire expressément désigné dans la loi, soit à la personne que la loi entend protéger (ce qui conduit à rechercher dans chaque cas le caractère absolu ou relatif de la nullité). La prescription de cette action est triennale à compter du jour où la nullité est encourue (C. civ., art. 1844-14 ; C. com., art. L. 235-9).

2 • DIRIGEANTS DE LA SOCIÉTÉ

Les sociétés étant des personnes morales, des entités abstraites qui ne peuvent exercer par elles-mêmes les prérogatives qui leur sont reconnues, elles doivent être représentées par des organes agissant en leur nom et pour leur compte ; tel est le rôle dévolu aux dirigeants sociaux. Cette fonction peut être assurée par les associés mais vu leur nombre et les difficultés qui en découleraient, la loi a organisé des mécanismes de représentation.

Relevons que la catégorie des dirigeants n'est pas parfaitement homogène. Si les dirigeants de droit sont ceux qui sont désignés comme tel par les associés en vertu des mécanismes légaux de délégation de pouvoirs, on doit aussi mentionner l'existence de dirigeants de fait. Au terme d'une jurisprudence constante (CA Paris, 11 juin 1987 : *Bull. Joly Sociétés* 1987, p. 719 ; Cass. com., 23 nov. 1999 : *RJDA* 2000, n° 270) « la qualité de gérant de fait est caractérisée par l'immixtion dans les fonctions déterminantes pour la direction générale de l'entreprise, impliquant une participation continue à cette direction et un contrôle effectif et constant de la marche de la société en cause ».

A - Le statut des dirigeants sociaux

Les dirigeants sociaux sont les personnes, physiques ou morales, choisis parmi les associés ou des tiers, désignés dans les statuts ou à l'occasion d'un vote de l'assemblée, qui vont avoir pour fonction, en tant qu'organe social, de diriger et de représenter la société.

1) La désignation

Leur choix est dicté par les règles de capacité, d'incompatibilités et d'interdictions :

- *capacité* : seuls les mineurs émancipés et les majeurs non protégés peuvent exercer des fonctions de dirigeants. Encore que, s'agissant des mineurs émancipés, il ne saurait être gérant associé d'une société conférant la qualité de commerçant à ses associés (SNC et associés commandités des sociétés en commandite) ;
- *incompatibilités* : certaines personnes ne sauraient être désignées en tant que dirigeant de société ; il en va ainsi, par exemple, des membres des professions libérales – avocats, notaires, huissiers – (sauf s'ils dirigent la société professionnelle dans laquelle ils exercent leurs fonctions), des membres du gouvernement et des parlementaires, des fonctionnaires ;
- *interdictions* : ne sauraient être désignées dirigeants de sociétés les personnes qui ont été condamnées à certaines peines pénales ou qui ont eu un comportement répréhensible à l'occasion d'une précédente expérience de gestion de société (D.-L. du 8 août 1935 ; L. n° 47-1635 du 30 août 1947 ; C. pén., art. L. 131-11 ; C. com., art. L. 653-2 et L. 654-1).

La désignation des mandataires sociaux fait l'objet de mesures de publicité ordinaires : publication d'un avis dans un *Journal d'annonces légales*, dépôt au greffe du tribunal de commerce des statuts ou des actes de nomination, inscription au RCS, insertion d'une mention au *BODACC*.

2) La durée du mandat

La durée de leur mandat est variable selon la forme sociale de la société qu'ils dirigent. Leur mandat peut généralement être renouvelé à son terme. Une même personne peut exercer, dans certaines limites, plusieurs mandats sociaux dans différentes sociétés.

Le mandat social des dirigeants prend fin pour diverses raisons :

- par l'arrivée de son terme ;
- la réalisation d'une condition (par exemple, atteinte de la limite d'âge légale ou statutaire ou survenance d'un événement particulier) ;
- le décès du mandataire ;
- la transformation ou la fusion de la société ;
- sa démission, qui ne saurait être brutale, effectuée à un moment où la société connaît des difficultés, donnée avec l'intention de nuire à la société, sans préavis au risque de voir la responsabilité civile du démissionnaire engagée ;
- et, enfin, par l'effet d'une révocation, étant précisé que coexistent, en droit français des sociétés, deux systèmes de révocation. En effet, tandis que les gérants de société civile (C. civ., art. 1851), les gérants de SNC (C. com., art. L. 221-12), les gérants de SARL (C. com., art. L. 223-25), les directeurs généraux délégués d'une SA et son directeur général lorsqu'il n'est pas aussi président du conseil (C. com., art. L. 225-55) et les membres du directoire d'une SA (C. com., art. L. 225-61) sont révocables pour justes motifs, les membres du conseil de surveillance d'une SA (C. com., art. L. 225-75), les administrateurs des SA (C. com., art. L. 225-18), le Président Directeur Général des SA (C. com., art. L. 225-55) et les dirigeants de SAS si les statuts le prévoient (C. com., art. L. 227-5) sont, quant à eux, révocables *ad nutum*.

Dans l'un et l'autre cas, les associés ont toujours la possibilité de mettre un terme prématurément au mandat social du dirigeant. Mais, dans le cadre de la révocation pour justes motifs, si les associés ne peuvent fonder leur décision de révocation sur un tel motif, le dirigeant révoqué est en droit de réclamer le versement de dommages et intérêts à son profit. Au contraire, dans le cadre de la révocation *ad nutum*, les associés peuvent prendre valablement leur décision de révocation sans avoir besoin d'exciper de motifs, sans préavis et sans devoir verser de dommages et intérêts. Toutefois, les deux ordres de révocation tendent, dans les faits, à se rapprocher. En effet, la condition de justes motifs, qui ne fait l'objet d'aucune définition, est satisfaite, selon les juges, certes quand le dirigeant a commis des fautes ou des erreurs mais aussi en présence d'une simple divergence de vue avec les nouveaux associés majoritaires ou lorsque le besoin de réorganiser l'entreprise apparaît. À l'opposé, les juges acceptent de condamner la société au versement de dommages et intérêts au profit du dirigeant révoqué *ad nutum* si la procédure du contradictoire imposant d'offrir à la personne visée par la procédure de révocation d'être prévenue suffisamment de temps à l'avance (préavis) pour pouvoir présenter sa défense (motif de révocation explicité) n'est pas satisfaite (Cass. com., 26 avril 1994, *Bull. Joly Sociétés* 1994, p. 831, note P. Le Cannu).

Dans tous les cas, la révocation abusive (révocation entourée de circonstances vexatoires, injurieuses, portant atteinte à l'honneur, la réputation et la probité du dirigeant révoqué) ouvre droit à une indemnisation tandis que la révocation irrégulière (prise selon des formes non appropriées) peut être annulée.

3) Le cumul mandat/contrat de travail

Il est fréquent que les dirigeants souhaitent cumuler leur mandat social avec un contrat de travail dans la même société. Ce cumul souhaité est cependant source de difficultés. Pour la clarté de l'exposé, il convient de distinguer les SA à conseil d'administration des autres sociétés.

a) Dans les SA à conseil d'administration

Un salarié peut devenir administrateur voire président du conseil (sous réserve qu'il soit en même temps actionnaire) sans perdre le bénéfice de son contrat de travail dès lors que, d'une part, son contrat de travail correspond à un emploi effectif et, d'autre part, que pas plus du tiers des administrateurs soit lié à la société par un contrat de travail (C. com., art. L. 225-22). Lorsqu'il est nommé administrateur, son contrat de travail est, sauf convention contraire, réputé suspendu pendant la durée d'exercice des fonctions ; à défaut de respecter ces conditions, la nomination est nulle. En revanche, un administrateur ne peut devenir salarié, par combinaison des articles L. 225-44 et 225-22 du Code de commerce, sous peine de nullité du contrat de travail.

b) Dans les autres sociétés

Les solutions sont variables :

- dans les SA à directoire et conseil de surveillance, les salariés peuvent participer à ces organes en cumulant leur mandat social avec leur contrat de travail ; l'inverse est également vrai dans la limite du tiers pour chaque organe (C. com., art. L. 225-61 et 225-85) ;
- dans les SAS pluripersonnelles, le cumul dans les deux sens est licite ;
- dans les SASU cela paraît difficile d'admettre que l'unique associé et dirigeant soit en même temps salarié de la société en raison de l'exigence du lien de subordination ; le dirigeant non associé est cependant admis à cumuler ;
- dans la SARL, la jurisprudence admet le cumul dans les deux sens dès lors que le gérant n'est pas majoritaire en parts sociales dans le capital social ;
- dans l'EURL, seule l'hypothèse du gérant non associé pourrait conduire à admettre le cumul ;
- dans la SNC, la qualité de commerçant des associés paraissait s'opposer au cumul ; cette circonstance a été jugée inopérante en la matière par les juges qui ont validé le cumul.

Outre ces conditions propres au droit des sociétés, la licéité du cumul est encore subordonnée au respect des conditions propres au droit du travail :

- un travail effectif ;
- une rémunération distincte ;
- un lien de subordination.

La situation de cumul peut conduire au déclenchement de la procédure des conventions réglementées lorsque le contrat de travail est postérieur au mandat social car il s'analyse en une convention entre un dirigeant social et la société qu'il dirige, source de potentiels conflits d'intérêts.

Le cumul illicite entraîne, selon les hypothèses, la nullité du contrat de travail ou celle du mandat social irrégulier.

4) Le statut fiscal et social

Au plan fiscal, les gérants associés (les non associés sont assimilés à des salariés) des SNC et sociétés civiles voient leur rémunération assimilée à une répartition des bénéfices sociaux imposée en conséquence à l'impôt sur le revenu (IR) dans la catégorie correspondant à la nature de l'activité sociale (Bénéfices industriels et commerciaux généralement) sauf si la société opte pour l'impôt sur les sociétés (IS). Les rémunérations des gérants minoritaires comme majoritaires de SARL ou d'EURL, des présidents et membres du directoire des SA, des directeurs généraux et directeurs généraux délégués des SA ainsi que des présidents de SAS sont assimilées à des traitements et salaires et bénéficient de la déduction de 10 % pour frais professionnels. Les sommes versées aux membres des conseils d'administration et de surveillance des SA sont assimilées à des revenus mobiliers.

Au plan social, certains dirigeants de sociétés relèvent du régime social des employeurs et travailleurs indépendants et cotisent donc personnellement pour une protection moindre (gérant associé de SNC, gérant de société civile, gérant majoritaire de SARL, gérant associé d'EURL), et c'est la raison pour laquelle ils sont invités à souscrire de manière facultative des contrats d'assurance groupe leur permettant d'obtenir des prestations complémentaires en matière de retraite et de prévoyance ainsi que des indemnités en cas de perte d'emploi. D'autres dirigeants relèvent au contraire du régime général de la Sécurité sociale (gérant non associé de SNC, gérant minoritaire et égalitaire de SARL, président Directeur Général, directeurs généraux et membres du directoire de la SA, président de la SAS). Toutefois, dans cette dernière catégorie, ils ne bénéficient ni des prestations de chômage en cas de perte d'emploi, ni d'un régime de retraite complémentaire obligatoire.

B - Les pouvoirs des dirigeants

Les pouvoirs des dirigeants doivent être examinés séparément selon que la société suit son cours normal ou qu'elle connaît une situation de crise.

1) Dans le cadre d'une société in bonis

Vis-à-vis des associés, dans l'ordre interne, les dirigeants ont, généralement, de par la loi, les pouvoirs les plus étendus pour agir en toutes circonstances au nom de la société, dans son intérêt et dans le périmètre de son objet social.

Toutefois, ce principe de plénitude des pouvoirs connaît un certain nombre de limites :

- tout d'abord, les dirigeants ne sauraient exercer les pouvoirs reconnus par la loi aux autres organes sociaux (par exemple, modifier les statuts qui sont une prérogative de la seule assemblée) ;
- ensuite, ils ne sauraient méconnaître les clauses statutaires limitant leurs prérogatives (par exemple, interdiction de vendre un actif stratégique ou obligation de demander une autorisation spéciale pour conclure un contrat) ;

- par ailleurs, ils doivent constamment exercer leurs pouvoirs dans le sens d'une satisfaction de l'intérêt social ;
- enfin, certains actes leur sont strictement interdits ou strictement réglementés (par exemple, il est interdit au dirigeant d'une SARL ou d'une SA d'emprunter de l'argent à la société qu'il dirige ; procédure des conventions réglementées).

Vis-à-vis des tiers, dans l'ordre externe, les dirigeants ont aussi reçu de la loi les pouvoirs les plus étendus pour agir, en toutes circonstances, au nom de la société et dans son intérêt. Là encore, les dirigeants ne sauraient engager la société envers les tiers en exerçant les pouvoirs d'un autre organe. Quant à la limite de l'objet social, il faut opérer une distinction : dans les sociétés à risque limité (SARL, SA, SAS), les dirigeants engagent la société même pour les actes qui ne relèvent pas de l'objet social sauf complicité du tiers qui connaissait ce dépassement (étant précisé que la seule publication des statuts est insuffisante à caractériser cette connaissance), et sous réserve de l'application de la jurisprudence qui considère que certains actes, passés par les seuls dirigeants sociaux, entraînent une modification des statuts et relèvent, à ce titre, de la seule compétence des assemblées (Cass. com., 29 janvier 1979, *aff. Villa des Sources* : *Bull. civ.* IV, n° 35 ; Cass. com., 12 janvier 1988, *aff. Le Journal de Doullens* : *Rev. sociétés* 1988, p. 263, note Y.). Au contraire, dans les sociétés à risque illimité (société civile, SNC), parce que les associés prennent des risques importants, le dirigeant ne peut engager la société que si son acte entre dans les limites de l'objet social. Relevons, néanmoins, que les juges ont pu admettre la validité d'un acte passé par le dirigeant en dehors de l'objet social d'une société à risque illimité, soit à raison de l'accord unanime postérieur des associés, soit sur le fondement de la communauté d'intérêts entre la société et la bénéficiaire (par exemple, cautionnement d'une société par la SCI qui lui loue les immeubles dans lesquels la première exerce son activité).

En revanche, les limites statutaires aux pouvoirs des dirigeants sont inopposables aux tiers et leur non-respect est sans effet sur la validité de l'acte.

2) Dans une société en crise

Le président du tribunal de commerce dans le ressort duquel la société a son siège social, statuant le plus souvent en référé, peut désigner, en vertu de l'article L. 811-1 du Code de commerce, en cas de circonstances exceptionnelles entraînant la paralysie du fonctionnement de la société ou mettant gravement en péril les intérêts sociaux, « des administrateurs judiciaires (qui) sont les mandataires chargés par décision de justice d'administrer les biens d'autrui ou d'exercer des fonctions d'assistance ou de surveillance dans la gestion de ces biens ». Le juge est saisi par les associés, le comité d'entreprise, les créanciers sociaux, le commissaire aux comptes voire certains dirigeants eux-mêmes et, plus largement, par toute personne y ayant intérêt et entretenant avec la société un lien de droit. Le dessaisissement des dirigeants est total à la différence de ce qui se passe lors de la nomination d'un mandataire *ad hoc* désigné, à la demande des associés, pour convoquer une assemblée, observer la gestion (contrôleur de gestion), collecter des preuves (expert de gestion et expert *in futurum*), procéder au séquestre de droits sociaux, vérifier les comptes, voter à la place d'un associé...

Depuis la loi de sauvegarde des entreprises du 26 juillet 2005, trois phases doivent être distinguées :

- pendant la phase d'observation et si une procédure de sauvegarde est décidée, en principe, le dirigeant continue d'assurer l'administration de l'entreprise ; le tribunal peut cependant désigner un administrateur pour surveiller et/ou assister le dirigeant (C. com., art. L. 622-1) ; il reste que l'adoption du plan de sauvegarde peut être subordonnée au remplacement d'un ou plusieurs dirigeants comme à l'incessibilité ou, au contraire, à la cession forcée, de tout ou partie des droits sociaux des dirigeants (C. com., art. L. 626-4) ;
- en cas d'ouverture d'une procédure de redressement judiciaire, le tribunal charge un ou plusieurs administrateurs d'assister voire de remplacer le dirigeant de la société qui se trouve alors dessaisi de ses prérogatives (C. com., art. L. 631-12) ; de surcroît, la décision du tribunal d'ouvrir cette procédure entraîne l'incessibilité des droits sociaux des dirigeants (C. com., art. L. 631-10) ;
- en cas de liquidation judiciaire, le dirigeant est dessaisi de tous ses droits d'administration et de disposition sur ses biens qui sont exercés par le liquidateur (C. com., art. L. 641-9, al. 1er) ; les dirigeants en place demeurent à leurs fonctions sauf clause contraire des statuts ou décision de l'assemblée générale (C. com., art. L. 641-9, II).

C - La responsabilité des dirigeants

Les dirigeants de société encourent une mise en cause de leur responsabilité au plan civil, pénal et fiscal.

1) La responsabilité civile des dirigeants

Au-delà de la diversité des textes, on peut retenir que les dirigeants sont civilement responsables, individuellement ou solidairement selon le cas, envers la société ou envers les tiers, soit des infractions aux dispositions législatives ou réglementaires applicables à l'activité économique développée par l'entreprise gérée par la société, soit de la violation des statuts, soit, enfin, des fautes commises dans leur gestion ce qui comprend des manquements à des obligations générales de comportement (par exemple, la bonne foi, la prudence, la loyauté – C. civ., art. 1850 ; C. com., art. L. 223-22 pour la SARL et L. 225-251 pour la SA).

a) Hypothèses de responsabilité des dirigeants sociaux

La responsabilité civile du dirigeant peut donc être engagée à l'égard de la société et des associés ou à l'égard des tiers. Le régime de l'action est lui-même original.

1. Responsabilité à l'égard de la société et des associés

La responsabilité du dirigeant à l'égard de la société et des associés suppose que soit rapportée la preuve d'une faute, d'un préjudice et d'un lien de causalité. Seule la faute nous intéressera ici.

La responsabilité civile du dirigeant ne sera retenue que pour autant qu'une faute de celui-ci aura été prouvée. Ainsi, par exemple, le dirigeant commet une faute lorsque ses agissements apparaissent contraires à l'intérêt de la société (par exemple, investissements ruineux, inadaptés, diversification maladroite et malheureuse, projets peu ou pas réfléchis, témérité absurde, rémunération excessive, inaction du dirigeant... exemples qui prouvent combien la fonction de dirigeant social se professionnalise). En revanche, la jurisprudence refuse de retenir la responsabilité du dirigeant pour mauvaise gestion à raison d'une présomption tirée, soit du mauvais état des affaires sociales, soit d'un dépôt de bilan. Commet également une faute le dirigeant qui manque à son obligation générale de loyauté à l'égard de la société et de ses associés. Cette obligation de loyauté des dirigeants, révélée par la jurisprudence, se fonde sur l'alinéa 3 de l'article 1134 du Code civil (Cass. com., 27 février 1996 : *JCP* G 1996, II, 22665, note J. Ghestin).

La faute du dirigeant, même caractérisée n'entraînera la mise en œuvre de sa responsabilité que si, conformément au droit commun, elle génère un dommage pour la société ou les associés. Ainsi, par exemple, le dirigeant qui communique tardivement certaines informations aux associés ne verra sa responsabilité engagée que si ce manquement leur a causé un préjudice. De même, et plus généralement, la jurisprudence refuse à l'associé, faute d'un préjudice personnel, le droit d'agir contre le dirigeant dont la mauvaise gestion a, selon lui, provoqué une dépréciation de la société ou une baisse du cours de ses titres.

La responsabilité civile du dirigeant est enfin subordonnée au fait que le préjudice subi par la société ou les associés trouve bien son origine dans la faute du dirigeant poursuivi. Aussi, conformément au droit commun, un dirigeant pourra invoquer, pour s'exonérer, la force majeure.

2. Responsabilité envers les tiers

Normalement, il est assez rare qu'un dirigeant de société engage sa responsabilité personnelle envers des tiers car, dans les circonstances normales, le dirigeant agit au nom et pour le compte de la société et, en application de la théorie générale de la représentation, les tiers sont uniquement liés à la société. Aussi, c'est normalement à elle, et à elle seule, qu'ils pourront demander des dommages et intérêts si l'acte ainsi accompli venait à leur causer un préjudice.

Ce principe connaît toutefois deux tempéraments importants :

- en matière de procédure collective, tout d'abord. L'article L. 651-2 du Code de commerce permet, en cas d'insuffisance d'actif ou en présence de certains faits, au tribunal de décider que les dettes de la personne morale seront supportées, en tout ou partie, avec ou sans solidarité, par les dirigeants ;
- le dirigeant peut encore engager sa responsabilité lorsqu'il a commis une faute séparable de ses fonctions ; il en est ainsi lorsque le dirigeant commet intentionnellement une faute d'une gravité particulière incompatible avec l'exercice normal des fonctions sociales (Cass. com., 20 mai 2003 : *D.* 2003, p. 1502, obs. A. Lienhard).

b) Régime de la responsabilité

La société qui subit un préjudice du fait d'une faute de son dirigeant a qualité, en tant que personne morale, pour agir contre celui-ci. C'est ce qu'on nomme l'action sociale. Cette action sociale est normalement exercée par les représentants légaux de la société : on parle alors d'action sociale *ut universi*. La difficulté provient ici du fait que le dirigeant, auteur de la faute génératrice de dommage pour la société est aussi celui qui dispose de l'action sociale en tant que représentant de la société. Le dirigeant doit agir contre lui ou contre l'un des siens. Pour résoudre ce risque de blocage, le législateur a prévu que les associés puissent se substituer aux organes sociaux défaillants : on parle alors d'action sociale exercée *ut singuli* (C. civ., art. 1843-5 et C. com., art. L. 223-22 pour les SARL, L. 225-252 pour les SA, art. L. 227-8 pour les SAS). Pour en assurer l'effectivité, le législateur a prévu que les statuts ne pouvaient ni subordonner l'exercice de l'action à un avis ou à une autorisation de l'assemblée générale des associés, ni prévoir une renonciation anticipée à cet exercice (C. civ., art. 1843-5, al. 2). En outre, aucun vote de l'assemblée (*quitus*) ne peut avoir pour effet d'éteindre une action en responsabilité contre les dirigeants pour la faute commise dans l'accomplissement de leur mandat (C. civ., art. 1843-5, al. 3) : on parle d'indisponibilité de l'action sociale.

Sa mise en œuvre effective suppose plusieurs conditions :

- une carence des représentants légaux ce qui fait de cette action une action subsidiaire ;
- la mise en cause de la société ;
- l'associé de la société doit avoir cette qualité (pas de seuil de détention de titres) à la date de l'assignation et la conserver pendant tout le déroulement de l'instance).

Les dommages et intérêts auxquels le dirigeant est éventuellement condamné vont dans la caisse sociale ce qui explique pourquoi cette action est rarement diligentée puisque l'associé supporte le coût de la procédure sans en retirer le moindre bénéfice direct.

L'associé peut être lui-même personnellement demandeur à l'instance lorsque, du fait du dirigeant, il subit un préjudice propre, distinct de celui de la société. La preuve d'un tel préjudice est cependant délicate à rapporter.

En matière de prescription, le législateur a eu pour souci de ne pas faire peser une menace trop longue sur les dirigeants sociaux. Aussi, la prescription est-elle triennale (C. com., art. L. 223-23 dans les SARL et L. 225-254 dans les SA). Toutefois, on relèvera que dans les sociétés civiles et les SNC, faute de dispositions spéciales dérogatoires, ce sont les délais de prescription de droit commun qui s'appliquent soit trente ans en matière contractuelle (action intentée par la société ou un associé) et dix en matière délictuelle (action intentée par un tiers).

Enfin, le *quitus* donné par l'assemblée est frappé d'inefficacité juridique, le législateur estimant que l'assemblée est généralement dominée par les dirigeants (C. civ., art. 1843-5, al. 3 ; C. com., art. L. 223-22 pour les SARL et L. 225-253 pour les SA). La même inefficacité atteint les clauses statutaires subordonnant l'action en responsabilité à un vote ou une autorisation préalable de l'assemblée.

En revanche, un associé peut toujours renoncer à exercer une action en responsabilité contre les dirigeants, présents ou anciens, que ce soit pour la réparation d'un préjudice personnel ou social.

2) La responsabilité pénale des dirigeants

Le dirigeant peut voir sa responsabilité pénale engagée certes à raison de sa qualité de dirigeant mais aussi en tant que chef d'entreprise. C'est la raison pour laquelle de nombreux domaines de la vie économique qui contiennent un volet pénal le concernent directement : droit de la concurrence et des prix (par exemple, revente à perte, ventes liées), droit de l'environnement, droit du travail (par exemple, hygiène, sécurité, délit d'entrave), droit comptable (par exemple, présentation des comptes fausse ou erronée qui peut conduire à la banqueroute du dirigeant), droit financier (par exemple, délits et manquements boursiers), droit des procédures collectives (par exemple, organisation de l'insolvabilité de la société), droit des sociétés (par exemple, abus de biens sociaux, abus des voix et des pouvoirs).

Aux infractions spécifiques du droit économique doivent s'ajouter les infractions pénales générales telles que l'escroquerie, l'abus de confiance, le vol, le faux en écriture.

Le dirigeant de société pourra toutefois échapper à la mise en œuvre de la responsabilité pénale qui pèse sur lui pour les infractions inhérentes à l'exploitation sociale s'il prouve l'existence d'une délégation de pouvoirs, c'est-à-dire s'il établit que les vérifications et diligences qui n'ont pas été faites incombaient en réalité à une autre personne, à un préposé, pourvu de l'autorité, de la compétence et des moyens nécessaires pour remplir sa mission.

3) La responsabilité fiscale des dirigeants

L'article L. 267 du *Livre des procédures fiscales* rend solidairement responsable du paiement des impôts dus par la société le dirigeant de droit comme de fait qui, par ses manœuvres frauduleuses ou l'inobservation grave et répétée des obligations fiscales, a rendu impossible le recouvrement des impôts et pénalités dus par la société.

3 • SALARIÉS

Au gré des législations, les salariés prennent une place de plus en plus importante dans le fonctionnement interne des sociétés.

A - Le droit politique des salariés

L'expression politique de la communauté des salariés de l'entreprise au sein de la société est organisée à partir du Comité d'entreprise (CE), obligatoire dans les entreprises employant plus de 50 salariés (en deçà de ce seuil, il peut être créé par voie d'accord) et qui est doté de la personnalité morale et dispose d'un budget propre.

Le CE dispose de nombreuses prérogatives en terme d'information mais aussi d'actions :

- est informé et consulté sur les questions intéressant l'organisation, la gestion et la marche générale de l'entreprise (C. trav., art. L. 2323-6 et s.) ;
- est informé et consulté sur les modifications de l'organisation économique ou juridique de l'entreprise (par exemple, fusion, cession ou acquisition d'autres entreprises ; C. trav., art. L. 2323-19 et s.) ;
- doit être informé de tout projet d'OPA/OPE et peut demander à auditionner le chef de l'entreprise qui l'initie (C. trav., art. L. 2323-21 et s.) ;

- est informé et consulté avant toute déclaration de cessation des paiements et de toutes mesures relatives au redressement judiciaire de l'entreprise (C. trav., art. L. 2323-44) ;
- est destinataire, dans les sociétés commerciales, des mêmes informations que les associés de la société (C. trav., art. L. 2323-8) ;
- peut convoquer les commissaires aux comptes de la société pour recevoir leurs explications sur les documents qu'il a reçus ;
- peut se faire assister d'un expert rémunéré par l'entreprise en vue de l'aider à examiner les comptes de la société et la documentation relative à la situation économique de l'entreprise (C. trav., art. L. 2325-35 et s.) ;
- peut formuler des observations utiles sur la situation économique de l'entreprise qui seront communiquées obligatoirement à l'assemblée des associés ;
- peut récuser les commissaires aux comptes de la société (C. com., art. L. 823-7) ;
- peut demander la désignation d'un expert de gestion (C. com., art. L. 223-37 et L. 225-231) ;
- peut déclencher la procédure d'alerte lorsqu'il a connaissance de fait de nature à affecter de manière préoccupante la situation économique de l'entreprise (C. trav., art. L. 2323-78) ;
- peut demander en justice la désignation d'un mandataire chargé de convoquer l'assemblée générale en cas d'urgence (C. trav., art. L. 2323-67) ;
- peut requérir l'inscription de projets de résolution à l'ordre du jour des assemblées (*ibid*) ;
- peut envoyer deux de ses membres assister à l'assemblée qui, de surcroît, pourront demander à être entendus sur toute question requérant l'unanimité des associés (*ibid*) ;
- dispose de deux représentants avec voix consultative aux séances du conseil d'administration ou du conseil de surveillance (C. trav., art. L. 2323-62) ;

De surcroît, des droits directs sont reconnus aux salariés. Ainsi, si les statuts des SA le prévoient, peuvent être directement élus par les salariés quatre administrateurs les représentant avec voix délibérative. Ce régime est cependant facultatif (C. com., art. L. 225-27 et L. 225-80).

En outre, lorsqu'il apparaît que plus de 3 % du capital de la société est détenu par le personnel de l'entreprise gérée par la société, un ou plusieurs représentants des salariés actionnaires doivent être élus par l'assemblée au conseil d'administration ou de surveillance (C. com., art. L. 225-23 et L. 225-71).

B - Les droits pécuniaires

Plusieurs droits de nature pécuniaire sont prévus au profit des salariés afin d'améliorer leur rémunération globale :

- un système de participation, obligatoire dans les entreprises occupant plus de 50 salariés (C. trav., art. L. 3321 et s.), ouvre droit aux salariés à une part du bénéfice réalisé par l'entreprise au cours de l'année ;
- un système, facultatif, d'intéressement, qui permet d'associer les salariés aux performances et aux résultats de l'entreprise (C. trav., art. L. 3311 et s.) ;

– le plan d'épargne entreprise, quant à lui, permet aux salariés de l'entreprise de se constituer, avec son aide, un portefeuille de valeurs mobilières au moyen de sommes provenant de la participation, de l'intéressement, de versements volontaires des salariés et de versements complémentaires de l'entreprise (C. trav., art. L. 3332 et s.).

Par ailleurs, le législateur a cherché à promouvoir la participation des salariés au capital de la société :

– par la mise en place de plans d'options de souscription ou d'achat d'actions encore appelées stock-options (C. com., art. L. 225-177 et s.) ;
– par l'attribution gratuite d'actions aux salariés (C. com., art. L. 225-197 et s.) ;
– par la réservation d'augmentations de capital facultatives ou obligatoires selon que les salariés détiennent plus ou moins de 3 % du capital de la société au profit des salariés (C. com., art. L. 225-129-6 ; C. trav., art. L. 3332-18 et s.).

BIBLIOGRAPHIE

AUZERO (G.), « Développement de la participation et de l'actionnariat salarié », *Bull. Joly* 2007, p. 331.

BARBIERI (J.-F.), « Responsabilité de la personne morale ou responsabilité des dirigeants ? La responsabilité à la dérive », *in Mélanges Y. Guyon*, Dalloz, 2003, p. 41.

BEGUIN (J.), « La nationalité juridique des sociétés commerciales devrait correspondre à leur nationalité économique », *in Mélanges P. Catala*, Litec, 2001, p. 859.

DAIGRE (J.-J.), « Le petit air anglais du devoir de loyauté des dirigeants », *in Mélanges P. Bézard*, Dalloz 2002, p. 79.

COURET (A.) et TUDEL (M.), « Le nouveau contrôle légal des comptes », *D.* 2003, p. 2290.

DE LAENDER (M.-H.), « La révocation des dirigeants sociaux », *Dr. sociétés*, mai 2000, p. 4.

KENDERIAN (F.), « La contribution aux pertes sociales », *Rev. sociétés* 2002, p. 617.

LE CANNU (P.), « La responsabilité civile des dirigeants de personne morale après la loi de sauvegarde des entreprises du 26 juillet 2005 », *Rev. sociétés* 2005, p. 743.

LE CANNU (P.), « Le principe de contradiction et la protection des dirigeants », *Bull. Joly Sociétés* 1996, p. 11.

LEGROS (J.-P.), « La nullité des décisions de sociétés », *Rev. sociétés* 1991, p. 275.

MATSOPOULOU (H.), « La dissolution pour mésentente entre associés », *Rev. sociétés* 1998, p. 21.

MERCADAL (B.), « La responsabilité pénale des personnes morales et celle des personnes physiques auteurs ou complices des mêmes faits », *RJDA* 1994, p. 375.

MERLE (Ph.), « Les nouvelles obligations du commissaire aux comptes après la loi NRE du 15 mai 2001 », *D.* 2001, p. 3516.

NURIT-PONTIER (L.), « Le statut social des dirigeants de société », *JCP* E 2002, p. 222.

PAILLET (E.), « L'activité de la société en formation », *Rev. sociétés* 1980, p. 419.

POULLAIN (B.), « La responsabilité fiscale des dirigeants de personnes morales », *Dr. et patr.*, février 1998, p. 35.

ROLLAND (B.), « Dissolution de sociétés unipersonnelles et transmission universelle du patrimoine », *JCP* E 2000, p. 406.

TRICOT (D), « Les critères de la gestion de fait », *Dr. et patr.*, janvier 1996, p. 24.

PARTIE 2

Règles propres aux sociétés à risque illimité

Outre les dispositions relevant du droit commun applicable à l'ensemble des sociétés qui viennent d'être exposées, les sociétés à risque illimité dans lesquelles les associés exposent leur patrimoine personnel à l'action des créanciers sociaux, sont, de surcroît, soumises à un corps de règles particulières. Seront ainsi examinées ci-après, les règles propres aux Sociétés en nom collectif (SNC), aux Sociétés en commandite simple (SCS), aux Sociétés sans personnalité morale et, enfin, aux Sociétés civiles (SC).

CHAPITRE 5

La société en nom collectif (SNC)

C'est la forme primitive de la société qui a conservé de ses origines des caractères originaux : société commerciale par la forme, ses associés ont tous la qualité de commerçants et répondent indéfiniment et solidairement des dettes sociales (C. com., art. L. 221-1, al. 1) ; c'est donc la société dans laquelle l'*intuitu personae* est le plus marqué ; cependant, elle fait l'objet de peu de dispositions impératives ce qui laisse corrélativement une grande marge de liberté aux rédacteurs des statuts.

Elles sont régies spécialement par les articles L. 221-1 à 221-17 du Code de commerce.

1 • CONSTITUTION

A - Les associés

Les associés doivent être au minimum deux mais aucun maximum n'est fixé. Il peut s'agir de personnes physiques ou morales (sauf une société civile) ; il est d'ailleurs fréquent, en pratique, de rencontrer des SNC ayant pour seuls associés des SARL ou des EURL, ce montage permettant d'interposer des sociétés à risque limité entre les associés personnes physiques et la SNC.

Les associés ont tous la qualité de commerçant (C. com., art. L. 221-1, al. 1er) ce qui exclut les mineurs, émancipés ou non, les majeurs sous tutelle et sous curatelle. Lorsqu'un associé vient à décéder et qu'il laisse pour seuls héritiers un ou des enfants mineurs, la société doit être transformée dans le délai d'un an en société en commandite dans laquelle le mineur aura la qualité d'associé commanditaire ou, à défaut, être dissoute (C. com., art. L. 221-15, *in fine*). Sont également exclues du droit de devenir associé en nom les personnes frappées d'interdiction d'être commerçant (L. n° 47-1635, 30 août 1947, art. 1er – C. com., art. L. 128-1) ainsi que les personnes dont la profession est incompatible avec celle de commerçant (par exemple, fonctionnaires, notaires, avocats, experts-comptables...). En revanche, deux époux, seuls ou avec d'autres personnes peuvent être associés d'une SNC.

B - Le capital

Il n'est exigé aucun montant minimal de capital social, ni libération immédiate des apports qui peuvent, de surcroît, être exclusivement en industrie (il ne participe pas du capital social). Ces règles s'expliquent par la responsabilité indéfinie et solidaire qui pèse sur les associés dont le patrimoine personnel répond des dettes sociales (C. com., art. L. 221-1, al. 1er). Autrement dit, le patrimoine personnel des associés constitue le gage des créanciers sociaux.

Les parts sociales remises aux associés en contrepartie de leur apport ont un montant nominal librement fixé par les statuts. Les parts de SNC ne peuvent être représentées par des titres négociables (C. com., art. L. 221-13) et la SNC ne saurait faire appel public à l'épargne (C. civ., art. 1841). La SNC est une société comportant nécessairement peu d'associés.

C - Les formalités

Outre l'immatriculation de la société au RCS et les formalités de publicité commune à toutes les sociétés requises ici toutefois à peine de nullité de la société sans que les associés ne puissent s'en prévaloir (C. com., art. L. 235-2), elle réside dans la rédaction des statuts. Celle-ci prend une place particulière dans les SNC dans la mesure où les espaces offerts à la liberté contractuelle sont nombreux. En effet, nombre de dispositions légales sont supplétives et il revient en conséquence aux associés de prendre parti en matière :

- de désignation des gérants (C. com., art. L. 221-3) ;
- de détermination de leurs pouvoirs (C. com., art. L. 221-4, al. 1er et 221-6, al. 1er) ;
- de modalités de consultation et de prise de décision des associés (C. com., art. L. 221-6, al. 2) ;
- de causes de dissolution (C. com., art. L. 221-12, L. 221-15 et L. 221-16).

Les rédacteurs prendront surtout gare à la rédaction de l'objet social dans la mesure où de la détermination de son périmètre dépendent les pouvoirs des gérants d'engager valablement la société et, partant, les associés qui doivent répondre des dettes sociales sur leur patrimoine propre (C. com., art. L. 221-5). Certaines activités sont interdites aux SNC (par exemple, activités d'assurance, laboratoires d'analyses médicales).

Les statuts sont rédigés par écrit, sous-seing privé ou sous la forme authentique. Rédigés sous-seing privé, il en sera dressé autant d'exemplaires originaux qu'il y a d'associés auxquels seront ajoutés les exemplaires nécessaires à l'accomplissement des diverses formalités de publicité (dépôt au greffe, enregistrement, publicité dans un JAL).

2 • ORGANISATION INTERNE

A - Les dirigeants

Les règles applicables à la gérance de la SNC sont relativement nombreuses mais essentiellement supplétives.

1) Le statut

a) Nomination

Normalement, tous les associés sont gérants (C. com., art. L. 221-3). Mais une clause statutaire peut réserver la gérance à l'un des associés ou, plus rarement, à un tiers. Seule la capacité civile est exigée de lui s'il n'est par ailleurs pas associé de la société. Le gérant est normalement désigné à l'unanimité ; c'est la règle s'agissant du gérant statutaire ; toutefois, il peut aussi être désigné par l'assemblée des associés statuant à la majorité (simple ou renforcée) si les statuts le prévoient. Ce peut être une personne physique ou morale ; dans ce second cas, ses dirigeants sont soumis aux mêmes conditions et obligations et encourent les mêmes responsabilités que s'ils étaient gérants en leur nom propre, sans préjudice de la responsabilité solidaire de la personne morale qu'ils dirigent (C. com., art. L. 221-3, al. 2). La nomination du gérant doit, comme dans toutes les sociétés, faire l'objet d'une publicité dans un *JAL* et l'objet d'une mention au RCS.

b) Cessation des fonctions

Les fonctions du gérant prennent fin par le décès du gérant, la survenance du terme de son mandat, sa démission, la survenance d'une incapacité professionnelle ou autre incompatible avec son statut, le prononcé d'une interdiction de gérer et, enfin, sa révocation. Seule cette dernière cause nous retiendra.

Le gérant est toujours révocable sur décision des associés ; les modalités de celle-ci varient cependant selon les situations :

- si tous les associés sont gérants ou si un ou plusieurs gérants choisis parmi les associés sont désignés par les statuts, la révocation ne peut être décidée qu'à l'unanimité des autres associés ; de surcroît, cette décision entraîne la dissolution de la société, à moins que sa continuation ne soit prévue par les statuts ou décidée par les associés à l'unanimité, antérieurement à la révocation. Le gérant révoqué peut alors décider de se retirer de la société en demandant le remboursement de ses droits sociaux (C. com., art. L. 221-12, al. 1er) ;
- si la gérance a été confiée à un ou plusieurs associés sans que leurs noms figurent dans les statuts, chacun d'eux peut être révoqué dans les conditions prévues aux statuts sans que cette décision entraîne la dissolution de la société ; en cas de silence des statuts, la décision doit être prise à l'unanimité des autres associés, gérants ou non (C. com., art. L. 221-12, al. 2) ;
- si, enfin, le gérant n'est pas associé, il est révocable dans les conditions fixées dans les statuts ou, à défaut, à la majorité des associés.

Relevons qu'en tout état de cause, la révocation du gérant doit intervenir pour justes motifs ; à défaut, la révocation n'est pas remise en cause mais l'ancien gérant a le droit de demander et d'obtenir des dommages et intérêts. Toutefois, cette solution n'est pas considérée comme d'ordre public par les tribunaux qui ont accepté de valider une clause écartant ce droit à indemnisation dans les statuts d'une société civile.

2) *Les pouvoirs*

Les pouvoirs du gérant doivent être examinés séparément selon qu'ils sont appréhendés dans l'ordre interne ou externe :

- ***dans les rapports entre associés***, le gérant peut faire tous actes de gestion dans l'intérêt de la société (C. com., art. L. 221-4, al. 1er). Toutefois, les statuts peuvent venir limiter ses pouvoirs en lui retirant le pouvoir de conclure certains actes (par exemple, emprunts importants) ou en subordonnant leur conclusion à une autorisation préalable et spéciale des associés (par exemple, cession d'un actif social important). La violation de ces limites peut entraîner la mise en cause de la responsabilité civile du gérant et être constitutive d'un juste motif de révocation. En cas de pluralité de gérants, chacun dispose du même pouvoir, même si les statuts peuvent répartir les tâches entre les différents gérants ou organiser un conseil de gérance, et peut s'opposer à ce que l'un d'entre eux passe un acte (droit de veto) ;
- ***dans les rapports avec les tiers***, les pouvoirs du gérant sont limités puisqu'il n'engage valablement la société que pour les seuls actes entrant dans l'objet social (règle du pouvoir légal – C. com., art. L. 221-5, al. 1er). Il importe donc que les tiers qui contractent avec la société prennent connaissance des statuts et de la clause relative à l'objet social de la société. En revanche, les clauses statutaires qui viendraient limiter les pouvoirs du gérant sont inopposables aux tiers ; leur violation par le gérant est sans effet sur leur validité (C. com., art. L. 221-5, al. 3).

3) *Les responsabilités*

Au plan civil, tout d'abord, le gérant engage sa responsabilité vis-à-vis de la société ou des associés en cas de violation de la loi, des statuts ou de faute de gestion comme dans n'importe quelle autre société. Le régime de l'action en responsabilité civile suit le régime de droit commun des sociétés (cf. *supra*, Chapitre 3) hormis pour la prescription qui est ici de trente ans, faute de dispositions spécifiques en sens contraire.

À l'égard des tiers, le dirigeant peut engager sa responsabilité délictuelle sur le fondement de l'article 1382 et 1383 du Code civil ; la prescription de l'action est alors de dix années.

En cas de pluralité de gérants, chacun répond de ses fautes sauf si la faute est commune car dans ce cas la responsabilité des gérants est solidaire. Lorsque la gérance est exercée par une personne morale, ses gérants sont responsables dans les mêmes conditions que s'ils géraient la société en leur nom propre, sans préjudice de la responsabilité solidaire de la personne morale qu'ils dirigent (C. com., art. L. 221-3, al. 2).

En cas d'ouverture d'une procédure collective à l'encontre de la société, ensuite, il n'y a plus lieu de distinguer depuis la loi n° 2005-845 du 26 juillet 2005 relative à la sauvegarde des entreprises selon que le gérant est associé ou non. En effet, l'ouverture d'une procédure collective à l'encontre de la société n'est plus synonyme d'une action similaire à l'encontre des associés, l'ancien article L. 624-1 du Code de commerce ayant été abrogé. Désormais, le gérant n'encourt plus une mise en cause de sa responsabilité pécuniaire que s'il a contribué par ses fautes à l'insuffisance d'actif (C. com., art. L. 651-2).

Au plan pénal, enfin, les gérants d'une SNC n'encourent aucune sanction à raison d'une infraction spécifique telle l'abus de biens sociaux ou la présentation de comptes infidèles ; leur responsabilité est celle de droit commun. Ils pourront donc être poursuivis pour abus de confiance, escroquerie ou encore faux en écriture.

B - Les associés

1) Les droits

Les associés en nom jouissent de prérogatives extra-pécuniaires et pécuniaires.

Au titre des prérogatives de gouvernement, les associés d'une SNC bénéficient d'un droit d'information et d'un droit de vote.

Au titre de l'information, il est prévu que les associés jouissent :

- tout d'abord, au moins deux fois par an, du droit d'obtenir communication des livres et des documents sociaux (C. com., art. L. 221-8) ;
- en outre, deux fois par an également, du droit de poser des questions par écrit sur la gestion sociale auxquelles le gérant se doit de répondre par écrit (C. com., art. L. 221-8) ;
- enfin, du droit de demander, dans les quinze jours qui précèdent l'assemblée annuelle, le rapport de gestion, l'inventaire, les comptes annuels, le texte des résolutions proposées au vote de l'assemblée ainsi que, le cas échéant, le rapport du commissaire aux comptes (s'il en existe un), les comptes consolidés et le rapport sur la gestion du groupe, le non-respect de cette dernière prérogative informationnelle étant sanctionnée de la nullité de l'assemblée (C. com., art. L. 221-7) ; pendant ce même délai, l'inventaire doit être mis à leur disposition au siège social.

Relevons que, depuis la loi n° 2001-420 du 15 mai 2001 dite NRE, les associés de la SNC jouissent des dispositions de l'article L. 225-232 du Code de commerce offrant à un ou plusieurs associés représentant au moins 5 % du capital social de poser, deux fois par exercice également, des questions par écrit au gérant sur tout fait de nature à compromettre la continuité de l'exploitation sociale (C. com., art. L. 820-1).

Au titre de leur droit d'expression, il est prévu que les associés puissent s'exprimer au moyen d'un vote émis en assemblée. Le principe de la réunion d'une assemblée est prévu à l'article L. 221-7 du Code de commerce pour l'approbation annuelle des comptes de l'exercice clos au plus tard six mois auparavant. Pour les autres décisions, en revanche, il peut être préféré une consultation écrite des associés à la réunion d'une assemblée. Toutefois, ce procédé ne peut être retenu que si les statuts le prévoient (C. com., art. L. 221-6, al. 2) et sauf l'hypothèse où la réunion d'une assemblée est provoquée à la demande d'un associé.

Au sein de l'assemblée, chaque associé dispose d'une seule voix. Toutefois, dans le silence de la loi, rien ne semble interdire de retenir une autre clé de répartition du droit de vote entre les associés (proportionnelle au montant des apports, par exemple) voire de créer des inégalités entre les associés.

Les décisions requièrent normalement l'unanimité des associés. Ce principe unanimitaire est d'ordre public pour :

- la révocation du gérant associé statutaire ;
- la continuation de la société en dépit de la révocation de ce même gérant ou de l'incapacité d'un associé ;
- l'agrément en cas de cession des parts sociales ;
- la transformation de la société en une autre forme sociétaire ;
- l'extension de l'objet social ou, ce qui revient au même, l'octroi d'une garantie non prévue par l'objet social statutaire.

Pour les autres résolutions, les statuts peuvent retenir le principe majoritaire, étant précisé que le choix des majorités (simple ou qualifiée, voire double majorité par tête et en capital) est du ressort des associés.

Au titre des droits pécuniaires, les associés en nom ont vocation à percevoir des dividendes. La SNC n'étant pas tenue de constituer de réserves légales (C. com., art. L. 232-10), c'est tout ou partie des bénéfices distribuables constatés à la clôture d'un exercice qui peuvent être mis en distribution. Faute de dispositions spécifiques dans le Code de commerce, l'article 1844-1 du Code civil recouvre son empire quant à la répartition des bénéfices et des pertes entre les associés.

Les bénéfices distribués, comme ceux qui sont mis en réserve, sont imposés au niveau de chaque associé, au prorata de sa participation, dans la catégorie des bénéfices industriels et commerciaux (BIC). À l'inverse, les pertes, même simplement constatées au plan comptable, sont déductibles du revenu personnel de l'associé, au prorata de sa participation.

2) Les obligations

Les associés en nom sont indéfiniment et solidairement responsables des dettes sociales sur leur patrimoine personnel. Aussi, les créanciers sociaux, après avoir vainement mis en demeure la société d'honorer ses engagements (C. com., art. L. 221-1, al. 2), c'est-à-dire, concrètement, après avoir adressé par exploit d'huissier une mise en demeure de payer à la société demeurée sans effet pendant huit jours (C. com., art. 221-10), peuvent poursuivre n'importe lequel des associés sur son patrimoine pour le paiement de l'intégralité des dettes sociales.

Il reste que l'associé qui a désintéressé les créanciers poursuivants pourra se retourner (recours subrogatoire) contre la société d'abord puis, plus probablement, contre ses coassociés afin que chacun règle sa part dans les dettes sociales au prorata de sa participation, sauf répartition conventionnelle différente des dettes sociales entre les associés (C. civ., art. 1844-1, al. 1er).

En outre, cette obligation aux dettes est particulièrement vaste :

- si un associé se retire de la société, il n'en demeure pas moins tenu des dettes nées avant que soient réalisées les formalités de publicité requises pour rendre opposable la cession des parts aux tiers (cf. *infra*) ;
- en cas de transformation de la SNC en une forme sociale dans laquelle la responsabilité des associés est limitée au montant de leurs apports, les associés présents au jour de la transformation restent tenus indéfiniment et solidairement pour les dettes nées avant la transformation. En cas de transformation d'une société de

quelque forme que ce soit en SNC, l'obligation indéfinie et solidaire s'applique aux dettes postérieures comme antérieures à la transformation.

3 • MUTATIONS

A - Des parts sociales

L'*intuitu personae* se déploie particulièrement en matière de cession de parts de SNC. Entré librement en société, l'associé en nom ne peut en sortir quand il le désire :

- ***en cas de cession entre vifs***, même au profit d'un autre associé ou de son conjoint, il faut recueillir l'accord unanime de tous les associés ; toute clause contraire est réputée non-écrite (C. com., art. L. 221-13) et aucune obligation de rachat ne pesant ni sur la société ni sur les autres associés, l'associé peut rester prisonnier de ses titres.
  Lorsque la cession est autorisée, elle ne sera opposable à la société qu'après qu'elle lui ait été notifiée, soit par dépôt d'un original de l'acte de cession au siège de la société contre remise d'une attestation du dépôt par le gérant, soit par l'une des formes prescrites à l'article 1690 du Code civil applicable en matière de cession de créances, c'est-à-dire soit au moyen d'une signification à la société par exploit d'huissier, soit par son acceptation dans un acte authentique (C. com., art. L. 221-14 et R. 221-9). Cette même cession ne sera opposable aux tiers, et notamment aux créanciers sociaux, qu'à compter de la publicité faite au RCS et des formalités permettant de rendre la cession opposable à la société ;
- ***en cas de décès d'un associé***, et pour éviter que les parts ne changent de mains, il est prévu que la société soit dissoute (C. com., art. L. 221-15). La règle peut cependant être écartée par une clause statutaire de continuation, soit entre les seuls associés survivants (après remboursement des parts du prédécédé à ses ayants droit), soit avec les héritiers, le conjoint survivant ou toute autre personne désignée aux statuts voire des dispositions testamentaires ; les attributaires des parts sont redevables à la succession de la valeur des parts qu'ils reçoivent.

B - De la structure sociétaire

1) La transformation de la société

Comme toutes les sociétés, les associés d'une SNC peuvent décider la transformation de leur société pour adopter une autre forme sociale. Cette opération n'équivaut pas à la création d'une personne morale nouvelle (C. civ., art. 1844-3).

La décision requiert l'unanimité dans le silence des statuts, sauf pour la SAS (C. com., art. L. 227-3).

La transformation n'impose la désignation d'un commissaire à la transformation qu'en cas de transformation d'une société de quelque forme que ce soit qui n'a pas de commissaire aux comptes en une société par actions (SA, SCA et SAS – C. com., art. L. 224-3).

Parfois, la transformation est obligatoire. Ainsi en va-t-il lorsque l'un des associés laisse parmi ses héritiers un mineur et que la continuation de la société est décidée avec l'héritier (C. com., art. L. 221-15, *in fine*).

2) La dissolution de la dissolution

Outre les causes communes à toutes les sociétés prévues à l'article 1844-7 du Code civil, la SNC est dissoute de plein droit dans les hypothèses suivantes :

- décès d'un associé ;
- révocation du gérant statutaire associé ;
- liquidation judiciaire ou plan de cession totale ;
- interdiction d'exercer une profession commerciale, mesure d'incapacité prononcée à l'encontre d'un associé (C. com., art. L. 221-16).

Toutefois, dans toutes ces hypothèses, la loi autorise les statuts à prévoir la continuation de la société. Dans le silence des statuts, la société pourra continuer d'exister si les associés en décident ainsi à l'unanimité (C. com., art. L. 221-12, al. 1er, L. 221-15 et L. 221-16).

BIBLIOGRAPHIE

BERTREL (J.-P.), « La SNC filiale commune », *Dr. et patr.* 1994, p. 20.

BOIZARD (M.), « Publicité et opposabilité des cessions de parts de SNC : dernières précisions jurisprudentielles », *D. aff.* 1998, p. 385.

CHAPUT (Y.), « L'influence de l'objet social sur les pouvoirs des représentants des sociétés », *JCP* N 1987, I, 304.

COURTIER (J.-L.), « Validité et opposabilité des cessions de parts de la SNC », *Dr. sociétés*, décembre 1998, p. 10.

DIENER (P.), « La société en nom collectif dont tous les associés sont des EURL », *JCP* E 1992, I, 153.

MARTIN (D.), « Les pouvoirs des gérants de sociétés de personnes », *RTD com.* 1973, p. 185.

REYGROBELLET (A.), « Pour une société en nom collectif... unipersonnelle », *D.* 2003, p. 679.

CHAPITRE 6

La société en commandite simple (SCS)

La SCS a été conçue pour remédier aux inconvénients de la SNC à une époque où celle-ci était la forme sociale la plus courante. Elle réunit deux catégories d'associés : les commandités qui ont le statut des associés en nom de la SNC, commerçants tenus des dettes sociales indéfiniment et solidairement, d'une part et les commanditaires, simples bailleurs de fonds, qui répondent des dettes sociales seulement à concurrence de leur apport, d'autre part (C. com., art. L. 222-1).

Elle est spécialement régie par les articles L. 222-1 à L. 222-12 du Code de commerce.

1 • CONSTITUTION

A - Les associés

Toute SCS doit contenir au moins deux associés : un commandité et un commanditaire. En revanche, aucun maximum n'est fixé, ni globalement, ni par catégorie d'associés.

Le commandité a le même statut que l'associé en nom de la SNC (cf. *supra*, Chapitre 5). Succinctement, il s'agit d'un commerçant dont la responsabilité est indéfinie et solidaire.

Le commanditaire, en revanche, n'a pas la qualité de commerçant indéfiniment et solidairement responsable. Aussi, seule une capacité civile est exigée de l'associé commanditaire.

B - Le capital

La loi ne fixe aucun minimum pour le capital social.

Si les associés commandités peuvent réaliser des apports de toute nature (numéraire, nature, industrie), en revanche, les associés commanditaires ne peuvent réaliser d'apports en industrie (C. com., art. L. 222-1, al. 4).

C - Les formalités

Les formalités de constitution ne présentent ici aucune originalité par rapport à la SNC au régime duquel il est renvoyé (cf. *supra*, Chapitre 5).

En ce qui concerne les statuts, ceux-ci doivent contenir les mentions obligatoires communes à toutes les sociétés commerciales (C. com., art. L. 210-2) ainsi que le montant ou la valeur des apports de tous les associés, la part dans ce montant ou cette valeur de chaque associé commandité ou commanditaire, la part globale des associés commandités et la part de chaque associé commanditaire dans la répartition des bénéfices et dans le boni de liquidation, les conditions dans lesquelles sont prises les décisions en assemblée (C. com., art. L. 222-4 et 222-5).

Les statuts peuvent, par ailleurs, contenir des mentions facultatives relatives à certaines cessions de parts sociales affranchies de l'obligation de recueillir l'accord de tous les associés, à la faculté de poursuivre la société malgré le décès d'un des associés commandité avec les héritiers de celui-ci (C. com., art. L. 222-10), à l'absence de dissolution de la société en cas d'incapacité, d'interdiction de gérer ou de redressement judiciaire frappant l'un des commanditaires (C. com., art. L. 222-11).

En revanche, sont prohibées des statuts, outre les clauses statutaires réputées non-écrites dans le cadre d'une SNC (représentation des parts sociales par des titres négociables, cession des parts sans le consentement de tous les associés, par exemple), celles qui prévoiraient des conditions d'adoption des modifications statutaires plus strictes que celles prévues légalement (C. com., art. L. 222-9, al. 3).

2 • ORGANISATION

A - Les dirigeants

1) Le statut

Le statut du gérant de SCS est largement calqué sur celui de SNC (C. com., art. L. 222-2).

Ainsi, tous les associés commandités (associés en nom) ont la qualité de gérant à défaut de stipulation statutaire contraire. Ceux-ci peuvent cependant prévoir que la gérance sera assurée par un ou plusieurs associés commandités et être confiée à un tiers. En revanche, un associé commanditaire ne saurait être gérant (C. com., art. L. 222-6).

Lorsqu'ils ne sont pas désignés par les statuts, le ou les gérants sont désignés par l'assemblée des commandités, à la majorité prévue par les statuts ou, à défaut, à l'unanimité.

Le mandat du gérant prend fin pour cause d'arrivée du terme, de décès, de démission ou de révocation. Les règles de révocation varient selon la situation du gérant :

- le gérant statutaire associé ne peut être révoqué qu'au terme d'une décision recueillant l'unanimité des autres associés commandités et la majorité, en nombre et en capital, des associés commanditaires (C. com., art. L. 222-9) ;
- le même procédé est à l'œuvre lorsque tous les commandités sont gérants ;

- le gérant associé non statutaire peut être révoqué dans les conditions prévues aux statuts ou, à défaut, par une décision des autres associés, gérants ou non, prise à l'unanimité (C. com., art. L. 221-12, al. 2) ;
- le gérant non associé peut être révoqué dans les conditions prévues aux statuts ou, à défaut, par une décision des associés prise à la majorité (C. com., art. L. 221-12).

2) Les pouvoirs

Les pouvoirs du gérant de SCS sont les mêmes que ceux du gérant de SNC (cf. *supra*, Chapitre 5).

Cependant, au terme de l'article L. 222-6 du Code de commerce, il est interdit à l'associé commanditaire de faire aucun acte de gestion externe et ce même en vertu d'une procuration. En cas de méconnaissance de ce principe d'abstention, outre la qualité de commerçant qu'il endosse, l'associé commanditaire est tenu, sur son patrimoine propre, solidairement avec les associés commandités, des dettes et engagements de la société qui résulte des actes prohibés (C. com., art. L. 222-6, al. 2).

3) Les responsabilités

La responsabilité tant civile que pénale du gérant de SCS est la même que celle de SNC (cf. *supra*, Chapitre 5).

B - Les associés

1) Les statuts des associés

Le statut des commandités ne présente guère de difficultés dans la mesure où c'est celui des associés en nom de la SNC (cf. *supra*, Chapitre 5).

Les associés commanditaires n'ont pas la qualité de commerçant à raison de la souscription de leurs parts sociales. Ils ne peuvent faire d'apport en industrie. Ils ne sont responsables des dettes sociales qu'à concurrence de leurs apports (C. com., art. L. 222-1). Enfin, il leur est absolument interdit de faire le moindre acte de gestion externe. Ils peuvent, en revanche, contrôler le gérant en subordonnant son action à leur avis ou leur accord, le révoquer, participer à la désignation de son remplaçant.

2) Les droits des associés

Au titre de leurs droits politiques, les associés ont d'abord le ***droit de contrôler la gestion de la société***.

À cette fin, les associés commandités ont les mêmes droits que ceux reconnus par la loi aux associés de la SNC (cf. *supra*, Chapitre 5).

Quant aux associés commanditaires, ils ont le droit, deux fois par an, d'obtenir communication des livres et documents sociaux et de poser par écrit des questions sur la gestion sociale auxquelles le gérant est tenu de répondre également par écrit (C. com., art. L. 222-7) ; ils peuvent, de surcroît, se rendre au siège social pour consulter l'ensemble de la documentation se rapportant à la société, ce droit emportant ceux de se faire assister par un expert et de prendre copie. Ces prévisions constituent un minimum légal que les statuts peuvent préciser et augmenter.

Les associés bénéficient aussi de ***droits collectifs*** qui s'expriment, soit à l'occasion de la réunion d'assemblées, soit au moyen d'une consultation par correspondance.

Au terme de l'alinéa 2nd de l'article L. 222-5 du Code de commerce, la réunion d'une assemblée de tous les associés est de droit, si elle est demandée, soit par un commandité, soit par le quart en nombre et en capital des commanditaires. De surcroît, une assemblée doit impérativement être tenue s'agissant de l'approbation annuelle des comptes par les associés.

S'agissant des règles de délibération, l'alinéa 2 de l'article L. 222-9 du Code de commerce exigeant le consentement de tous les associés commandités et la majorité en nombre et en capital des associés commanditaires ne visent que les seules assemblées modifiant les statuts. Pour les autres, il revient aux statuts de fixer la ou les majorités requises. En revanche, l'unanimité de tous les associés, commandités comme commanditaires, est requise pour le changement de nationalité de la société (C. com., art. L. 222-9, al. 1er) comme pour sa transformation en une SAS (C. com., art. L. 227-3). Il en ira de même pour toutes les décisions aggravant les engagements des associés commanditaires (par exemple, transformation de la SCS en une SNC).

Quant aux ***droits pécuniaires***, les associés de la société en commandite jouissent des mêmes droits que ceux des associés de la SNC. Toutefois, on relèvera l'obligation faite aux statuts d'indiquer obligatoirement la part globale des associés commandités et la part individuelle de chaque associé commanditaire dans la répartition des bénéfices et dans le boni de liquidation (C. com., art. L. 222-4, 3°).

3 • MUTATIONS

A - Des parts sociales

Les parts des associés des sociétés en commandite simple ne peuvent être représentées par des titres négociables sous peine de nullité des titres eux-mêmes (C. com., art. L. 221-13, par renvoi de l'article L. 222-2 du même code).

Il est normalement prévu que les parts sociales ne sont cessibles qu'avec l'accord de tous les associés (C. com., art. L. 222-8, al. 1er) ; le régime de l'agrément est alors le même que dans la SNC. Toutefois, les statuts peuvent prévoir que les parts des commanditaires sont librement cessibles entre associés, que leur cession à des tiers requerra l'unanimité des commandités mais seulement la majorité en nombre et en capital des commanditaires et/ou, enfin, que la cession des parts appartenant à un commandité peut être, aux mêmes conditions, cédées à un commanditaire (qui n'acquiert pas pour autant la qualité de commandité) ou à un tiers (qui devient commandité).

En cas de décès d'un associé, il faut opérer une distinction :

– le décès d'un commandité, à l'instar du décès d'un associé en nom dans une SNC, met normalement fin à la société sauf si les statuts prévoient la continuation de la SCS. S'il est prévu aux statuts que la société se poursuivra avec les héritiers du prédécédé, ceux-ci devront être majeurs pour que la clause reçoive application ; s'ils sont mineurs, ils deviennent associés commanditaires ; si le ou les enfants de

l'unique associé commandité sont mineurs non émancipés, un nouvel associé doit devenir commandité ou il convient de transformer la société dans un délai d'un an (C. com., art. L. 222-10, al. 2) ;
– le décès d'un commanditaire est sans effet sur la continuation de la société qui se poursuit, le cas échéant, avec les héritiers du prédécédé.

Les règles de forme (rédaction d'un acte écrit) et de publicité propres à rendre opposable la cession tant à l'égard de la société qu'à l'égard des tiers sont les mêmes que dans la SNC (C. com., art. L. 221-14 et R. 221-9).

B - De la structure sociétaire

1) La transformation de la société

La transformation de la société est de la compétence des associés. S'analysant en une modification statutaire, l'accord unanime des associés commandités et à celui majoritaire en nombre et en capital des commanditaires (C. com., art. L. 222-9) sauf s'il s'agit de transformer la SCS en une SNC ou une SAS car alors l'accord de tous est requis (C. com., art. L. 227-3).

2) La dissolution de la société

Aux causes communes de dissolution de toute société prévues à l'article 1844-7 du Code civil, il convient d'ajouter le décès d'un des associés commandités dans le silence des statuts (C. com., art. L. 222-10, al. 2), la non transformation de la SCS en une SARL ou une SA ou d'absence de nouvel associé commandité dans le délai d'un an suivant le décès de l'unique associé commandité ne laissant que des héritiers mineurs, le jugement de liquidation judiciaire ou arrêtant un plan de cession totale de l'entreprise, d'interdiction d'exercer une profession commerciale ou d'incapacité d'un associé commandité (C. com., art. L. 222-11) sauf si les statuts prévoient la continuation de la société ou que les associés ne la décident à l'unanimité.

BIBLIOGRAPHIE

GUINERET-BROBBEL DORSMAN (A.), « GMBH & CO. KG allemande et commandite à responsabilité limitée française », *LPA*, 24 janvier 2001, p. 13.

VIANDIER (A.), (sous la direction de), *La société en commandite entre son passé et son avenir*, CREDA, Litec, 1983.

VIANDIER (A.), « Financement, capital et pouvoir dans l'entreprise : une nouvelle chance pour la commandite », *JCP* E 1984, II, n° 14371.

CHAPITRE 7

Société sans personnalité morale

Parmi les sociétés à risque illimité doivent être rangées les sociétés en participation et les sociétés créées de fait qui ont la particularité commune de ne pas être immatriculée et, partant, de ne pas être dotées de la personnalité morale et des attributs qui l'accompagnent. Mais, tandis que la société en participation est voulue, la société créée de fait est subie.

Elles sont spécialement régies par les articles 1871 à 1873 du Code civil.

1 • SOCIÉTÉ EN PARTICIPATION

La société en participation est une société voulue par ses animateurs même s'ils n'ont pas souhaité la révéler par le biais de l'immatriculation. La société en participation peut être occulte ou ostensible selon que son existence n'a pas ou, à l'inverse, a été révélée à certains tiers. La société en participation est fréquente en pratique ; on la rencontre, notamment, dans les opérations où l'on recherche un véhicule souple de coopération entre des structures existantes (par exemple, cofinancement de travaux de construction très importants, syndication bancaire pour placer des financements, jouer au loto avec des mises communes).

N'ayant pas la personnalité morale, elle ne saurait jouir des attributs (nationalité, capacité, patrimoine...) qui y sont normalement attachés.

Cette forme sociale sera de nature civile ou commerciale à raison de son activité.

A - Constitution

Aucune condition de forme n'est requise pour la constitution d'une société en participation. Pas même un acte écrit car la preuve de son existence peut être rapportée, tant par les associés que par les tiers, par tous moyens (C. civ., art. 1871, al. 1er).

Toutefois, il est recommandé d'en rédiger un afin de préciser les droits et obligations de chaque participant.

Les conditions de fond sont réduites.

La société en participation doit comprendre au moins deux associés, personnes physiques ou morales, dont la capacité dépendra de la nature commerciale ou civile de la société qui elle-même sera fonction de l'objet de la société.

Ces personnes auront réalisé chacune un apport, de quelque nature que ce soit, même si en pratique les apports en industrie sont les plus fréquents.

La société en participation n'ayant pas la personnalité morale, elle ne dispose pas d'un patrimoine propre pouvant recueillir les apports qui lui sont faits.

L'article 1872 du Code civil règle ce problème. Dans les rapports entre associés, la propriété des biens doit être organisée contractuellement comme si la société avait réellement un patrimoine propre ; vis-à-vis des tiers, trois systèmes sont concevables : soit, chaque associé reste propriétaire des biens qu'il met à la disposition de la société qui en a seulement la jouissance, soit la propriété des biens est attribuée à l'un des associés (généralement le gérant), en tout ou partie, soit, enfin, les associés peuvent convenir de mettre les biens en indivision.

B - Fonctionnement

1) Entre les associés

Dans l'ordre interne, les rapports entre associés sont régis, soit par les dispositions applicables aux sociétés civiles, si la société a un caractère civil, soit, si elle a un caractère commercial, par celles applicables aux sociétés en nom collectif (C. civ., art. 1871-1).

Mais le contrat conclu entre les participants peut retenir une organisation différente. Dans ce cas cependant, certaines règles demeurent immuables : la modification du contrat à l'unanimité des associés sauf clause contraire (C. civ., art. 1836), la participation des associés aux décisions collectives (C. civ., art. 1841) ou encore le partage des bénéfices et pertes au prorata de la participation de chaque associé sous réserve des clauses statutaires sans toutefois tomber dans le champ des clauses léonines (C. civ., art. 1844).

Il est vivement conseillé de prévoir, à l'avance, les règles gouvernant la gérance (nombre de gérants, mode de désignation, pouvoirs, limites, révocation...), les droits des participants tant dans la société (information, consultation, vocation aux bénéfices, répartition des pertes...) que sur leurs parts sociales (modalités de la cession, restrictions...).

2) Vis-à-vis des tiers

Le législateur a eu le souci de protéger les tiers.

Ainsi, chaque associé contracte en son nom personnel et est seul engagé à l'égard des tiers (C. civ., art. 1872-1). Il en va ainsi même si le gérant a révélé, à leur insu, l'identité des associés au tiers (Cass. com., 15 juillet 1987 : *Rev. sociétés* 1988, p. 70, note P. Didier).

Cette règle de l'engagement personnel de celui qui contracte reçoit cependant trois exceptions qui permettront aux tiers d'engager la responsabilité des participants (C. civ., art. 1872-1) :

- lorsque les participants agissent en qualité d'associés au vu et au su des tiers, ce qui requiert des actes positifs de ceux-ci ;
- lorsque l'un des associés, par son immixtion, a laissé croire au cocontractant qu'il entendait s'engager à son égard ;
- lorsqu'il est prouvé que l'engagement a tourné au profit de l'un des participants.

C - Extinction

La société en participation prend fin pour les causes de dissolution communes à l'ensemble des sociétés (C. civ., art. 1844-7) ainsi que celles propres aux SNC lorsqu'elle a un caractère commercial (cf. *supra*, Chapitre 5 – C. com., art. L. 221-16) et celles propres aux sociétés civiles lorsqu'elle a un caractère civil (cf. *infra*, Chapitre 8, C. civ., art. 1846-1).

Lorsqu'elle est à durée indéterminée, elle peut aussi être le fait d'un des associés indiquant son souhait de provoquer la dissolution (C. civ., art. 1872-2).

Faute de patrimoine social, la dissolution de la société en participation n'entraîne pas une liquidation mais un simple règlement de comptes entre les associés (reprise des apports par leurs propriétaires, partage des biens indivis ainsi que des bénéfices et des pertes selon les dispositions contractuelles ou, à défaut, au prorata de la participation des associés).

2 • SOCIÉTÉ CRÉÉE DE FAIT

La société créée de fait est une société subie, révélée *a posteriori*, dans laquelle des personnes (souvent les membres d'une même famille ou des concubins) se comportent comme des associés sans en avoir véritablement conscience. C'est une société qui n'existe qu'un trait de temps pour être ensuite dissoute ; on constate son existence puis on la liquide, presque dans le même mouvement.

A - Constat d'existence

La preuve d'une société créée de fait, condition *sine qua non* de sa dissolution, peut se faire par tous moyens.

Il convient de rapporter la preuve de la réunion des éléments constitutifs de tout contrat de société : apports, partage du bénéfice, des économies et des pertes, *affectio societatis*.

Le degré d'exigence des magistrats varie selon que c'est un associé ou un tiers qui prétendent rapporter la preuve de l'existence d'une société créée de fait :

- lorsque l'initiative de la démarche revient à un associé, il lui faudra rapporter la preuve de l'existence de chacun des éléments constitutifs de la société ;
- lorsque c'est un tiers qui cherche à rapporter cette preuve afin de pouvoir agir contre les coassociés de son cocontractant de manière indéfinie, la jurisprudence est plus libérale se contentant de la preuve de l'apparence d'une société créée de fait étant entendu que cette apparence « s'apprécie globalement, indépendamment de l'existence apparente de chacun de ses éléments » (Cass. com., 3 novembre 1988 : *Rev. sociétés* 1990, p. 242, note J. Prieur).

B - Régime

Au terme de l'article 1873 du Code civil, le régime juridique applicable aux sociétés en participation est également applicable aux sociétés créées de fait.

La dissolution de la société entraîne sa liquidation pendant laquelle chaque associé va reprendre son apport puis, s'il existe, participer au partage du boni de liquidation (la plus-value) qui se réalise généralement par tête faute de pouvoir déterminer précisément la part de chacun associé.

BIBLIOGRAPHIE

BOUTRY (C), « L'absence de personnalité morale dans les sociétés », *JCP* E 2001, p. 310.

DEREU (Y.), « Qualification de société créée de fait », *Bull. Joly Sociétés* 1998, p. 607.

DEKEUWER-DÉFOSSEZ (F), « Illusions et dangers des sociétés créées de fait », *D.* 1982, chron., p. 83.

LUCAS (F.-X.), « La société dite "créée de fait" », *in Mélanges Y. Guyon*, Dalloz, 2003, p. 737.

MAUBURU (B.), « Les sociétés créées de fait entre époux », *in Mélanges J. Derruppé*, Litec 1991, p. 275.

PICAND-L'AMEZEC (A.), « L'obligation des associés en participation envers les tiers », *Rev. sociétés* 1990, p. 567.

STORCK (J.-P), « Le contrat de société en participation », *in Mélanges A. Rieg*, éd. Bruylant 2000, p. 767.

VALLANSAN (J.) et DESMORIEUX (E.), *Société en participation et société créée de fait. Aspects juridiques et fiscaux*, éd. Joly, 1996.

CHAPITRE 8

La société civile de droit commun

Les sociétés civiles sont celles auxquelles la loi n'attribue pas un autre caractère à raison de leur forme, de leur nature ou de leur objet (C. civ., art. 1845, al. 2). Elles ne sauraient exercer une activité commerciale ni adopter le statut de commerçant ; aussi, elles ne peuvent devenir associées d'une SNC ou commanditées d'une commandite.

Elles représentent près de 50 % du nombre total des sociétés. On les rencontre dans les domaines les plus variés : immobilier, gestion de patrimoine, agriculture, secteur libéral, gestion d'un portefeuille de valeurs mobilières...

Elles sont spécialement régies par les articles 1845 à 1870 du Code civil.

Ses principaux traits de caractères sont les suivants : souplesse d'organisation, fort *intuitu personae*, responsabilité illimitée des associés.

Les règles qui suivent constituent le droit commun des sociétés civiles qui s'applique à toutes les sociétés civiles à moins qu'il n'y soit dérogé par le statut légal particulier auquel certaines d'entre elles sont assujetties.

1 • CONSTITUTION

Depuis la loi n° 78-9 du 4 janvier 1978, les sociétés civiles sont tenues de se faire immatriculer au RCS. C'est à compter de cette formalité qu'elles jouissent de la personnalité morale. Toutefois, par exception, les sociétés civiles créées avant la réforme de 1978 mais non immatriculées ont pu continuer d'exister. Cette clandestinité a vécu. Toutes les sociétés civiles doivent être immatriculées si elles veulent disposer de la personnalité morale.

A - Les associés

Les associés d'une société civile doivent être au minimum deux ; aucun maximum n'est fixé. Il peut s'agir de personnes physiques comme de personnes morales.

Une simple capacité civile suffit. Un mineur peut, le cas échéant, participer à une société civile, en dépit des risques que cet engagement fait courir à son patrimoine personnel même si l'intervention du juge des tutelles est vivement recommandée.

B - L'objet social

L'objet social de la société civile doit impérativement relever du domaine civil. Dans le cas inverse, la société civile serait requalifiée en société créée de fait de nature commerciale ce qui conduit à déclarer ses associés indéfiniment et solidairement responsables des dettes sociales (C. civ., art. 1872-1, al. 2).

C - Le capital social

Si les sociétés civiles doivent avoir un capital social, en revanche aucun montant minimum n'est légalement exigé. Aucune disposition n'évoque non plus la libération du capital social ; c'est donc aux statuts et, corrélativement, aux associés, de se prononcer sur cette question (libération intégrale au jour de la souscription ou libération étalée dans le temps voire différée).

Le capital social est divisé en parts sociales égales (C. civ., art. 1845-1). Toutefois, par dérogation, les sociétés civiles constituées avant le 1er juillet 1978 ont la faculté, lorsqu'elles en comportaient, de maintenir des parts sociales inégales.

Enfin, depuis la loi MURCEF n° 2001-1168 du 11 décembre 2001, toutes les sociétés civiles peuvent introduire dans leurs statuts une clause de variabilité du capital social (C. com., art. L. 231-1).

2 • ORGANISATION

A - Les dirigeants

Il revient aux associés d'organiser librement la gestion de la société dans le respect de certaines règles d'ordre public. Les règles impératives communes sont peu nombreuses.

1) Le statut

Toute société civile est gérée par une ou plusieurs personnes, physiques ou morales, associées ou non. Si une personne morale exerce la gérance, ses dirigeants sont soumis aux mêmes conditions et obligations et encourent les mêmes responsabilités que s'ils étaient gérants en leur nom propre (C. civ., art. 1847).

Les gérants peuvent être nommés, soit par les statuts, soit par un acte distinct, soit, enfin, par une décision des associés (C. civ., art. 1846, al. 1er). Sauf disposition statutaire contraire, lorsque le gérant est nommé par une décision des associés, ceux-ci doivent représenter plus de la moitié des parts sociales.

De même, c'est aux statuts qu'il appartient de fixer le mode d'organisation de la gérance, notamment lorsqu'une gérance collégiale est retenue (conseil d'administration ou directoire et conseil de surveillance, par exemple). En outre, toutes sortes de conditions peuvent être requises des personnes qui souhaitent exercer la fonction de gérant (âge, qualifications, titres...).

Dans le silence des statuts, et s'il n'en a été décidé autrement par les associés lors de la désignation des gérants, les gérants sont réputés nommés pour la durée de la société (C. civ., art. 1846, al. 4).

Le gérant est révocable par une décision des associés représentant plus de la moitié des parts sociales ; les statuts peuvent cependant adopter une autre règle. Si la révocation est décidée sans justes motifs, elle peut donner lieu à dommages et intérêts (C. civ., art. 1851). Relevons, que l'indemnisation du gérant révoqué sans juste motif est une règle supplétive à laquelle les statuts peuvent déroger en écartant toute indemnisation en cas de révocation même prononcée sans juste motif.

Le gérant est également révocable par les tribunaux, pour cause légitime, à la demande de tout associé.

La révocation du gérant, même associé, n'entraîne pas la dissolution de la société, sauf si les statuts en disposent autrement (C. civ., art. 1851, *in fine*).

La nomination comme la cessation de fonction des gérants doivent être publiées (C. civ., art. 1846-2).

2) Les pouvoirs

Il existe une similitude entre les pouvoirs du gérant de la société civile et ceux du gérant de la SNC.

Dans l'ordre interne, vis-à-vis des associés, le gérant de la SC peut accomplir tous les actes de gestion que demande l'intérêt de la société. Notons que s'il y a plusieurs gérants, ils exercent séparément ces pouvoirs, sauf le droit qui appartient à chacun de s'opposer à une opération avant qu'elle ne soit conclue. Toutefois, les statuts peuvent valablement adopter d'autres règles (C. civ., art. 1848).

Depuis la loi NRE du 15 mai 2001, les conventions passées entre le gérant et la société sont soumises à la procédure des conventions réglementées (présentation d'un rapport à l'assemblée sur les conventions par le gérant ou, le cas échéant, le commissaire aux comptes, vote de l'assemblée sur ce rapport) lorsque la société exerce une activité économique (C. com., art. L. 612-5).

Dans l'ordre externe, vis-à-vis des tiers, le gérant engage la société par les actes entrant dans l'objet social (C. civ., art. 1849). Si l'objet social statutaire ne permet pas d'accueillir valablement un acte, il peut y être pallié par un vote à l'unanimité des associés. Plus encore, il a été jugé que si le cautionnement donné par une société civile n'entre pas directement dans son objet social, celui-ci peut néanmoins être déclaré valable lorsqu'il existe une communauté d'intérêts entre la société civile et la société cautionnée, communauté d'intérêts appréciée souverainement par les juges du fond.

Relevons qu'en cas de pluralité de gérants, ceux-ci détiennent séparément ces pouvoirs. Chaque cogérant dispose du droit de s'opposer aux actes d'un autre gérant ; cette opposition est sans effet à l'égard des tiers contractants, à moins qu'il ne soit prouvé qu'ils aient eu connaissance de cette opposition (par exemple, par l'envoi d'une LRAR).

Les clauses statutaires limitant les pouvoirs du gérant sont inopposables aux tiers, sans qu'il importe qu'ils en aient eu connaissance ou non.

3) Les responsabilités

Les règles de droit commun de la responsabilité tant civile que pénale des dirigeants sont applicables aux dirigeants de la société civile (C. civ., art. 1850, al. 1er).

Il est toutefois précisé que si plusieurs gérants ont participé aux mêmes faits, leur responsabilité est solidaire envers les tiers et les associés. Cependant, dans leurs rapports entre eux, le tribunal détermine la part contributive de chacun dans la réparation du dommage (C. civ., art. 1850, al. 2).

Relevons enfin que le délit d'abus de biens sociaux qui est spécifique aux dirigeants des SA et des SARL ne trouvent pas à s'appliquer au gérant d'une SC qui peut cependant être poursuivi sur le fondement de l'abus de confiance.

B - Les associés

1) Les droits pécuniaires

L'on distinguera le droit des associés aux bénéfices de leur obligation aux dettes sociales :

- ***droit aux bénéfices*** : les associés d'une société civile peuvent prétendre à une part des bénéfices de l'exercice ; il revient à l'assemblée des associés de voter ou non le versement de l'intégralité ou d'une partie seulement du bénéfice de l'exercice. L'article 1844-1 du Code civil autorise une répartition non proportionnelle du bénéfice entre les associés ; des parts privilégiées sur ce point peuvent être créées ;
- ***l'obligation des associés aux dettes de la société*** : à l'égard des tiers, les associés répondent indéfiniment des dettes sociales mais conjointement c'est-à-dire à proportion de leur part dans le capital social à la date d'exigibilité ou au jour de la cessation des paiements (C. civ., art. 1857). Toutefois, les créanciers de la société ne peuvent poursuivre le paiement des dettes sociales contre un associé qu'après avoir préalablement et vainement poursuivi la personne morale (C. civ., art. 1858) sauf en cas de déclaration de sa créance par le créancier à la procédure collective ouverte contre la société qui est assimilée à une vaine poursuite (Cass. ch. mixte, 16 mai 2007 : *D.* 2007, *AJ* 1414, obs. A. Lienhard).

En cas de cession de parts sociales, l'associé cédant reste tenu des dettes contractées et devenues exigibles avant la cession tandis que le nouvel associé n'est tenu que du passif social qui naît à compter de son entrée dans la société à défaut de solidarité dans la société civile entre les associés qui peut cependant être statutairement convenue.

Relevons, enfin, que l'associé qui n'a apporté que son industrie est tenu comme celui dont la participation au capital est la plus faible.

2) Les droits politiques

Les associés d'une société civile disposent d'un droit d'être informé et d'un droit de vote.

Le droit à l'information est organisé par les articles 1855 et 1856 du Code civil :
- les associés ont le droit d'obtenir, au moins une fois par an (ce qui offre aux statuts la faculté de prévoir une autre périodicité), communication des livres et des documents sociaux ;
- ils peuvent, au moins une fois par an, poser des questions écrites aux dirigeants sur la gestion de la société auxquelles ces derniers doivent répondre dans le délai d'un mois ;
- les gérants doivent, au moins une fois par an aussi, rendre compte de leur gestion aux associés au moyen d'un rapport écrit d'ensemble sur l'activité de la société au cours de l'année ou de l'exercice écoulé comportant l'indication des bénéfices réalisés ou prévisibles et des pertes encourues ou prévues.

Le droit de vote est, quant à lui, attribué à chaque associé qui dispose, en principe, d'une voix ; toutefois, comme dans les SNC, il est permis d'attribuer une voix par part sociale.

Les décisions sociales qui excèdent les pouvoirs reconnus aux gérants sont prises à l'unanimité des associés, sauf disposition autre des statuts évitant tout risque de blocage (C. civ., art. 1852).

Les décisions collectives sont normalement prises en assemblée mais les statuts peuvent retenir un autre système (par exemple, consultation écrite ou acte signé par tous les associés – C. civ., art. 1852, 1853 et 1854).

Normalement, l'assemblée est convoquée, impérativement au moyen d'une lettre recommandée adressée à chaque associé sous peine de nullité de l'assemblée, par le gérant. Cependant, tout associé non gérant peut demander au gérant de provoquer la réunion de l'assemblée (D. n° 78-704 du 3 juillet 1978, art. 39).

C - Les mutations

1) Des parts sociales

Les associés disposent du droit de céder leurs parts comme de se retirer de la société.

a) Transmission des parts

Il convient d'opérer une distinction selon que la cession opère entre vifs ou à cause de mort.

1. En cas de cession entre vifs

La cession ne peut opérer que si elle reçoit l'agrément de tous les associés (C. civ., art. 1861, al. 1er). Toutefois, les cessions consenties à des ascendants ou à des descendants du cédant ne sont pas soumises à agrément (C. civ., art. 1861, al. 2).

Les statuts peuvent prévoir que l'unanimité sera remplacée par une simple majorité, que l'agrément sera donné par la gérance et non l'assemblée, que l'agrément ne sera pas requis en cas de cession entre associés ou au conjoint de l'un d'eux, que les cessions à un ascendant ou un descendant devront subir la procédure d'agrément. Seule la procédure d'agrément pour toute cession intervenant au profit de tiers est d'ordre public (C. civ., art. 1861, al. 2).

Toute cession intervenant en violation de ces dispositions est frappée de nullité.

Au plan de la forme, le projet de cession doit être notifié, avec demande d'agrément, à la société et à chacun des associés. Il n'est notifié qu'à la société quand les statuts prévoient que l'agrément peut être accordé par la gérance (C. civ., art. 1861, al. 3). C'est normalement l'assemblée qui est compétente pour se prononcer sur la demande d'agrément. Les associés ont six mois (délai modulable – C. civ., art. 1864) pour se prononcer. En cas de silence gardé, l'agrément est réputé acquis et la cession peut intervenir au profit du cessionnaire pressenti. Il en va de même lorsque l'agrément est expressément accordé. En revanche, si l'agrément est refusé, il convient de procéder au rachat de ses titres. Celui-ci pourra être le fait des associés eux-mêmes (C. civ., art. 1862, al. 1er), de la société (C. civ., art. 1862, al. 2) ou, enfin, d'un tiers agréé par les associés (C. civ., art. 1862, al. 2).

En cas de désaccord quant au prix offert, un expert peut être commis qui sera chargé de dire le prix conformément aux dispositions de l'article 1843-4 du Code civil (C. civ., art. 1862, *in fine*).

Lorsque la cession est autorisée, elle doit être constatée par écrit. Elle ne sera rendue opposable à la société qu'après qu'elle lui ait été notifiée par l'une des formes visées à l'article 1690 du Code civil (signification par exploit d'huissier, acceptation dans un acte authentique, dépôt d'un original au siège de la société) ou par simple transfert sur les registres de la société si les statuts le prévoient. Elle sera opposable aux tiers après accomplissement de ces mêmes formalités ainsi qu'après avoir fait l'objet d'une inscription modificative au RCS.

2. En cas de transmission pour cause de mort

Dans le silence des statuts, la société continue avec les héritiers ou légataires du prédécédé, sauf s'il est prévu aux statuts que ces derniers doivent être agréés (C. civ., art. 1870, al. 1er) ; à l'inverse, si la succession est dévolue à une personne morale, celle-ci ne peut devenir associée qu'avec le consentement de tous les associés ou selon les dispositions statutaires, sauf clause contraire des statuts. Il peut aussi être prévu que la société ne continuera qu'avec les associés survivants (C. civ., art. 1870, al. 2). Il peut de même être prévu que la société continuera, soit avec le conjoint survivant, soit avec un ou plusieurs héritiers, soit avec toute autre personne désignée par les statuts ou, si ceux-ci l'autorisent, par disposition testamentaire (C. civ., art. 1870, al. 3). En tout état de cause, les héritiers ou légataires qui ne deviennent pas associés ont droit au remboursement de la valeur des parts de leur auteur déterminée dans les termes de l'article 1843-4 du Code civil et ceux qui le deviennent répondent des dettes sociales dans la même proportion que les autres associés (C. civ., art. 1870-1).

b) Droit de retrait des associés

L'article 1869 du Code civil ouvre le droit à tout associé de se retirer, totalement ou partiellement, de la société, dans les conditions prévues aux statuts ou, dans le silence de ceux-ci, après autorisation donnée par une décision unanime des autres associés.

Ce retrait peut aussi être obtenu pour justes motifs (essentiellement la mésentente entre associés ou la situation personnelle de l'associé retrayant) par une décision de justice.

L'associé qui se retire de la société a droit au remboursement de la valeur de ses droits sociaux. Cette valeur est fixée, à défaut d'accord amiable, conformément aux dispositions de l'article 1843-4 du Code civil. Les parts sont corrélativement annulées.

2) De la structure sociétaire

La société civile peut être dissoute pour les causes de droit commun (C. civ., art. 1844-7) mais aussi lorsqu'elle est dépourvue de gérant depuis plus d'un an (C. civ., art. 1846-1).

En revanche, et à la différence de ce que connaît la SNC, la déconfiture, la faillite personnelle, la liquidation de biens ou le règlement judiciaire de l'un des associés est sans effet sur la dissolution de la société (C. civ., art. 1860). Dans ces hypothèses, il est procédé au remboursement des droits sociaux de l'intéressé dans les conditions posées à l'article 1843-4 du Code civil. L'associé remboursé perd sa qualité d'associé. Toutefois, les statuts ou une décision unanime des associés autres que celui visé par l'un des événements mentionnés à l'article 1860 du Code civil, peuvent décider la dissolution de la société.

De même, le décès de l'un des associés n'emporte pas dissolution automatique de la société civile (C. civ., art. 1870). Toutefois, les statuts peuvent prévoir cette dissolution. Tout dépend, en réalité, du degré d'*intuitu personae* que veulent conférer les associés à leur société.

BIBLIOGRAPHIE

CORLAY (P.), « La protection des tiers dans le nouveau droit commun des sociétés civiles », *RTD com.* 1981, p. 233.

GIBIRILA (D.), « L'obligation aux dettes sociales dans les sociétés civiles », *Defrénois* 1998, p. 625.

HOVASSE (H.), « Les cautions données par les sociétés et l'objet social », *Dr. et patr.*, avril 2001, p. 76.

LEJEUNE (F.), « Cautionnement des SCI : le faux critère de l'intérêt social », *Dr. et patr.*, juin 1996, p. 56.

URBAN (Q.), « La "communauté d'intérêts", un outil de régulation du fonctionnement du groupe de sociétés », *RTD com.* 2000, p. 1.

PARTIE 3

Règles propres aux sociétés à risque limité

Les personnes qui souhaitent développer une activité économique sans risquer l'intégralité de leur patrimoine personnel peuvent recourir à un certain nombre de structures sociétaires dans lesquelles leur responsabilité sera limitée au montant de leur apport. Tel sera le cas dans les Sociétés à responsabilité limitée (SARL), dans les Entreprises unipersonnelles à responsabilité limitée (EURL), dans les Sociétés par actions simplifiées (SAS) et, enfin, dans les Sociétés en commandite par actions (SCA). Toutes ces sociétés offrant une responsabilité limitée à leurs associés, c'est à partir d'autres critères (souplesse d'organisation, dissociation du capital et du pouvoir, faculté ou non de faire appel public à l'épargne, d'émettre ou non des valeurs mobilières...) que s'opérera le choix entre telle ou telle structure.

CHAPITRE 9

La société à responsabilité limitée (SARL)

La Société à responsabilité limitée (SARL) est une société hybride qui emprunte aux deux grandes catégories de sociétés : c'est une société fermée (voir les dispositions relatives à l'agrément des cessions de parts sociales), souvent à caractère familial ou, à tout le moins, patrimonial, comme les sociétés de personnes mais c'est aussi une société de capitaux.

La SARL a été introduite en droit français par la loi du 7 mars 1925. Elle représente aujourd'hui un peu plus de 40 % des sociétés. Elle est particulièrement adaptée aux PME qui n'envisagent pas d'offrir leurs titres de financement au public. Son développement a cependant été entravé d'une part, par un formalisme contraignant croissant la rapprochant des SA et, d'autre part, par un régime fiscal et social peu favorable. Toutefois, la promotion de la neutralité fiscale en droit des sociétés devrait lui assurer encore un bel avenir. Un facteur de développement du genre SARL a résidé dans la création de l'Entreprise unipersonnelle à responsabilité limitée (EURL) par la loi du 11 juillet 1985 dont le régime est constamment assoupli.

Elles sont spécialement régies par les articles L. 223-1 à L. 223-43 du Code de commerce.

1 • CONSTITUTION

A - Les conditions de fond

1) Le nombre d'associés

Une SARL pluripersonnelle doit compter au moins deux associés au jour de sa constitution (C. com., art. L. 223-1). Les associés peuvent être des personnes physiques ou morales. Seule la capacité civile est requise des associés de la SARL (pour les mineurs et les incapables majeurs ; cf. *supra*, Chapitre 1). Deux époux peuvent, seuls ou avec d'autres, participer à une SARL. Toutefois, le régime matrimonial n'est pas sans incidences sur la capacité des époux (cf. *supra*, Chapitre 1).

Une SARL ne peut compter plus de 100 associés (C. com., art. L. 223-3, mod. ord. n° 2004-274 du 25 mars 2004). Ce seuil lui garantit un certain *intuitu personae*. Si la société vient à comprendre plus de 100 associés, elle est dissoute dans le délai d'un an à moins que, pendant ce délai, le nombre d'associés soit redevenu égal ou inférieur à 100 ou que la société ait fait l'objet d'une transformation en SA ou SAS (C. com., art. L. 223-3).

2) Le capital social

Depuis la loi Initiatives économiques du 1er août 2003, le montant du capital d'une SARL est librement fixé par les statuts (7 500 € minimum auparavant). Celui-ci peut être d'un euro ou moins encore.

Le capital social est représenté par des parts sociales égales dont le montant nominal est librement déterminé (C. com., art. L. 223-2). Les parts ne peuvent être représentées par des titres négociables (C. com., art. L. 233-12).

Une clause de variabilité peut être incluse dans les statuts (C. com., art. L. 231-1).

Le capital social, puisqu'il doit y en avoir un, regroupe les apports en numéraire et en nature effectués par les associés.

Les apports en numéraire peuvent n'être libérés que du cinquième de leur montant ; la libération du surplus doit intervenir en une ou plusieurs fois, sur appel du gérant, dans le délai de cinq ans suivant l'immatriculation de la société (C. com., art. L. 233-7). Cette faculté de libération partielle des apports en numéraire n'est tolérée que lors de la constitution de la société et le capital doit être intégralement libéré avant toute souscription de nouvelles parts sociales à libérer en numéraire.

Les apports en nature font obligatoirement l'objet d'une évaluation (C. com., art. L. 233-9). Précisément, si l'évaluation des apports en nature est de la compétence des associés, il procède à celle-ci au vu d'un rapport établi par un commissaire aux apports qu'ils auront choisi à l'unanimité ou, à défaut, qui aura été désigné par le président du Tribunal de commerce compétent par voie d'ordonnance à la demande de l'associé le plus diligent (C. com., art. L. 233-9, al. 1er). Le commissaire évalue, sous sa responsabilité, la valeur du bien apporté et son rapport sont annexés aux statuts. Toutefois, les associés peuvent, à l'unanimité, décider de ne pas recourir aux offices d'un commissaire aux apports lorsque la valeur d'aucun apport en nature n'excède 7 500 euros et si la valeur totale des apports en nature n'excède pas la moitié du capital social. Lorsque les associés n'ont pas recouru aux services d'un commissaire aux apports ou lorsqu'ils n'ont pas suivi l'évaluation retenue par le commissaire qui avait été désigné, ils sont responsables solidairement pendant cinq ans, à l'égard des tiers, de la valeur attribuée aux apports en nature (C. com., art. L. 233-9, *in fine*). La surévaluation frauduleuse d'un apport en nature est, de surcroît, sanctionnée pénalement (C. com., art. L. 241-3-1°).

Les apports en industrie, qui étaient seulement tolérés dans les seules sociétés constituées entre des époux pour exploiter un fonds de commerce ou un fonds artisanal, ont été généralisés dans les SARL par la loi NRE du 15 mai 2001 (C. com., art. L. 233-7, al. 2). Il revient aux statuts de déterminer les modalités selon lesquelles ces apports peuvent être effectués.

B - Les conditions de forme

Au plan de la forme, on retiendra que les statuts de la SARL doivent :

- être établis par écrit, notarié (forme imposée en cas d'apport d'immeubles et vivement recommandée dans d'autres hypothèses ; cf. *supra*, Chapitre 3) ou sous seing-privé (autant d'originaux sont dressés que nécessaire) ;
- comporter des mentions obligatoires communes à toutes les sociétés (C. com., art. L. 210-2) et propres aux seules SARL (répartition des parts sociales entre les associés, modalités des apports en industrie quand ils sont autorisés, évaluation des apports en nature par le commissaire aux comptes en annexe) ainsi que des mentions facultatives ;
- être signés par tous les associés ; le conjoint de celui des associés qui apporte un bien commun doit aussi intervenir à l'acte en cas d'apport de biens relevant de la communauté ;
- être enregistrés dans le délai d'un mois suivant la signature des statuts, faire l'objet d'une insertion dans un *JAL*, être déposés au greffe du tribunal de commerce afin d'être immatriculée via le Centre de formalités des entreprises (CFE), faire l'objet d'une publicité au *BODACC*.

2 • ORGANISATION

A - Les dirigeants

1) Le statut

La gérance est exercée par une ou plusieurs personnes physiques, choisies ou non parmi les associés. Les statuts peuvent limiter cette liberté en prévoyant, par exemple, des limites d'âge, de diplôme, de titre ou encore de nombre de mandats exercés par ailleurs (C. com., art. L. 223-18).

a) Nomination

Le gérant est nommé par les associés, dans les statuts ou, en cours de vie sociale, dans les conditions prévues à l'article L. 223-29 du Code de commerce (assemblée ou consultation écrite). Sa nomination doit être publiée au RCS. En l'absence de dispositions contraires, les gérants sont nommés pour la durée de la société.

b) Cumul mandat/contrat de travail

Le gérant peut, sauf s'il est majoritaire (détention de plus de 50 % des parts par le gérant, son conjoint et ses descendants mineurs non émancipés), cumuler son mandat social avec un contrat de travail le liant à la société qu'il dirige. Toutefois, certaines conditions de fond et de forme doivent être respectées.

1. Conditions de fond

Elles sont au nombre de trois :

- le contrat de travail doit correspondre à un emploi effectif, réel ;
- les fonctions exercées au titre de la gérance et celles relevant du contrat de travail doivent être nettement séparées et rémunérées distinctement (ce qui pose problème dans les petites SARL) ;
- enfin, le gérant doit se trouver au titre de son statut de salarié, dans un état de subordination vis-à-vis de son employeur (état qui fait défaut en cas de gérance majoritaire).

Lorsque les conditions du cumul sont remplies, le gérant bénéficie de la double qualité de mandataire social et de salarié. S'il perd le bénéfice de l'une de ces deux qualités, il n'en conserve pas moins l'autre. Lorsque les conditions du cumul ne sont pas remplies, il faut opérer une distinction : si le prétendant était gérant avant de conclure un contrat de travail, celui-ci doit être déclaré nul. Si c'est un salarié de la société qui est devenu gérant, l'on doit admettre que son contrat de travail s'est trouvé suspendu le temps de la gérance.

2. Conditions de forme

La conclusion d'un contrat de travail par le gérant avec la société qu'il dirige oblige à respecter la procédure des conventions réglementées prévue à l'article L. 223-19 du Code de commerce, qu'il s'agisse de la conclusion du contrat ou de sa modification en cours d'exécution (par exemple, augmentation de salaire).

c) Révocation du gérant

La gérance prend fin avec l'arrivée du terme convenu, le non-renouvellement du mandat auquel il ne peut prétendre mais qui peut être abusif et générer l'allocation de dommages et intérêts, la dissolution de la société, la démission, le décès ou, enfin, par la révocation.

Cette dernière nécessite un vote des associés représentant plus de la moitié des parts sociales sur première convocation de l'assemblée et, sur deuxième convocation, la majorité simple des votants suffit (C. com., art. L. 223-25 mod. ord. n° 2004-274 du 25 mars 2004). Les statuts peuvent convenir de majorités plus fortes pour révoquer le gérant, ce qui accroît sa stabilité.

Il reste que le gérant associé participe à l'assemblée qui doit le révoquer. Aussi, s'il est majoritaire en parts sociales, il devient irrévocable par les associés. Dans ce cas, tout associé peut saisir les tribunaux aux fins d'obtenir la révocation judiciaire du gérant (C. com., art. L. 223-25, al. 2).

Quel que soit le mode de révocation retenu, la loi exige un juste motif de révocation (cf. *supra*, Chapitre 1). Si la révocation intervient sans justes motifs, elle ouvre droit au profit du gérant révoqué à l'allocation de dommages et intérêts.

2) Les pouvoirs

Il convient de distinguer l'ordre interne de l'ordre externe :

- ***dans l'ordre interne***, dans ses rapports avec les associés, les pouvoirs du gérant sont déterminés par les statuts et, dans le silence de ceux-ci, par l'article L. 221-4 du Code de commerce au terme duquel le gérant peut faire tous actes de gestion dans l'intérêt de la société (C. com., art. L. 223-18, al. 4). Relevons que l'ordonnance n° 2004-274 du 25 mars 2004 a étoffé ses pouvoirs en lui permettant, d'une part, de déplacer seul le siège social de la société dans le même département ou dans un département limitrophe sous réserve de faire ratifier cette décision par les associés réunis en assemblée générale extraordinaire et statuant à la majorité des trois quarts des parts sociales et, d'autre part, de mettre en harmonie les statuts avec les dispositions impératives de la loi et des règlements (C. com., art. L. 223-18, al. 8 et 9 nouveaux);

- ***dans l'ordre externe***, vis-à-vis des tiers, le gérant dispose des pouvoirs les plus étendus pour agir en toutes circonstances au nom de la société. La société n'est toutefois pas engagée vis-à-vis des tiers si le gérant exerce un pouvoir qui appartient en droit expressément à un autre organe de la société telle l'assemblée. Il ne peut donc de sa propre initiative, prendre une décision qui aurait pour objet ou pour effet de modifier les statuts de la société.

En revanche, que l'acte passé par le gérant entre ou non dans l'objet social est indifférent quant à l'engagement de la société vis-à-vis du tiers cocontractant à moins, toutefois, que la société ne rapporte la preuve que le tiers savait ou ne pouvait ignorer compte tenu des circonstances que le gérant dépassait ses pouvoirs, étant rappelé que la seule publication des statuts est insuffisante à constituer cette preuve.

Enfin, les clauses statutaires limitant ses pouvoirs sont inopposables aux tiers.

On notera qu'en cas de pluralité de gérant, ceux-ci détiennent séparément les pouvoirs prévus par la loi et l'opposition de l'un d'entre eux à la conclusion d'un acte est sans effet sur sa validité sauf si le tiers en a été avisé.

3) Les contrôles

a) Contrôle externe

La présence d'un auditeur légal des comptes n'est pas, à la différence de ce que connaissent les SA, systématique dans les SARL (pour une présentation générale, cf. *supra*, Chapitre 3).

C'est aux associés de prévoir la présence d'un tel censeur (C. com., art. L. 223-35, al. 1er); à l'initiative des gérants ou d'un ou plusieurs associés représentant ensemble au moins le dixième du capital social, ils peuvent saisir le juge afin qu'il procède à cette nomination.

Par exception, la nomination d'un commissaire aux comptes va devenir obligatoire dans les SARL qui dépassent deux des trois seuils suivants : un total du bilan supérieur à 1 550 000 euros, un chiffre d'affaires hors taxes dépassant 3 100 000 d'euros et un effectif salarié moyen atteignant le chiffre de 50 (C. com., art. L. 223-35, al. 2 et R. 221-5 sur renvoi de R. 223-27).

b) Contrôles internes

Les associés non gérants peuvent, tout d'abord, questionner par écrit le gérant deux fois par exercice sur tout fait qui leur semble être de nature à compromettre la continuité de l'exploitation (C. com., art. L. 223-36).

Par ailleurs, les associés peuvent, dans certaines circonstances, solliciter une expertise de gestion (cf. *infra*).

La véritable procédure tendant à éviter les conflits potentiels d'intérêts réside dans le mécanisme des conventions réglementées (conventions passées entre la société et l'un de ses gérants ou l'un de ses principaux associés, directement ou indirectement – lorsque la SARL se trouve partie à un contrat avec une autre société dans laquelle le gérant ou l'associé intéressé est aussi gérant, administrateur, directeur général, membre du directoire ou membre du conseil de surveillance ou encore associé indéfiniment responsable). Au vrai, trois types de conventions doivent être distingués :

- ***les conventions strictement interdites*** : il est interdit, sous peine de nullité, aux gérants ou associés (mais aussi les représentants légaux de personnes morales associées, les conjoints, ascendants et descendants des dirigeants ou associés de la SARL et les représentants légaux des personnes morales associés, ainsi qu'à toute personne interposée) de la SARL de contracter, sous quelque forme que ce soit, des emprunts auprès de la société, de se faire consentir par elle un découvert, en compte-courant ou autrement, ainsi que de faire cautionner ou avaliser par elle leurs engagements personnels envers des tiers (C. com., art. L. 223-21). La loi réserve cependant deux exceptions :
  - la SARL contracte avec l'un de ses gérants ou associé personne morale (hypothèse des groupes de sociétés et des garanties qui s'y échangent) ;
  - la SARL exploite un établissement financier (les actes incriminés entrent dans son objet social quotidien) et les conventions peuvent être analysées comme des conventions courantes conclues à des conditions normales ;
- ***les conventions totalement libres*** : ce sont celles qui, du point de vue de l'objet de la société, s'analysent en des opérations courantes au regard de l'activité sociale dès lors qu'elles sont conclues à des conditions normales, notamment de marché (C. com., art. L. 223-20). Aucune procédure d'information n'est prévue les concernant ;
- ***les conventions réglementées*** : ce sont toutes celles qui ne rentrent pas dans les deux premières catégories (par exemple, le contrat de travail conclu ou modifié – augmentation de sa rémunération – par le gérant en cours de mandature) ; elles doivent suivre la procédure prévue à l'article L. 223-19 du Code de commerce. Sauf le cas où la convention est conclue entre la société et un gérant non associé et que, de surcroît, la société n'a pas de commissaire aux comptes (C. com., art. L. 223-19, al. 2), ce qui impose de faire autoriser préalablement la convention litigieuse par les associés, dans tous les autres cas la convention n'a pas, à la différence de ce que connaissent les SA (cf. *infra*, Chapitre 10), à faire l'objet d'une autorisation préalable ; le gérant ou, s'il en existe un, le commissaire aux comptes, présente à l'assemblée un rapport sur les conventions intervenues directement ou indirectement entre la société et l'un de ses gérants ou associés peu importe, à la différence des SA, le montant de sa participation (il n'existe pas de seuil dans les SARL). Logiquement, le gérant ou l'associé intéressé ne participe pas au vote et ses parts ne sont pas prises en compte pour le calcul du quorum et de la majorité. Les conventions non présentées à l'assemblée comme celles que l'assemblée n'a pas approuvées n'en produisent pas moins leurs effets, à charge pour le gérant

ou l'associé intéressé de supporter les conséquences du contrat préjudiciables de la société (C. com., art. L. 223-19, al. 4).

4) *Les responsabilités*

Les gérants de SARL sont civilement responsables, individuellement ou solidairement, selon le cas, envers la société ou les tiers, soit des fautes commises dans leur gestion, soit de la violation de la loi, des règlements et des statuts. Si plusieurs gérants ont coopéré aux mêmes faits, le tribunal détermine la part contributive de chacun dans le dommage (C. com., art. L. 223-22, al. 1er).

Outre l'action en réparation du préjudice qu'ils ont subi personnellement du fait du gérant, les associés peuvent, soit individuellement, soit en se groupant pour atteindre le dixième du capital social, intenter l'action sociale en responsabilité contre les gérants (C. com., art. L. 233-22, al. 3 et R. 223-31).

L'action sociale est d'ordre public et n'est donc jamais éteinte par le quitus donné par l'assemblée comme elle ne saurait dépendre d'un vote de l'assemblée.

Les gérants de SARL font également l'objet d'incriminations pénales spéciales. Ainsi, les articles L. 241-1 à L. 241-9 du Code de commerce stigmatisent certains comportements des gérants jugés répréhensibles (abus de pouvoirs, abus de biens sociaux, présentation de comptes annuels ne donnant pas une image fidèle du résultat social, distribution de dividendes fictifs).

Par ailleurs, comme les autres dirigeants de sociétés commerciales, les gérants de SARL peuvent devoir supporter une partie des dettes sociales lors d'une procédure de redressement judiciaire faisant apparaître une faute de gestion ou certains comportements répréhensibles (C. com., art. L. 651-2 et L. 652-1 – cf. *supra*, Chapitre 3).

Enfin, dans les termes du droit commun (cf. *supra*, Chapitre 3), les gérants de société peuvent engager leur responsabilité fiscale.

B - Les associés

1) *Les droits pécuniaires*

Les associés ont, au titre des droits pécuniaires, droit aux dividendes, aux réserves, au boni de liquidation (cf. *supra*, Chapitre 3).

S'agissant du seul bénéfice distribuable, celui-ci est constitué par le bénéfice de l'exercice, diminué des pertes antérieures, ainsi que des sommes à porter en réserve en application de la loi ou des statuts, et augmenté du report bénéficiaire (C. com., art. L. 232-11, al. 1er). En effet, dans les SARL, comme dans les SA, à peine de nullité de toute délibération contraire, il doit être fait sur le bénéfice de l'exercice un prélèvement de 5 % au moins affecté à la formation d'un fonds de réserve dit « réservé légale » ; ce prélèvement cesse d'être obligatoire lorsque la réserve atteint le dixième du capital social (C. com., art. L. 232-10).

Normalement, la part de chaque associé dans les bénéfices est proportionnelle à sa participation mais la règle n'est pas impérative et il est loisible de créer des parts sociales privilégiées sur ce point (C. civ., art. 1844-1). En revanche, sont prohibées les clauses d'intérêt fixe ou intercalaire permettant à un associé de percevoir un dividende même en l'absence de bénéfices (C. com., art. L. 232-15).

2) Les droits politiques

Au titre des droits politiques, les associés disposent d'un droit d'être informé et d'un droit de vote.

a) Droit d'information

Les associés disposent, tout d'abord, au terme de l'article L. 223-26 du Code de commerce, quinze jours au moins avant l'AGO annuelle, d'un droit à l'information portant sur les comptes annuels, le rapport de gestion, le rapport du commissaire aux comptes s'il en existe un et les projets de résolution (l'inventaire étant seulement mis à disposition au siège social) ; si cette information ne parvient pas à l'associé (information portable) ou s'il ne peut l'obtenir (information quérable), l'assemblée peut être annulée et l'associé dispose, en outre, du droit de demander au président du tribunal statuant en référé, soit d'enjoindre sous astreintes aux gérants de communiquer cette information, soit de désigner un mandataire chargé de procéder à cette information aux frais du gérant (C. com., art. L. 238-1).

Les associés disposent, par ailleurs, du droit d'obtenir, à toute époque de l'année, communication des documents sociaux relatifs aux trois derniers exercices (C. com., art. L. 223-26, al. 4) ;

En outre, les associés disposent du droit de poser des questions par écrit au gérant, soit à compter de la communication des informations précédant l'assemblée annuelle (C. com., art. 223-26, al. 3), soit deux fois par exercice, en dehors de la réunion de toute assemblée, sur tout fait de nature à compromettre la continuité de l'exploitation (C. com., art. L. 223-36). Dans les deux cas, le gérant est tenu de répondre.

Enfin, les associés peuvent diligenter une expertise de gestion. Ainsi, un ou plusieurs associés représentant au moins le dixième du capital social, soit individuellement, soit en se groupant sous quelque forme que ce soit, peuvent demander en justice la désignation d'un ou plusieurs experts chargés de présenter un rapport sur une ou plusieurs opérations de gestion (C. com., art. 223-37). Les associés partagent cette prérogative avec d'autres acteurs (Ministère public et comité d'entreprise). S'il est fait droit à la demande, la décision de justice détermine l'étendue de la mission et les pouvoirs de l'expert. Cette expertise n'a pas un caractère subsidiaire et ne saurait consister en un audit de la gestion mais doit viser une ou quelques décisions relevant de la gestion (et non de l'assemblée – Cass. com., 30 mai 1989 : *Bull. Joly Sociétés* 1989, p. 715, note P. Le Cannu) pour lesquelles les associés estiment ne pas avoir été informés ou suffisamment informés par les autres voies légales ou statutaires et pour lesquelles il existe un doute quant à leur conformité avec l'intérêt social. Le rapport de l'expert est adressé au demandeur, au Ministère public, au comité d'entreprise, au gérant et est annexé au rapport du commissaire aux comptes lors de l'assemblée suivante.

Enfin, on retiendra que, l'expertise de gestion n'a pas le même champ ni le même fondement que l'expertise *in futurum* de l'article 145 du nouveau Code de procédure civile ; les deux expertises ne se concurrencent pas ; si la demande de l'associé fondée sur l'article 145 du Code de procédure civile est fondée et légitime, il y a lieu de l'ordonner sans se demander si l'associé ne l'a pas réclamée à la place de l'expertise de gestion dont il ne remplissait pas une ou plusieurs conditions.

b) Droit de participer aux décisions collectives

Chaque associé peut prendre part aux décisions collectives et chaque part sociale donne droit à une voix (C. com., art. L. 223-28). Aussi, un associé ne saurait compter plus de voix qu'il n'a de parts (C. com., art. L. 223-28). Il peut se faire représenter par son conjoint, un autre associé ou un tiers si les statuts le permettent.

Le droit de vote s'exerce normalement en assemblée ; toutefois, depuis la loi de Modernisation de l'Économie du 4 août 2008, et sauf pour les décisions portant sur l'approbation des comptes, et dans l'hypothèse où les statuts le prévoient, les associés participant à l'assemblée par des moyens de visioconférence ou par Internet sont réputés présents pour le calcul du quorum et de la majorité (C. com., art. L. 223-27, al. 3 nouv.).

De surcroît, lorsque les statuts l'ont prévu, toutes les décisions sociales ou certaines d'entre elles seulement peuvent résulter d'une consultation écrite des associés ou pourront résulter du consentement de tous les associés exprimé dans un acte (C. com., art. L. 223-27, al. 1er). Toutefois, la réunion d'une assemblée est obligatoire dans deux hypothèses : l'assemblée ordinaire annuelle chargée d'approuver les comptes et lorsque l'assemblée est convoquée à la demande d'un ou plusieurs associés (C. com., art. L. 223-27, al. 1er et 3).

En principe, l'assemblée est réunie à la diligence du gérant ou, à défaut, par le commissaire aux comptes, s'il en existe un ou, à défaut, par le mandataire désigné en justice suite à la demande des associés représentant la moitié du capital social ou le quart en nombre et capital ;

Des règles de quorum et de majorité doivent être respectées. Ainsi, dans les assemblées générales ordinaires ou lors des consultations écrites portant sur des questions ne modifiant pas les statuts, les décisions sont adoptées par les associés représentant plus de la moitié des parts sociales, les statuts pouvant retenir une majorité plus élevée (C. com., art. L. 223-29). Si cette majorité n'a pu être obtenue lors de la première convocation, il est procédé, sauf disposition contraire des statuts, à la convocation d'une seconde assemblée ou à une seconde consultation dans lesquelles les décisions seront prises à la majorité des votes émis, quel que soit alors le nombre de votants. Dans les assemblées générales extraordinaires (compétentes pour modifier les statuts), il convient d'opérer une distinction : pour les SARL constituées avant le 3 août 2005, les décisions ne sont adoptées que si elles réunissent la majorité des trois quarts des parts sociales, toute clause exigeant une majorité plus élevée étant réputée non-écrite ; pour les SARL constituées après le 3 août 2005, l'assemblée extraordinaire ne délibère valablement que si les associés présents ou représentés possèdent au moins le quart des parts sociales sur première convocation et le cinquième des parts sur seconde convocation, les décisions étant adoptées dans les deux cas à la majorité des deux tiers des parts détenues par les associés présents ou représentés, étant précisé que les statuts peuvent retenir des quorums et une majorité plus élevés. Deux dernières précisions : d'une part, les sociétés constituées avant le 3 août 2005 peuvent adopter, à l'unanimité des associés, le système mis en place pour les SARL constituées après cette date et, d'autre part, certaines décisions requièrent toujours l'unanimité (par exemple, le transfert du siège à l'étranger, la transformation de la SARL en une SNC en commandite simple ou en SAS

– C. com., art. L. 223-30 –, en cas de réduction du capital social accompagnée d'une atteinte à l'égalité des associés – C. com., art. L. 223-34, al. 1er –, l'augmentation des engagements des associés).

3 • MUTATIONS

A - Des parts sociales

N'étant pas des valeurs mobilières la cession des parts sociales doit être constatée par écrit, sous-seing privé ou authentique (C. com., art. 221-14 par renvoi de L. 223-17). Elle est rendue opposable à la société dans les formes prévues à l'article 1690 du Code civil (notification à la société par exploit d'huissier ou acceptation de la cession par la société dans un acte notarié), formalités qui peuvent être remplacées par le dépôt d'un original de l'acte de cession au siège de la société contre remise, par le gérant, d'un récépissé. La cession n'est opposable aux tiers qu'après l'accomplissement des mêmes formalités auxquelles il convient encore d'adjoindre une publicité de la cession au RCS (C. com., art. L. 221-14). Le non-respect de ces dispositions n'est pas sanctionné par la nullité de la cession mais par l'inopposabilité de la cession à la société comme aux tiers.

La répartition des parts sociales entre les associés devant être mentionnée aux statuts, toute cession conduit à opérer une modification statutaire (C. com., art. L. 223-7, al. 3).

Par ailleurs, la cession de parts sociales peut conduire, selon le cas, à la mise en œuvre d'une procédure d'agrément. Plusieurs hypothèses sont à envisager :

- si la cession est réalisée au profit d'un tiers étranger à la société, la cession ne pourra valablement intervenir que si elle est approuvée par la majorité des associés représentant au moins la moitié des parts sociales (C. com., art. L. 223-14, al. 1er, mod. ord. n° 2004-274 du 25 mars 2004). Les statuts peuvent prévoir une majorité plus forte. La demande d'agrément résulte d'une notification, à la société et à chacun des associés, du projet de cession. Suivent alors plusieurs cas de figure ;
- si la société refuse de consentir à la cession, les associés sont tenus, dans le délai de trois mois à compter du refus, d'acquérir ou de faire acquérir les parts à un prix fixé dans les conditions prévues à l'article 1843-4 du Code civil. Toute clause contraire est réputée non-écrite. Le cédant à qui l'agrément a été refusé a le droit de retirer son offre ; la société peut également, avec l'accord de l'associé, décider, dans le même délai de trois mois, de réduire son capital du montant de la valeur nominale des parts et de racheter les parts au prix convenu par l'expert ; si aucune des deux précédentes solutions n'a été arrêtée dans le délai de trois mois à compter de la notification de la cession, l'associé peut réaliser librement la cession initialement projetée ;
- si la cession est projetée au profit d'un associé, elle est normalement libre (C. com., art. L. 223-16). Néanmoins, les statuts peuvent prévoir la mise en œuvre de la procédure d'agrément. Relevons que, dans ce cas toutefois, les statuts peuvent retenir des délais abrégés et des majorités moins fortes que ceux prévus à l'article L. 223-14 du Code de commerce ;

– si, enfin, la cession ou la transmission (suite à un décès ou une liquidation de communauté) est réalisée au profit d'un conjoint, d'un ascendant ou d'un descendant, celle-ci est normalement libre (C. com., art. L. 223-13). Toutefois, les statuts peuvent dans ce cas stipuler que le conjoint, l'ascendant ou le descendant ne deviendra associé qu'après avoir été agréé dans les conditions prévues à l'article L. 223-14 du Code de commerce. Les conditions de cet agrément (délais et majorités) ne peuvent, à peine de nullité de la clause statutaire, être plus forte que celles prévues à l'article L. 223-14 du Code de commerce.

Relevons, qu'en cas de transmission pour cause de mort, les mêmes règles sont à l'œuvre. Toutefois, les statuts d'une SARL peuvent stipuler qu'en cas de décès d'un associé la société continuera avec un ou tous ses héritiers ou seulement avec les associés survivants ou encore avec la personne désignée par voie testamentaire (C. com., art. L. 223-13) ; lorsque l'agrément a été refusé à l'héritier, celui-ci a droit à la valeur des droits sociaux. Par ailleurs, les statuts peuvent stipuler que la société continuera, soit avec le conjoint survivant, soit avec un ou plusieurs des héritiers, soit avec toute personne désignée par les statuts ou, si ceux-ci l'autorisent, par dispositions testamentaires.

B - De la structure sociétaire

1) *La transformation de la société*

La transformation nécessite que la société remplisse, lorsqu'elles existent, les conditions spéciales de la structure d'accueil. Par ailleurs, elle doit emprunter un formalisme complexe, exigé à peine de nullité de la transformation. Ainsi, lorsque la SARL souhaite se transformer en une des formes de sociétés par actions (SA, SCA ou SAS), elle doit charger un ou plusieurs commissaires à la transformation d'apprécier sous leur responsabilité la valeur des biens composant son actif social et les éventuels avantages particuliers, obligation écartée lorsque la SARL dispose déjà d'un commissaire aux comptes (C. com., art. L. 224-3). Dans ce cas, comme dans les autres, la décision de transformation doit être précédée d'un rapport du commissaire aux comptes sur la situation de la société (C. com., art. L. 223-43, al. 3).

Quant à la décision de transformation elle-même, elle est du ressort des associés qui doivent se prononcer dans les conditions requises par l'article L. 223-30 du Code de commerce, la transformation impliquant une modification des statuts. Toutefois, il existe deux exceptions : d'une part, la transformation d'une SARL en une société à risque illimité (SNC, SCS et SCA pour les commandités) ou en SAS (C. com., art. L. 227-3) exige l'accord unanime des associés et, d'autre part, la transformation d'une SARL en SA peut se faire à la majorité simple lorsque les capitaux propres de la société excèdent 750 000 euros (C. com., art. L. 223-43, al. 1 et 2).

2) *La dissolution de la société*

La dissolution de la SARL peut intervenir pour les causes de droit commun (C. civ., art. 1844-7) ainsi que pour quelques causes spécifiques tel le dépassement du nombre de 100 associés pendant plus de deux ans (C. com., art. L. 223-3). En revanche, le décès d'un associé, son incapacité, l'interdiction de gérer qui le frapperait comme la faillite personnelle ou un jugement de liquidation judiciaire n'entraîne, sauf stipulation statutaire contraire, sa dissolution (C. com., art. L. 223-41), pas plus que la réunion de toutes les parts sociales en une seule main (C. com., art. L. 223-4). Relevons, enfin, que la dissolution peut aussi être décidée lorsque, du fait des pertes constatées, les capitaux propres deviennent inférieurs à la moitié du capital social, à moins que les associés ne décident de procéder à une réduction de capital (C. com., art. L. 223-42).

BIBLIOGRAPHIE

BOSQUET-DENIS (J.-B.), « La protection de l'associé contre le gérant statutaire et égalitaire d'une SARL », *Rev. sociétés*, 1993, p. 751.

BOUCOURECHLIEV (J.), « De natura SARL », *in Mélanges A. Sayag*, Litec, 1997.

BROCARD (E.), « De l'utilité de constituer une SARL ? », *Rev. sociétés* 2004, p. 825.

LE CANNU (P.), « Les apports à une SARL et la libération du capital des sociétés à capital variable », *Rev. sociétés*, 2001, p. 633.

CHAPITRE 10

L'entreprise unipersonnelle à responsabilité limitée (EURL)

L'Entreprise unipersonnelle à responsabilité limitée (EURL) a été introduite en France par la loi n° 85-697 du 11 juillet 1985 sur le modèle de la *Einman GMbH* de droit allemand. C'était la première traduction dans notre droit de la société unipersonnelle. Depuis lors, le modèle a essaimé puisque l'EURL a été adaptée dans le domaine agricole (EARL) ainsi que dans le domaine libéral (SELARL).

L'EURL permet à tous ceux qui exercent une activité indépendante à titre personnel (commerçant, artisan, agriculteur, par exemple) de continuer à exercer cette même activité tout en limitant, du moins théoriquement, leur responsabilité en cas de défaillance économique de l'activité.

Au plan du droit strict, l'EURL est une forme de SARL (C. com., art. L. 223-1). Aussi, les règles de cette dernière lui sont applicables sous réserve des spécificités que nous allons présenter.

1 • CONSTITUTION

L'EURL peut être créée de deux façons :

- soit, *ex nihilo* (*ab initio*) du fait de la volonté d'une personne de créer une telle structure ;
- soit du fait de la réunion de toutes les parts d'une SARL entre les mains d'un seul associé puisque, dans cette hypothèse, l'associé devenu unique a le choix entre maintenir la société qui devient alors automatiquement une EURL ou dissoudre cette même société (C. com., art. L. 223-4 ; C. civ., art. 1844-5 – cf. *supra*, Chapitre 3).

L'associé unique peut être une personne morale comme une personne physique. Seule une capacité civile est requise de lui (un mineur même non émancipé, par exemple).

On relèvera qu'une même personne, physique ou morale, peut être l'associé unique de plusieurs EURL mais qu'en aucun cas une EURL ne peut avoir pour associé une autre

EURL (C. com., art. L. 223-5, al. 1er). À défaut de respecter cette règle, tout intéressé peut demander la dissolution de la société.

Le capital social, pour lequel aucun minimum légal n'est désormais plus exigé (C. com., art. L. 223-2, mod. L. 1er août 2003) sera constitué d'apport en numéraire et/ou en nature. Les apports en numéraire seront souscrits et libérés dans les mêmes conditions que dans les SARL (C. com., art. L. 223-7 – cf. *supra*, Chapitre 9). Les apports en nature devront faire l'objet d'une évaluation dans les conditions fixées à l'article L. 223-9 du Code de commerce.

Les apports en industrie sont admis depuis la loi NRE du 15 mai 2001 mais ils ne concourent pas à la formation du capital social.

Les formalités de constitution sont les mêmes que pour les SARL (cf. *supra*, Chapitre 9).

Toutefois, la loi de Modernisation de l'Économie du 4 août 2008 a prévu l'abrogation de la formalité d'insertion au *BODACC* des immatriculations et des modifications statutaires. Elle sera abrogée pour les SARL dont l'associé unique, personne physique, est aussi le gérant de la société (C. com., art. L. 223-1, al. 3 nouv.).

Il existe aujourd'hui un modèle légal de statut pour les EURL dont l'associé unique est également gérant de la société (Annexe 2, sous art. R. 223-2, C. com.) ; ce modèle jusqu'alors simplement proposé aux fondateurs par les CFE est devenu obligatoire à l'occasion de l'adoption de la loi n° 2008-776 du 4 août 2008 dite de Modernisation de l'Économie, à moins que, lors de sa demande d'immatriculation, l'intéressé ne produise d'autres statuts.

La dénomination sociale de l'EURL est précédée ou suivie des mots « société à responsabilité limitée » ou des initiales « SARL » et de l'énonciation du montant du capital social (C. com., art. 223-1, al. 3).

2 • ORGANISATION

C'est sur ce plan que l'originalité de l'EURL se révèle.

A - Le dirigeant

Le gérant peut être l'associé unique ou un tiers. Ce second cas sera même la règle lorsque l'associé unique ne pourra être gérant parce que c'est une personne morale, c'est un mineur, c'est un majeur incapable ou frappé d'une mesure de déchéance ou d'interdiction.

Il est nommé dans les statuts ou par une décision postérieure de l'associé unique.

Le gérant associé est irrévocable. Le gérant non associé est révocable par l'associé unique. S'il est révoqué sans justes motifs il peut prétendre obtenir des dommages et intérêts.

Les pouvoirs du gérant unique sont les mêmes que ceux des gérants de SARL (C. com., art. L. 223-18 – cf. *supra*, Chapitre 9).

Ses responsabilités sont les mêmes que celles qui pèsent sur les gérants d'une SARL (cf. *supra*, Chapitre 9).

B - L'associé unique

L'associé unique exerce les prérogatives dévolues à l'assemblée des associés de la SARL (C. com., art. L. 223-1, al. 2). Naturellement, les règles relatives à la tenue des assemblées (convocation, vote et majorité) ne trouvent pas à s'appliquer (C. com., art. L. 223-31).

Il lui revient, en particulier, d'approuver les comptes de l'exercice, le cas échéant, après rapport du commissaire aux comptes, dans les six mois de la clôture de l'exercice. Aussi, il revient au gérant, qu'il soit ou non l'associé unique, d'établir et de présenter un rapport de gestion, un inventaire et les comptes annuels. Depuis la loi du 2 août 2005, il est prévu que lorsque l'associé unique est aussi le gérant de la société, le dépôt au RCS du rapport de gestion, de l'inventaire et des comptes annuels vaut approbation des comptes.

Les décisions prises par l'associé unique en lieu et place de l'assemblée sont répertoriées dans un registre, à peine de nullité.

Lorsque la gérance est exercée par un tiers, l'associé unique bénéficie du même droit à l'information que les associés des SARL pluripersonnelles.

Par ailleurs, il revient à l'associé unique de respecter la réglementation relative aux conventions interdites et réglementées (C. com., art. L. 223-19, 223-20 et 223-21). On soulignera une originalité toutefois : lorsque la convention est passée avec l'associé unique et que la société ne comprend pas de commissaire aux comptes il est seulement fait mention de la convention dans le registre dédié normalement aux délibérations sociales (C. com., art. L. 223-19, al. 3).

3 • MUTATIONS

A - Des parts sociales

L'associé unique peut céder ses parts sociales. La cession n'est pas soumise à la procédure d'agrément. En revanche, doivent être respectées les conditions de forme : rédaction d'un écrit, respect des formalités de l'article L. 223-14 alinéa 1er pour rendre la cession opposable à la société à laquelle il convient d'ajouter la publicité au RCS pour la rendre opposable aux tiers.

En cas de décès de l'associé unique, ses parts sont transmises à ses héritiers : en cas de pluralité d'héritiers, l'EURL devient une SARL pluripersonnelle.

B - De la structure sociétaire

La transformation de l'EURL peut résulter soit d'une décision de l'associé unique d'adopter une autre forme sociale (la SASU, par exemple), soit de l'acquisition ou de la souscription de parts des tiers, suite à une cession ou une augmentation de capital social, faisant devenir l'EURL une SARL pluripersonnelle qui, ensuite, se transformera en une société d'une autre forme.

La dissolution de l'EURL répond aux mêmes hypothèses que celles prévues pour une SARL. On relèvera seulement que l'article 1844-5 du Code civil traite différemment les effets de la dissolution de l'EURL selon que l'associé unique est une personne morale (transmission universelle du patrimoine de la société à son associé) ou une personne physique (liquidation).

BIBLIOGRAPHIE

BAILLY-MASSON (C.), « Les aménagements à envisager pour rendre l'EURL plus attractive », *LPA*, 19 juin 2000, p. 6.

BROCARD (E.), « De l'utilité de constituer une SARL ? », *Rev. sociétés* 2004, p. 825.

CHAPUT (Y.) et LEVI (A.), *L'EURL, Droit, pratique et perspectives*, CREDA, Litec, 2003.

LECOURT (A.), « Le nouveau régime de la transmission des parts sociales de la SARL suite au décès d'un associé », *Dr. sociétés*, avril 2005, p. 7.

PAILLUSSEAU (J.), « L'EURL ou des intérêts pratiques et des conséquences théoriques de la société unipersonnelle », *JCP* 1986, I, 3242.

SERLOOTEN (P.), « L'intérêt pratique de l'EURL : une structure d'entreprise à géométrie variable », *Bull. Joly Sociétés* 1994, p. 1173.

CHAPITRE 11

La société anonyme (SA)

La Société anonyme est, au terme de l'article L. 225-1 du Code de commerce, la société qui comporte au moins sept associés qui ne supportent les pertes sociales qu'à concurrence de leurs apports (responsabilité limitée) et dont le capital est divisé en actions.

La SA est la forme sociale des grandes sociétés, aux intérêts internes multiples, divers, parfois mêmes divergents, même si nombre d'entrepreneurs l'ont autrefois adoptée pour des raisons tenant au statut fiscal et social de ses dirigeants. L'avancée de la neutralité en ces domaines couplés à l'apparition de forme sociale plus souple telle la SAS devrait réduire les hypothèses de recours à cette forme sociale qui se présente toujours davantage, réforme après réforme, comme la société qui peut offrir ses titres de financement au public et qui peut être cotée, qui peut en demander l'admission à la négociation sur un marché réglementé, qui peut émettre des valeurs mobilières diverses et originales, qui accueille les très grandes entreprises inscrites dans l'environnement concurrentiel mondial. C'est la raison pour laquelle la réglementation la concernant est extrêmement dense, minutieuse, fouillée, développée parfois même jusqu'à l'excès.

Ce sont aussi les SA cotées qui constituent le décor des réflexions nombreuses sur la Corporate governance.

Les SA sont spécialement régies par les articles L. 225-1 à L. 225-257 du Code de commerce. Quant aux valeurs mobilières que peuvent émettre ces sociétés, elles font l'objet des articles L. 228-1 à L. 228-97 du même code.

1 • CONSTITUTION

A - Les conditions de fond

Les associés : ils doivent être au minimum sept (C. com., art. L. 225-1) : des projets laissent présager d'une probable introduction de la SA unipersonnelle à très court terme dans le droit positif français. Les associés sont des personnes physiques ou morales, qui prennent la qualité et l'intitulé d'actionnaires. Seule la capacité civile est exigée des associés.

Les apports (C. com., art. L. 225-3) : les apports en industrie sont interdits (ils sont insaisissables). Aussi, seuls les apports en numéraire et en nature sont permis.

Les actions de numéraire doivent être libérées de la moitié au moins de leur valeur nominale, lors de la souscription. Le solde doit être libéré dans les 5 ans suivant l'immatriculation de la société au RCS à la demande du conseil d'administration ou du directoire, selon le cas, en une ou plusieurs fois. Souvent, les premiers dividendes permettent cette libération par voie de compensation.

Les actions émises en représentation d'apports en nature doivent, quant à elles, être obligatoirement libérées lors de leur émission et font, de surcroît, l'objet d'une évaluation par un commissaire aux apports désigné par le président du tribunal de commerce à la demande des fondateurs ou de l'un d'entre eux (C. com., art. L. 225-8 et L. 225-12). Les associés peuvent retenir la valorisation préconisée par le ou les commissaires aux apports ou s'en écarter, soit pour la réduire (mais uniquement à l'unanimité), soit pour l'augmenter (mais ils courent alors le risque d'être poursuivis pour majoration frauduleuse – C. com., art. L. 242-2, 4°). Dans tous les cas, l'apporteur du bien en nature comme le bénéficiaire des avantages particulier ne prend pas part au vote pour éviter les conflits d'intérêts (C. com., art. L. 225-10). Pour éviter les tentatives de contournement de la règle par le biais d'une vente d'un bien par une personne à la société avant que cette personne ne devienne associée et qu'elle libère ses actions par compensation avec la créance de prix qu'elle a sur la société, l'article L. 225-101 du Code de commerce impose, lorsque la valeur du bien est au moins égale au dixième du capital social, le recours aux offices d'un commissaire aux apports pour en apprécier la valeur réelle.

Le capital social : celui-ci doit être intégralement souscrit lors de la constitution. Il ne peut être stipulé variable (C. com., art. L. 231-1), à l'exception des coopératives et des SICAV. Son montant doit être de 37 000 euros (C. com., art. L. 224-2, mod. Ordonnance n° 2009-80 du 22 janvier 2009) ; lorsque la société désire demander l'admission de ses titres à la négociation sur un marché réglementé, c'est dorénavant à l'opérateur de marché, à la société qui gère le marché, à qui il reviendra d'exiger des conditions particulières en matière de capital social. La mention du montant du capital social doit apparaître sur tous les documents sociaux destinés aux tiers (C. com., art. L. 224-1).

B - Les conditions de forme

On rappellera, à titre liminaire, que les statuts doivent contenir un certain nombre de mentions fixées aux articles L. 210-2 du Code de commerce et R. 224-2 : durée de la société, dénomination sociale, siège social, objet social, montant du capital social, le nombre d'actions émises, forme (nominative ou au porteur) des actions, restrictions à la libre négociation des actions, identité des apporteurs en nature et des bénéficiaires des avantages particuliers, valeur des apports en nature et des avantages particuliers, composition, fonctionnement et pouvoirs des divers organes sociaux, répartition des bénéfices et identité des personnes ayant signé les statuts ou le projet de statuts.

Pour le reste, il convient ici de distinguer selon que la société fait ou non offre au public de ses titres.

1) La constitution avec offre au public

Au terme de l'article L. 411-1 du Code monétaire et financier, tel que modifié par l'ordonnance n° 2009-80 du 22 janvier 2009, l'offre au public est constituée par l'une des deux opérations suivantes : soit, une communication adressée sous quelque forme et par quelque moyen que ce soit à des personnes et présentant une information suffisante sur les conditions de l'offre et sur les titres à offrir, de manière à mettre un investisseur en mesure de décider d'acheter ou de souscrire ces titres financiers, soit un placement de titres financiers par des intermédiaires financiers.

Cette modalité de constitution est extrêmement rare.

Lorsqu'une société procède à l'une ou l'autre de ces deux opérations au stade de sa constitution elle doit (C. com., art. L. 225-2 à 225-11) :

- faire établir par ses fondateurs un projet de statuts qui doit être déposé au greffe du tribunal de commerce où il peut être consulté ;
- rédiger une notice d'information devant permettre aux éventuels souscripteurs de prendre connaissance, par le biais d'une publication au *BALO*, des principales caractéristiques de la société ;
- rédiger également une note d'information qui sera visée par l'Autorité des marchés financiers (AMF) ;
- établir des bulletins de souscription des actions en numéraire qui seront remis aux apporteurs ;
- déposer les fonds et la liste des souscripteurs dans une banque, chez un notaire, à la Caisse des Dépôts et Consignations ou encore chez un prestataire de services habilité ;
- enfin, convoquer une assemblée générale constitutive statuant aux conditions de *quorum* et de majorité d'une AGE qui devra, tout d'abord, constater que le capital (225 000 €) est entièrement souscrit et que les actions sont libérées jusqu'à présent du montant exigible qui sera dorénavant fixé par l'entreprise de marché, ensuite, adopter les statuts ainsi que nommer les premiers dirigeants et les premiers commissaires aux comptes, approuver les actes accomplis pour le compte de la société en formation et, enfin, statuer sur l'évaluation des apports en nature ou la stipulation d'avantages particuliers.

2) *La constitution sans offre au public*

Dans cette hypothèse, la procédure est allégée (C. com., art. L. 225-12). En effet, il n'est pas nécessaire d'établir un projet de statut même si en pratique il y est recouru, ni d'établir des bulletins de souscription. Il n'est pas nécessaire de convoquer une assemblée constitutive.

Les statuts doivent être signés par les associés et déposés au greffe ainsi que l'acte de nomination des organes d'administration, de surveillance et de contrôle.

Dans tous les cas, la constitution de la SA requiert des formalités de publicité : enregistrement à la recette des impôts, insertion d'un avis de constitution dans un *JAL*, dépôt au greffe des statuts, immatriculation au RCS, publicité au *BODACC* (cf. *supra*, Chapitre 3).

Relevons qu'aucune des conditions de forme n'est sanctionnée de la nullité de la société. Celle-ci ne peut résulter que de l'illicéité de l'objet social (qui peut cependant être confirmée) ou de l'incapacité mais à la condition qu'elle atteigne tous les associés fondateurs. Elle peut aussi être prononcée en présence d'une société fictive ou frauduleuse (cf. *supra*, Chapitre 3) : les fondateurs de la société annulée peuvent être déclarés solidairement responsables du dommage résultant pour les actionnaires ou pour les tiers de l'annulation de la société (C. com., art. L. 225-249). Par ailleurs, plusieurs sanctions pénales (amendes) viennent sanctionner les erreurs et irrégularités de la constitution (C. com., art. L. 242-1 et 242-2).

2 • ORGANISATION INTERNE

A - Les dirigeants

La loi a prévu deux modes d'administration de la société anonyme. L'une avec un conseil d'administration et un président-directeur général, l'autre, d'inspiration allemande, avec un directoire et un conseil de surveillance. L'adoption de l'une ou l'autre de ces formes d'administration à l'origine de la société ou en cours de vie sociale relève du pouvoir souverain des associés (C. com., art. L. 225-57).

1) SA à conseil d'administration ou monocéphale

La direction des SA monocéphale peut emprunter deux voies : soit une direction générale confiée au président du conseil d'administration qui dans ce cas prend le titre de PDG et qui assume seul tant la direction générale de la société (agit au nom et pour le compte de la société et la représente) que la présidence du conseil, soit une direction générale dissociée avec des prérogatives attribuées respectivement à deux personnes différentes, l'une dirigeant la société, l'autre représentant le conseil (C. com., art. L. 225-51-1).

a) Conseil d'administration

1. Nombre d'administrateurs

Le conseil d'administration est composé de trois membres au moins. Les statuts fixent le nombre maximum d'administrateurs qui ne peuvent toutefois dépasser le nombre de dix-huit (C. com., art. L. 225-17), sauf en présence de certains événements (par exemple, une fusion qui permet de porter le seuil de 18 à 24 pendant un délai qui ne peut dépasser trois années – C. com., art. L. 225-95), sans qu'il soit tenu compte des administrateurs représentant les salariés actionnaires (C. com., art. L. 225-23) ni de ceux qui sont élus par les salariés (C. com., art. L. 225-27).

2. Qualités requises des administrateurs

Les administrateurs sont des personnes physiques ou morales. Dans ce second cas, elles sont tenues de désigner un représentant permanent qui est soumis aux mêmes conditions et obligations et qui encourt les mêmes responsabilités que s'il était administrateur en nom propre (C. com., art. L. 225-20). Si chaque administrateur devait être jusqu'à présent propriétaire d'une ou plusieurs actions de la société dont le nombre devait être fixé par les statuts, depuis la loi de Modernisation de l'Économie n° 2008-776 du 4 août 2008 c'est une simple modalité qui peut ou ne pas être prévue par les statuts (C. com., art. L. 225-25 nouv., applicable à compter du 1er janvier 2009). Si, au jour de sa nomination, un administrateur n'est pas propriétaire du nombre d'actions requis ou si, en cours de mandat, il cesse d'en être propriétaire, il est réputé démissionnaire d'office s'il n'a pas régularisé sa situation dans le délai de six mois, lorsque cette condition de possession est imposée par les statuts. Relevons que la condition de propriété peut être obtenue au moyen d'une cession comme par le biais d'un prêt de consommation qui transfère la propriété de la chose à l'emprunteur pendant le temps du prêt (C. civ., art. 1892 et 1893).

Par ailleurs, les administrateurs doivent respecter certaines conditions d'âge. Si l'on ne conçoit pas qu'un mineur non émancipé puisse administrer une SA, la loi interdit que plus du tiers des administrateurs aient dépassé l'âge de soixante-dix ans (C. com., art. L. 225-19). Toute nomination intervenue en violation de cette règle est nulle et le dépassement de ce seuil entraîne la démission d'office de l'administrateur le plus âgé. Toutefois, les statuts, qui doivent se prononcer sur l'âge des administrateurs, peuvent adopter d'autres règles. Relevons que les statuts peuvent exiger d'autres qualités ou titres de leurs administrateurs.

En outre, un salarié peut être nommé administrateur, sans perdre le bénéfice de son contrat de travail, dès lors que celui-ci correspond à un emploi effectif. Toutefois, le nombre d'administrateurs liés à la société avec un contrat de travail ne peut dépasser le tiers des administrateurs en fonction. Toute nomination intervenue en violation de ces règles est nulle sans que cette nullité n'entache les délibérations auxquelles la personne concernée a pris part (C. com., art. L. 225-22). Pendant le temps du mandat, le contrat de travail se trouve suspendu en l'absence de convention contraire stipulant expressément son maintien (Cass. soc., 21 juin 1994 : *Rev. sociétés* 1995, p. 59, note P. Petit : Cass. soc., 15 mars 2000 : *JCP* G 2000, II, 10346, note P. Petit) ; il a donc vocation à reprendre son cours normal à la date de cessation des fonctions d'administrateur sauf si le licenciement du salarié intervient.

En revanche, un administrateur en place ne saurait, par combinaison des articles L. 225-44 et 225-22 du Code de commerce, se faire octroyer un contrat de travail de la société qu'il dirige sous peine de nullité absolue du contrat (Cass. com., 26 janvier 1999 : *Bull. Joly Sociétés* 1999, p. 657, note Th. Granier : CA Paris, 29 juin 2001 : *Bull. Joly Sociétés* 2001, p. 1135, note P. Le Cannu pour une application de la règle à la période de formation de la société). La nullité du contrat entraîne l'obligation de restituer les sommes perçues à ce titre.

Enfin, les administrateurs doivent consacrer du temps à leur fonction qui s'est considérablement complexifiée ces dernières années. Pour s'en assurer, il est prévu qu'une même personne physique ne saurait exercer simultanément plus de cinq mandats d'administrateur de sociétés anonymes ayant leur siège sur le territoire français (C. com., art. L. 225-21). Deux séries de remarques doivent être ici faites : d'une part, quant au champ d'application de ce texte ; ne sont, en effet, pas visés les mandats exercés dans les sociétés anonymes étrangères ni ceux détenus par des personnes morales pour ne pas entraver la libre constitution de groupes de sociétés. D'autre part, un certain nombre de dérogations sont prévues. Ainsi, les mandats d'administrateurs qui sont exercés dans les sociétés qui sont contrôlées, au sens de l'article L. 233-16 du Code de commerce, par la société dans laquelle est exercé le mandat d'administrateur qui permet le cumul, ne sont pas pris en compte. De plus, les mandats d'administrateur exercés dans les filiales non cotées et contrôlées au sens de l'article L. 233-16 du Code de commerce (cas des sociétés sœurs) ne comptent que pour un seul mandat, sous réserve que le nombre de mandats détenus à ce titre n'excède pas cinq. Un plafond global de cinq mandats est à l'œuvre qui comporte lui-même un certain nombre de dérogations (C. com., art. L. 225-94-1).

Toute personne qui se trouve en infraction avec la réglementation relative au cumul des mandats doit se démettre de l'un de ses mandats dans les trois mois de sa nomination ou du mandat en cause dans les trois mois suivant l'événement ayant entraîné la disparition de l'une des conditions autorisant jusqu'alors le cumul. À l'expiration de ce délai de trois mois, elle est réputée démissionnaire d'office et doit restituer les sommes perçues à ce titre sans que puissent être remises en cause, de ce seul fait, les délibérations auxquelles elle a pris part.

3. Nomination et cessation des fonctions

Les premiers administrateurs sont nommés dans les statuts lorsque la société ne fait pas offre au public de ses titres (C. com., art. L. 225-16) et par l'assemblée constitutive dans celles qui font offre au public (C. com., art. L. 225-18). Les premiers sont nommés pour trois ans et les seconds pour six.

En cours de vie sociale, les administrateurs sont normalement nommés par l'assemblée générale ordinaire des associés. La durée de leur mandat est alors déterminée par les statuts sans pouvoir excéder six ans (C. com., art. L. 225-18). Le mandat est renouvelable dans les conditions fixées dans les statuts.

En cas de vacance d'un poste d'administrateur pour cause de décès ou de démission en cours de vie sociale, il est permis de procéder à la cooptation d'un ou plusieurs administrateurs nouveaux à la seule diligence du conseil d'administration, son choix devant cependant être ratifié par la prochaine assemblée. Trois situations doivent être examinées :

- si le nombre d'administrateurs est inférieur au minimum légal, les administrateurs restants doivent convoquer l'assemblée en vue de compléter l'effectif ;
- si le nombre d'administrateurs est inférieur au minimum statutaire mais supérieur au minimum légal, les administrateurs restants doivent procéder à une nomination provisoire ;
- si, enfin, le nombre d'administrateurs demeure supérieur au minimum statutaire en dépit du décès ou de la démission, le conseil peut, soit coopter un nouvel administrateur dont la nomination devra être ratifiée par la prochaine assemblée, soit attendre cette assemblée pour procéder à la nomination d'un nouvel administrateur.

Dans les deux premiers cas, si le conseil est négligent, tout intéressé peut demander en justice la désignation d'un mandataire chargé de convoquer l'assemblée générale afin de procéder aux nominations.

Les fonctions d'administrateur prennent fin pour diverses causes : arrivée du terme du mandat, atteinte de la limite d'âge, décès, transformation ou dissolution de la société, la démission ou, enfin, la révocation. S'agissant de la démission, celle-ci est marquée du sceau de la liberté : l'administrateur peut démissionner quand bon lui semble pour quelque motif que ce soit même si une éventuelle condamnation n'est pas exclue s'il démissionne sans respecter les formes prescrites par les statuts ou encore s'il démissionne à contretemps, dans l'intention de nuire avec une publicité intempestive. S'agissant de la révocation des administrateurs, c'est une hypothèse de révocation *ad nutum* (cf. *supra*, Chapitre 3).

4. Statut des administrateurs

Les administrateurs disposent de droits mais aussi d'obligations. En contrepartie de leur mission, ils peuvent être rémunérés.

Le principal droit dont jouissent les administrateurs à titre individuel est le droit à l'information. D'origine jurisprudentielle (Cass. com., 2 juillet 1985, *aff. Cointreau* : *Rev. sociétés* 1996, p. 231, note P. Le Cannu), ce droit fait désormais l'objet d'une consécration légale. L'article L. 225-35 du Code de commerce dispose, en effet, que chaque administrateur reçoit toutes les informations nécessaires à l'accomplissement de sa mission et peut se faire communiquer tous les documents qu'il estime utiles. La loi Sécurité financière du 1er août 2003 a précisé qu'il revient au président ou au directeur général de la société de communiquer à chaque administrateur les documents et informations nécessaires à l'accomplissement de sa mission.

En contrepartie de leurs pouvoirs collégiaux et individuels, diverses obligations pèsent sur les administrateurs :

- discrétion relativement aux informations présentant un caractère confidentiel et donné comme tel par le président du conseil d'administration ;
- s'abstenir d'utiliser ces mêmes informations à des fins personnelles, par exemple, en achetant ou vendant des actions de la société en bourse avant que ne soit révélée une information qui va avoir une incidence sur le cours de l'action (d'ailleurs, pour faciliter le travail d'enquête, obligation est désormais faite aux sociétés cotées d'informer l'AMF et de rendre public sans délai les acquisitions, cessions, souscriptions ou échanges de titres réalisés par les dirigeants de la société – C. mon. fin., art. L. 621-18-2 et 621-18-3, introd. L. 1er août 2003) ;
- ne pas se livrer à une concurrence déloyale envers la société à laquelle ils participent ou ont participé, d'exercer leur mission avec diligence et loyauté.

Enfin, les administrateurs peuvent être rémunérés. L'assemblée générale peut, en effet, allouer aux administrateurs en rémunération de leur activité, à titre de jetons de présence, une somme fixe annuelle que cette assemblée détermine sans être liée par des dispositions statutaires ou des décisions antérieures (C. com., art. L. 225-45).

La répartition de cette somme globale entre les administrateurs relève de la seule compétence du conseil d'administration. Il est prévu qu'il peut être alloué, par le conseil d'administration, des rémunérations exceptionnelles pour les missions ou mandats confiés à des administrateurs (C. com., art. L. 225-46). Enfin, il est généralement convenu que la société mette à la disposition de ses administrateurs, ou de certains d'entre eux seulement, pour le temps de leur fonction mais aussi après celle-ci, un certain nombre d'avantages (voiture, chauffeur, bureau...). Ils peuvent aussi obtenir le remboursement de certains frais et une rémunération spéciale lorsque leur sont confiées des missions particulières.

Relevons que le rapport annuel de gestion prévu à l'article L. 225-102-1 du Code de commerce et présenté à l'AGO doit mentionner la rémunération totale et les avantages de toute nature versés (y compris sous forme d'attribution de titres), durant l'exercice, à chaque mandataire social par la société qu'il dirige mais aussi par celles qui sont contrôlées par celle qu'il dirige. La loi Sécurité financières du 1er août 2003 a cependant restreint le champ d'application de cette mesure aux seules sociétés cotées. La loi no 2005-842 du 26 juillet 2005 oblige, quant à elle, à distinguer, dans le rapport de gestion annuel, les éléments fixes, variables et exceptionnels et à renseigner sur les engagements de toute nature pris par la société envers ses administrateurs à l'occasion de la prise, de la cessation ou du changement de fonctions. Par ailleurs, dans toutes les SA, les actionnaires doivent connaître le montant global, certifié exact par les commissaires aux comptes, des rémunérations versées aux 5 à 10 personnes les mieux rémunérées par la société (C. com., art. L. 225-115).

5. Fonctionnement du conseil

Les règles relatives à la convocation (fréquence notamment) et à la délibération du conseil relèvent de la liberté statutaire.

L'initiative de la convocation du conseil appartient normalement à son président (C. com., art. L. 225-51) mais elle peut aussi intervenir à la demande du tiers des administrateurs lorsque le conseil n'a pas été réuni depuis plus de deux mois ou à celle du directeur général de la société (C. com., art. L. 225-36). Dans ces deux hypothèses le président est lié par les demandes qui lui sont adressées.

Les administrateurs sont convoqués individuellement aux réunions du conseil ; doivent aussi être convoqués deux membres du comité d'entreprises avec voix consultative (C. trav., art. L. 2323-62 dont le non-respect est constitutif du délit d'entrave) et le commissaire aux comptes à toutes les réunions du conseil qui examinent ou arrêtent les comptes annuels ou intermédiaires (C. com., art. L. 823-17, mod. L. 1er août 2003).

Le conseil ne délibère valablement que si la moitié au moins de ses membres sont présents, toute clause contraire étant réputée non-écrite (C. com., art. L. 225-37). Il statue à la majorité simple des membres présents ou représentés sachant que chaque administrateur dispose d'une seule voix, peu importe sa participation au capital social. Les statuts peuvent cependant retenir une majorité plus forte. Sauf clause contraire des statuts, la voix du président est prépondérante en cas de partage des voix.

Relevons que depuis la loi NRE du 15 mai 2001, si les statuts ne l'interdisent pas expressément, le règlement intérieur de la société peut prévoir que les administrateurs participant aux réunions du conseil par des moyens de visioconférence sont réputés présents et, en conséquence, sont pris en compte pour le calcul du quorum et de la majorité. Toutefois, cette faculté n'est pas admise pour certaines décisions jugées importantes telle l'élaboration des comptes annuels, des comptes consolidés et des rapports de gestion (mod. L. n° 2005-842 du 26 juillet 2005).

Le non-respect des règles de convocation et de tenue des réunions du conseil peut être sanctionné de la nullité des décisions qui y sont prises.

6. Pouvoirs du conseil

Au terme de l'article L. 225-35 du Code de commerce, le conseil d'administration détermine les orientations de l'activité de la société et veille à leur mise en œuvre. Il peut se saisir de toute question intéressant la bonne marche de la société et règle, par ses délibérations, les affaires qui la concernent. Il procède aux contrôles et aux vérifications qu'il juge opportuns.

Ces pouvoirs généraux ne font cependant pas du conseil un organe omnipotent. En effet, plusieurs limites doivent être respectées :

– il ne saurait, en vertu du principe de la hiérarchie et de la spécialisation des organes sociaux (Cass. civ., 4 juin 1946, *aff. Motte* : *JCP* 1947, II3518, note D. Bastian)

empiéter, à peine de nullité de son acte, sur les pouvoirs expressément attribués aux assemblées ;
- il ne saurait agir en dehors de l'objet social ou au-delà des limites statutaires qui lui ont été assignées sans encourir une mise en cause de sa responsabilité, encore que pour protéger les tiers de bonne foi les actes du conseil qui ne relèvent pas de l'objet social ou qui dépassent les limites statutaires n'en engagent pas moins valablement la société.

À côté de ces pouvoirs généraux, le conseil d'administration dispose de prérogatives spéciales :
- nommer et révoquer le président du conseil (C. com., art. L. 225-47) ainsi que le directeur général (C. com., art. L. 225-51-1) et les directeurs généraux délégués (C. com., art. L. 225-53) dont ils fixent la rémunération ;
- autoriser les conventions réglementées conclues entre les dirigeants et la société (C. com., art. L. 225-38) ;
- convoquer les assemblées (C. com., art. L. 225-103) ;
- établir les comptes sociaux (C. com., art. L. 232-1) et proposer l'affectation du résultat social de l'exercice écoulé ;
- rédiger un rapport de gestion écrit dont le contenu ne cesse d'augmenter notamment dans les sociétés cotées (C. com., art. L. 225-102 et 225-102-1), ainsi que rédiger des rapports spéciaux à l'occasion de certaines opérations (par exemple, augmentation de capital, réduction de capital, fusion, émission de valeurs mobilières composées) ;
- autoriser, dans les sociétés qui n'exploitent pas d'établissement bancaire ou financier, les cautions, avals et garanties (y compris les lettres d'intention) données au profit de tiers par les dirigeants au nom de la société à d'autres tiers qui, lorsque l'autorisation fait défaut ou lorsque la garantie donnée dépasse les plafonds, globaux ou particuliers pour chaque type de garantie, sont inopposables à la société (C. com., art. L. 225-35) sans que la responsabilité du dirigeant fautif puisse être pour l'instant recherchée étant donné que sa faute n'est pas détachable de ses fonctions ;
- établir et vérifier, dans les sociétés cotées, la satisfaction des critères de performance auxquels doivent satisfaire les compléments de rémunération versés aux autres mandataires sociaux (C. com., art. L. 225-42-1, al. 4) ;
- décider du déplacement du siège social dans le même département ou dans un département limitrophe, sous réserve de ratification de cette décision par la prochaine assemblée ordinaire (C. com., art. L. 225-36) ;
- décider seul l'émission d'emprunts obligataires, sauf si ce pouvoir est réservé statutairement à l'assemblée ou qu'elle décide de l'exercer (C. com., art. L. 228-40).

7. Responsabilités

Au plan civil, les administrateurs sont responsables, individuellement ou solidairement selon le cas, envers la société ou les tiers, soit des infractions aux dispositions législatives ou réglementaires applicables aux sociétés anonymes, soit des violations des statuts, soit des fautes commises dans leur gestion.

L'action individuelle est recevable lorsqu'elle est intentée par un tiers ou un actionnaire qui a subi un préjudice personnel. L'action sociale peut être diligentée par la société, soit par le biais de ses organes légaux de représentation (action *ut universi*), soit par des actionnaires (action *ut singuli*) représentant au moins le vingtième (5 %) du capital social (C. com., art. L. 225-252 et R. 225-169). Aucune clause statutaire ni vote de l'assemblée (*quitus*) ne saurait subordonner l'exercice de l'action sociale à une autorisation préalable d'un autre organe social ni éteindre cette action (C. com., art. L. 225-253).

L'action se prescrit par trois ans à compter du fait dommageable ou de la révélation des faits s'ils ont été dissimulés (C. com., art. L. 225-254).

Ils encourent une mise en cause de leur responsabilité civile dans le cadre d'une procédure collective lorsqu'il apparaît que des fautes de gestion sont à l'origine de l'insuffisance d'actifs qui obère la situation de la société (C. com., art. L. 651-2 et L. 652-1).

Les administrateurs encourent également une mise en cause de leur responsabilité pénale, soit sur le fondement d'infractions relevant du droit commun (escroquerie, abus de confiance, par exemple), soit sur le fondement de textes spécifiques (C. com., art. L. 242-6 à 242-8 stigmatisant entre autres l'abus de biens sociaux).

b) Président du conseil d'administration

1. Statut

Le président du conseil d'administration est obligatoirement une personne physique, désigné par les membres du conseil d'administration (C. com., art. L. 225-47). Lui-même administrateur, et partant actionnaire, le président ne peut être, à peine de nullité de la nomination ou de démission d'office, âgé de plus de 65 ans, sauf disposition statutaire contraire (C. com., art. L. 225-48). Il est nommé pour la durée de son mandat (qui ne saurait être supérieur à six ans) et indéfiniment rééligible.

Sa rémunération est fixée par le seul conseil d'administration ce qui lui confère un caractère institutionnel.

Dans les sociétés cotées, sa rémunération fait l'objet d'une large publicité à destination des actionnaires (C. com., art. L. 225-102-1) et les éventuelles indemnités de départ qu'il peut percevoir à l'occasion de son départ doivent avoir été autorisées par l'assemblée au terme de la procédure des conventions réglementées (C. com., art. L. 225-42-1). La loi n° 2007-1223 du 21 août 2007 enfin soumet ces rémunérations (à l'exception de l'indemnité de non-concurrence et des retraites à prestations définies) à des conditions de performance arrêtées par le conseil d'administration qui doivent être rendues publiques et dont la satisfaction doit être vérifiée lors de la mise en œuvre de la rémunération (C. com., art. L. 225-42-1).

Il peut cumuler jusqu'à cinq mandats de président dans les mêmes termes et les mêmes limites que les administrateurs (C. com., art. L. 225-21).

Il peut démissionner librement sous réserve que sa démission ne soit pas jugée abusive. Son mandat peut aussi prendre fin par sa révocation *ad nutum* (cf. *supra*, Chapitre 3), soit du fait du conseil qui peut lui retirer sa confiance à tout moment (C. com., art. L. 225-47, al. 3), soit du fait de l'assemblée qui lui retire son poste d'administrateur (C. com., art. L. 225-18).

2. Pouvoirs

Lorsqu'il n'est pas en charge de la direction générale, la tâche du président du conseil d'administration se limite à organiser et à diriger les travaux du conseil dont il rend compte à l'assemblée et s'assure que les administrateurs sont en mesure de remplir leur fonction, notamment quant à l'information qui leur est due.

Il veille au bon fonctionnement de l'ensemble des organes sociaux et, en particulier, doit porter à la connaissance du conseil et des commissaires aux comptes la liste et l'objet des conventions réglementées (C. com., art. L. 225-39) ainsi que répondre aux questions des actionnaires dans le cadre de l'expertise de gestion (C. com., art. L. 225-231). Dans les seules sociétés cotées, dont les titres sont admis à la négociation sur un marché règlementé, la loi (C. com., art. L. 225-37) lui impose d'établir un rapport joint au rapport annuel de gestion présenté à l'assemblée statuant sur les comptes dans lequel il présentera les conditions de préparation et d'organisation des travaux du conseil ainsi que des procédures de contrôle interne mises en place par la société. Accessoirement, ce même rapport devra mentionner les éventuelles limites apportées par le conseil aux pouvoirs du directeur général qui, rappelons-le, sont inopposables aux tiers de bonne foi.

c) Le directeur général et les directeurs généraux délégués

Depuis la loi du 15 mai 2001, le conseil, si les statuts le lui permettent, bénéficie d'un choix et peut confier à une autre personne physique que le président le soin de diriger la société. Cette personne prend alors le titre de Directeur général (C. com., art. L. 225-51-1). En outre, il est offert au conseil de nommer, sur proposition du Directeur général, une ou plusieurs autres personnes physiques chargées de l'assister avec le titre de Directeur général délégué (C. com., art. L. 225-53) : leur nombre est librement fixé par les statuts sans pouvoir dépasser 5. Relevons que directeur général et directeurs généraux délégués ne sont pas nécessairement administrateurs ni mêmes actionnaires de la société.

Le Directeur général ne peut exercer un second mandat de directeur général dans une autre SA ayant son siège sur le territoire français. Par exception, un second mandat peut être exercé dans une société contrôlée au sens de l'article L. 233-16 du Code de commerce par la société dans laquelle est exercé le premier mandat ou dans une société dont les titres ne sont pas cotés (C. com., art. L. 225-54-1).

Sa rémunération est fixée par le seul conseil d'administration ce qui lui confère un caractère institutionnel. S'il cumule ses fonctions avec un contrat de travail (aux mêmes conditions qu'un administrateur s'il est lui-même administrateur – antériorité du contrat et limite du tiers –, affranchi de ces conditions dans le cas inverse) il percevra une rémunération à ce titre.

Dans les sociétés cotées, comme pour le président du conseil d'administration, sa rémunération fait l'objet d'une large publicité (C. com., art. L. 225-102-1) et les éventuelles indemnités de départ qu'il a pu négocier doivent avoir été autorisées au terme de la procédure des conventions réglementées et être conditionnées à des critères de performance (C. com., art. L. 225-42-1). De surcroît, depuis la loi n° 2007-1223 du 21 août 2007, ces éléments de rémunération (à l'exception de l'indemnité de non-concurrence et des retraites à prestations définies) sont subordonnés à des conditions de performance arrêtées par le conseil d'administration qui doivent être rendues publiques et dont la satisfaction doit être vérifiée lors de la mise en œuvre de la rémunération (C. com., art. L. 225-42-1).

Le Directeur général assume, sous sa responsabilité, la direction générale de la société (C. com., art. L. 225-51-1) qu'il représente à l'égard des tiers (C. com., art. L. 225-56). Il dispose, en conséquence, des pouvoirs les plus étendus pour agir en toutes circonstances au nom de la société, sous réserve de ceux que la loi attribue expressément aux autres organes de la société. La société est engagée même par ses actes qui ne relèvent pas de l'objet social ou qui outrepassent les clauses statutaires limitant ses pouvoirs ou les délibérations du conseil qui les restreindraient sauf, dans le cas de l'objet social, si le tiers savait que l'acte du directeur général dépassait l'objet ou ne pouvait l'ignorer compte tenu des circonstances, étant exclu que la seule publication des statuts suffise à constituer cette preuve (cf. *supra*, Chapitre 3).

Les pouvoirs des directeurs généraux délégués sont déterminés par le conseil en accord avec le directeur général. À l'égard des tiers, les directeurs généraux délégués disposent des mêmes pouvoirs que le directeur général. Leur sort est d'ailleurs lié à ce dernier puisqu'il est prévu que si le directeur général vient à cesser ses fonctions pour quelque cause que ce soit, le mandat du directeur général délégué n'est maintenu que jusqu'à la nomination du prochain directeur général, sauf à ce dernier de proposer au conseil de renouveler le directeur général délégué dans ses fonctions (C. com., art. L. 225-55).

Directeur général et directeurs généraux délégués sont révocables par le conseil d'administration (les directeurs généraux délégués sur proposition du directeur général) mais pour justes motifs (cf. *supra*, Chapitre 3). En revanche, lorsque le directeur général est également le président du conseil, il est révocable ad nutum (C. com., art. L. 225-55).

Directeur général et directeurs généraux délégués sont responsables civilement et pénalement dans les mêmes termes que les administrateurs (cf. *supra*).

2) SA à directoire et conseil de surveillance

Il revient aux statuts d'opter pour cette modalité d'organisation (C. com., art. L. 225-57).

a) Directoire

1. Statut des directeurs

Le statut des membres du directoire est calqué sur celui des administrateurs.

C'est un organe collégial de cinq membres maximum lorsque la société n'est pas cotée et de sept dans le cas inverse, si les statuts le prévoient. Dans les SA dont le capital social est inférieur à 150 000 euros, les fonctions dévolues au directoire peuvent être dévolues à une seule personne appelée directeur unique (C. com., art. L. 225-58).

Ce sont impérativement des personnes physiques, actionnaires ou non, à peine de nullité de la nomination. Elles sont choisies par le conseil de surveillance et c'est également lui qui désigne le président du directoire (C. com., art. L. 225-59) : aucune cooptation n'est ici possible (C. com., art. L. 225-62). C'est l'acte de nomination qui fixe également le mode et le montant de la rémunération de chacun des membres du directoire (C. com., art. L. 225-63). En aucun cas, un membre du directoire peut également appartenir au conseil de surveillance. Une limite d'âge doit être prévue par les statuts ; à défaut d'une disposition expresse, elle est fixée à soixante-cinq ans (C. com., art. L. 225-60).

Dans les sociétés cotées, les règles liées à la publicité de la rémunération des dirigeants (C. com., art. L. 225-102-1), à leur soumission à la procédure des conventions réglementées et à la satisfaction de critères de performance élaborés et vérifiés par le conseil de surveillance sont applicables (C. com., art. L. 225-90-1).

La fixation de la durée du mandat revient aux statuts dans des limites comprises entre deux et six ans : si les statuts sont muets, les mandats ont une durée impérative de quatre années (C. com., art. L. 225-62).

Une même personne physique ne peut exercer plus d'un mandat de membre du directoire ou de directeur général unique de sociétés anonymes ayant leur siège sur le territoire français : une dérogation est admise si un second mandat est exercé dans une société non cotée contrôlée par celle dans laquelle le premier mandat est exercé (C. com., art. L. 225-67).

La fonction de président du directoire comme celle de membre du directoire n'est pas par principe incompatible avec la détention d'un contrat de travail dans la société qui peut être conclu avant comme après l'entrée en fonction.

Les membres du directoire peuvent être révoqués par l'assemblée générale comme par le conseil de surveillance mais seulement si cette modalité est prévue par les statuts (C. com., art. L. 225-61). Si elle est décidée sans justes motifs, elle ouvre droit à une indemnisation.

2. Pouvoirs et responsabilités

Le directoire a les pouvoirs les plus étendus pour agir en toutes circonstances au nom de la société. Il les exerce dans la limite de l'objet social et de ceux que la loi attribue expressément aux autres organes sociaux. Toutefois, dans les rapports avec les tiers, la société est valablement engagée même par les actes du directoire qui ne relèvent pas de l'objet social. Les dispositions des statuts limitant ses pouvoirs sont inopposables aux tiers (C. com., art. L. 225-64). Le directoire jouit aussi de prérogatives spéciales : convocation de l'assemblée générale et réalisation d'une augmentation de capital sur délégation de l'assemblée générale dans les sociétés cotées.

En revanche, seul le président du directoire ou le directeur général unique représente la société envers les tiers : toutefois, le conseil de surveillance peut être autorisé par les statuts à confier également ce pouvoir de représentation à un ou plusieurs autres membres du directoire qui prennent alors le titre de directeur général (C. com., art. L. 225-66).

Étant un organe collégial, des règles organisant ses délibérations et ses modalités de prise de décision doivent être adoptées. C'est aux statuts qu'il revient de choisir et d'adopter ces règles (C. com., art. L. 225-64, *in fine*) : chaque société offrira une physionomie particulière.

La responsabilité tant civile que pénale des membres du directoire est calquée sur celle des administrateurs.

b) Conseil de surveillance

Sa situation juridique est très proche de celle du conseil d'administration.

1. Statut des membres du conseil

Le conseil de surveillance est composé de trois membres au moins. Le nombre définitif est fixé par les statuts sans pouvoir être supérieur à dix-huit (C. com., art. L. 225-69) ou vingt-quatre en cas de fusion (C. com., art. L. 225-95).

Il s'agit de personnes physiques ou morales qui, depuis la loi de Modernisation de l'Économie n° 2008-776 du 4 août 2008, peuvent être ou non propriétaires d'un nombre d'actions de la société déterminé par les statuts (C. com., art. L. 225-72 nouv., applicable à compter du 1er janvier 2009). À défaut de remplir cette condition lorsqu'elle est imposée, les membres du conseil ont six mois pour régulariser leur situation à peine de démission d'office. Un membre du conseil de surveillance ne peut en aucun cas être membre du directoire (C. com., art. L. 225-74).

Ils sont nommés dans les statuts ou par l'assemblée générale constitutive lors de la constitution de la société puis, en cours de vie sociale, par l'assemblée générale ordinaire. En cas de vacance d'un siège, le conseil de surveillance peut, comme le conseil d'administration, coopter un nouveau membre (C. com., art. L. 225-78).

La durée de leur mandat est fixée par les statuts sans pouvoir excéder six ans.

Les limites au cumul des mandats sont identiques à celles que connaissent les administrateurs.

Les règles gouvernant leur rémunération sont les mêmes que celles que connaissent les administrateurs des sociétés monocéphales (C. com., art. L. 225-83, 225-84 et 225-85).

Ils peuvent cumuler leur fonction avec un contrat de travail que celui-ci soit conclu avant leur entrée en fonction ou après celle-ci (C. com., art. L. 225-85).

Leur mandat prend fin pour les mêmes raisons que celles qui concernent les administrateurs dans la structure monocéphale.

2. Fonctionnement du conseil

Le conseil désigne en son sein un président et un vice-président. Ce sont des personnes physiques, rémunérées ou non, selon les vœux du conseil, qui sont chargées de convoquer le conseil et d'en diriger les débats. La durée de leur mandat est calquée sur celle des membres du conseil. Le président est révocable par le conseil lui-même qui lui retire sa fonction sans lui retirer sa qualité de membre du conseil et par l'assemblée générale qui peut lui retirer sa qualité de membre du conseil.

Par ailleurs, le conseil de surveillance, à l'instar du conseil d'administration, se réunit selon des modalités et à un rythme arrêté par les statuts (C. com., art. R. 225-45).

Il ne délibère valablement que si la moitié au moins de ses membres sont présents. Ses décisions sont prises à la majorité des membres présents ou représentés, sauf si les statuts prévoient une majorité plus forte. Comme dans la SA monocéphale, la loi NRE invite à tenir compte dans le calcul du quorum et de la majorité les membres du conseil qui utilise les moyens de visioconférence, si le règlement intérieur le prévoit et sauf disposition contraire des statuts (C. com., art. L. 225-82).

3. Pouvoirs du conseil

Au terme de l'article L. 225-68 du Code de commerce, le conseil de surveillance exerce le contrôle permanent de la gestion de la société par le directoire et peut, en conséquence, à toute époque de l'année, opérer les vérifications et les contrôles qu'il juge opportuns et se faire communiquer les documents qu'il estime utiles à l'accomplissement de sa mission. De surcroît, il reçoit, une fois par trimestre au moins, un rapport du directoire et, dans les trois mois de la clôture de l'exercice il doit vérifier et contrôler les comptes sociaux qui lui sont présentés par le directoire. Le conseil de surveillance présente à son tour à l'assemblée le rapport du directoire et les comptes annuels (C. com., art. L. 225-68). Par ailleurs, la cession d'immeubles par nature, la cession totale ou partielle de participations, la constitution de sûretés, ainsi que les cautions, avals et garanties, sauf dans les sociétés exploitant un établissement bancaire ou financier, doivent impérativement faire l'objet d'une autorisation du conseil de surveillance. Des plafonds d'autorisation peuvent être déterminés annuellement pour chaque type d'engagement. Le dépassement des plafonds en matière de cautions, avals et garanties est, comme dans la SA monocéphale, opposable aux tiers que pour autant que le montant de l'engagement litigieux excède, à lui seul, soit le montant global d'autorisation, soit le montant prévu pour le seul type d'opération considérée (C. com., art. R. 225-53). En revanche, le dépassement des autorisations accordées par le conseil de surveillance pour les autres opérations (cessions d'immeubles, de participation, constitution de sûretés) est inopposable aux tiers à moins que la société ne prouve que ceux-ci en avaient connaissance ou ne pouvaient ignorer ce dépassement (C. com., art. R. 225-54).

Le conseil a aussi des pouvoirs spéciaux : nomination des membres du directoire et de son membre ainsi que fixation de leur rémunération, convocation de l'assemblée générale et autorisation des conventions réglementées.

4. Responsabilités

Les membres du conseil n'étant pas des dirigeants, ils n'encourent aucune responsabilité en raison des actes de la gestion et de leur résultat. En revanche, ils peuvent être déclarés responsables des délits commis par les membres du directoire si, les ayant connus, ils ne les ont pas révélés à l'assemblée générale (C. com., art. L. 225-257). Plus classiquement, ils sont civilement responsables de fautes personnelles commises dans l'exercice de leur mandat.

B - Les actionnaires

En contrepartie de leurs apports, les actionnaires vont jouir de prérogatives dans la société.

1) Les droits politiques

a) Droit à l'information

L'information est une condition préalable et *sine qua non* de l'exercice de ses droits politiques par l'actionnaire et notamment de son droit de vote. Grâce à cette information, chaque actionnaire doit pouvoir « se prononcer en connaissance de cause et (de) porter un jugement informé sur la gestion et la marche des affaires de la société » (C. com., art. L. 225-108).

1. Information spontanée

Relativement au contenu de l'information spontanée, celle-ci peut être permanente (consultation des documents sociaux et administratifs au siège de la société – C. com., art. L. 225-117), c'est-à-dire due tout au long de l'année, ou occasionnelle (C. com., art. L. 225-115 et L. 225-116), c'est-à-dire préalable aux assemblées. Sans dresser ici la liste des informations dont peuvent disposer les actionnaires, on relèvera les points suivants :

- tout d'abord, la loi tend, en matière d'informations à distinguer toujours plus fortement les SA cotées et les SA non cotées, mettant toujours plus d'obligations d'information à la charge des premières (voir, par exemple, la réduction du champ d'application des articles L. 225-102-1 et L. 225-37 par la loi n° 2005-842 du 26 juillet 2005) renforçant le caractère public de l'information dans ces sociétés ;
- par ailleurs, le volume d'informations mis à la disposition des actionnaires ne cesse d'augmenter au point, parfois, de submerger son destinataire qui peut s'en détourner.

L'actionnaire peut exercer son droit d'information par lui-même ou par un mandataire. Ce mandataire est celui de l'article R. 225-91 du Code de commerce c'est-à-dire qu'il ne peut s'agir que de son conjoint ou d'un autre actionnaire.

Par ailleurs, sauf en ce qui concerne l'inventaire, le droit de prendre connaissance de cette information emporte celui d'en prendre copie (C. com., art. R. 225-92) par quelque moyen que ce soit et notamment par photographie ou enregistrement audiovisuel.

En outre, l'actionnaire peut se faire assister d'un expert pour la consultation des documents préalablement à la tenue d'une assemblée. Cet expert est inscrit sur des listes établies par les cours et tribunaux (C. com., art. R. 225-94).

Relevons que, depuis la loi NRE du 15 mai 2001, les actionnaires peuvent, en cas de non-respect des dispositions des articles 225-115, 225-116, 225-117 et 225-118, demander en justice, soit d'enjoindre sous astreinte aux dirigeants de communiquer ces informations, soit de désigner un mandataire chargé de procéder à cette communication (C. com., art. L. 238-1). L'astreinte et les frais de procédure sont à la charge personnelle des dirigeants.

Enfin, en cas de violation des articles L. 225-115 et 225-116, l'assemblée peut être annulée (C. com., art. L. 225-121) sans préjudice de l'annulation de l'assemblée pour abus de droit ou fraude.

2. Questions écrites

L'actionnaire a la possibilité, à compter de sa convocation et jusqu'à l'ouverture de l'assemblée, de poser des questions écrites aux dirigeants afin de parfaire son information sur des points particuliers (C. com., art. L. 225-108). Les questions doivent être en rapport avec l'ordre du jour de l'assemblée. Les dirigeants ont l'obligation d'y répondre et leur réponse sera consignée au procès-verbal de l'assemblée.

En outre, tout au long de l'année, mais seulement deux fois par exercice, tout actionnaire, détenant au moins 5 % du capital social seul ou avec d'autres, ou une association d'actionnaires, peuvent interroger par écrit les dirigeants sur tout fait de nature à compromettre la continuité de l'entreprise (C. com., art. L. 225-232). Les dirigeants sont, là encore, tenus d'y répondre, dans le délai d'un mois, et la réponse doit être communiquée au commissaire aux comptes.

3. Expertise de gestion

Tout actionnaire ou groupe d'actionnaires représentant au moins 5 % du capital social peut diligenter une expertise de gestion (C. com., art. L. 225-231). Si les conditions tenant aux opérations de gestion elles-mêmes sont identiques à celles évoquées dans les SARL (cf. *supra*, Chapitre 9), en revanche, les conditions de forme divergent. En effet, dans les SA, cette expertise est devenue une procédure subsidiaire d'information puisqu'elle démarre par des questions écrites adressées aux dirigeants sur une ou plusieurs opérations de gestion. Relevons ici que la loi NRE du 15 mai 2001 a étendu le champ de cette procédure d'information en y incluant toutes les sociétés contrôlées par celle dans laquelle se trouve l'actionnaire qui la diligente. Pour y répondre, le dirigeant doit en apprécier l'opportunité au regard de l'intérêt social ou de l'intérêt du groupe, selon le cas. S'il formule une réponse, celle-ci doit être communiquée aux commissaires aux comptes. Ce n'est donc que dans l'hypothèse d'une absence de réponse aux questions posées dans le délai d'un mois ou, ce qui sera source de contentieux, en cas de réponse jugée insatisfaisante par ses demandeurs, que ceux-ci pourront saisir le juge afin d'obtenir de lui qu'il nomme un expert de gestion qui sera chargé de leur faire un rapport sur les opérations de gestion litigieuses. Relevons deux derniers points : d'une part, si la procédure diligentée par les actionnaires est subsidiaire, elle ne l'est pas si elle est initiée par le comité d'entreprise ou par l'Autorité des marchés financiers et, d'autre part, ces nouvelles formalités ne remettent pas en cause la jurisprudence antérieure à la loi NRE autorisant les actionnaires à diligenter une expertise *in futurum* sur le fondement de l'article 145 du Nouveau Code de procédure civile.

b) Droit de vote de l'actionnaire

1. Attribution du droit de vote

L'article L. 225-122 dispose que le droit de vote attaché aux actions est proportionnel à la quotité du capital représenté et que chaque action donne droit à une voix au moins. Toute clause statutaire contraire est nulle. Toutefois, ces principes ne sont pas conçus de manière absolue mais de manière relative. Aussi connaissent-ils des tempéraments d'origine légale importants :

- les statuts peuvent limiter le nombre de voix dont chaque actionnaire dispose dans les assemblées (C. com., art. L. 225-125) ;
- ils peuvent prévoir, au terme d'une clause expresse, l'octroi aux actionnaires répondant d'une inscription nominative de leurs titres depuis deux ans au moins et entièrement libérés de voir augmenter leur potentiel de vote (C. com., art. L. 225-123) ;
- il est permis de porter atteinte au principe d'universalité qui postule un droit de vote pour chaque action, puisque le nouvel article L. 228-11 du Code de commerce issu de l'ordonnance n° 2004-604 du 24 juin 2004 dispose, en son alinéa 2 que si le droit de vote peut être aménagé pour un délai déterminé ou déterminable il peut aussi, plus radicalement, être supprimé à titre définitif ou pour une période déterminée ou déterminable, le titulaire de telles actions ne disposant d'aucun droit de vote dans aucune assemblée.

2. Expression collective du droit de vote

Le droit pour tout associé de participer à l'assemblée est jugé essentiel et toute clause contraire est réputée non écrite (C. civ., art. 1844 et 1844-10).

Les actionnaires présents aux assemblées sont cependant bien souvent une minorité arithmétique. Le législateur s'est constamment ému de cet état de fait et a cherché de manière récurrente à développer des techniques qui puissent permettre aux actionnaires de participer au vote des résolutions sans avoir toutefois besoin de se déplacer.

Trois mécanismes peuvent ainsi être recensés qui servent cet objectif :

- en premier lieu, l'actionnaire peut recourir à la technique de la représentation. Il peut, en effet, donner procuration à une personne pour que celle-ci, présente à l'assemblée, vote à sa place les résolutions proposées. Le mandat peut être nominatif ou, au contraire, sans indication du mandataire. Le mandat nominatif permet à l'actionnaire de donner mandat, à une personne déterminée qu'il choisit, de voter dans le sens qu'il lui aura indiqué, encore que le mandat puisse être muet sur ce point. Cette faculté est certes de nature à améliorer la participation des actionnaires et, partant, à favoriser le fonctionnement démocratique de la société anonyme. Mais, sa portée ne doit pas en être exagérée puisque, en effet, le choix de la personne mandatée est strictement limité : ce ne peut être qu'un autre actionnaire ou le conjoint du mandant (C. com., art. L. 225-106). Le mandat que donne l'actionnaire pour voter peut aussi être sans indication du nom du mandataire. C'est la pratique connue sous le nom des mandats en blanc qu'autorise la loi (C. com., art. L. 225-106, al. 4). C'est alors le président de l'assemblée qui détiendra le vote attaché aux procurations. Le sens du vote est fixé par la loi (C. com., art. L. 225-106, al. 4. – C. com., art. R. 225-81). Le président émettra un vote favorable à l'adoption de tous les projets présentés ou agréés par le conseil d'administration et un vote défavorable pour tous les autres projets ;
- en second lieu, le législateur a introduit en 1983 la faculté pour les actionnaires de voter par correspondance (C. com., art. L. 225-107 I). Si cette faculté offre un véritable moyen de pallier l'absentéisme des actionnaires, dans le même temps, il porte un coup dur au principe délibératif : un formulaire de vote par correspondance doit être adressé à tout associé qui en fait la demande ;
- en troisième et dernier lieu, à l'occasion de la loi NRE du 15 mai 2001, le législateur a introduit en droit français la faculté pour les actionnaires non seulement de participer aux assemblées à distance mais aussi de s'y exprimer par des moyens de télécommunications (C. com., art. L. 225-107 II). Il est donc désormais possible de voter par Internet. Les statuts doivent cependant prévoir cette faculté.

L'assemblée est normalement convoquée par le conseil d'administration ou le directoire, selon le cas (C. com., art. L. 225-103). À défaut, en cas de carence par exemple, elle peut aussi l'être par les commissaires aux comptes, le conseil de surveillance, les liquidateurs, un mandataire de justice spécialement désigné à cet effet à la demande de tout intéressé (notamment le comité d'entreprise) en cas d'urgence ou de tout actionnaire ou groupe d'actionnaires représentant au moins 5 % du capital social.

Un formalisme détaillé et des délais rigoureux encadrent la convocation des assemblées (C. com., art. R. 225-66 et s.).

La tenue de l'assemblée est annoncée par l'insertion d'un avis dans un *JAL* ainsi qu'au *BALO* si la société est cotée, au moins 15 jours avant sa tenue. Si, tous les actionnaires sont titulaires d'actions nominatives, ces formalités peuvent être remplacées par l'envoi de lettres individuelles de convocation par la poste ou par voie électronique.

L'avis de convocation indique le jour, l'heure et le lieu de l'assemblée, sa nature (AGO, AGE, AG mixte), l'ordre du jour et la faculté offerte aux associés de voter par correspondance.

Toute assemblée irrégulièrement convoquée peut être annulée sauf si tous les actionnaires étaient présents ou représentés (C. com., art. L. 225-104).

L'ordre du jour de l'assemblée est arrêté par l'auteur de la convocation. Toutefois, un ou plusieurs actionnaires représentant au moins 5 % du capital social ont la faculté de requérir l'inscription à l'ordre du jour de projets de résolution qui doit, de surcroît, depuis la loi Sécurité Financière du 1er août 2003, être portés à la connaissance des autres actionnaires, via internet notamment. Le comité d'entreprise s'est vu reconnaître la même prérogative (C. trav., art. L. 2323-67).

Accéderont à l'assemblée, les actionnaires ou du moins ceux qui peuvent justifier de cette qualité (voir C. com., art. R. 225-85).

Les règles de quorum et de majorité auxquelles ces assemblées doivent satisfaire sont fixées aux articles L. 225-96, L. 225-98 et L. 225-99 du Code de commerce :

- dans les AGE, le quorum est, sur première convocation, du quart des actions et, sur seconde convocation, du cinquième étant précisé que dans les SA qui ne sont pas cotées, les statuts peuvent retenir des quorums plus élevés ; l'AGE statue à la majorité des deux tiers des voix dont disposent les actionnaires présents ou représentés ;
- dans les AGO, le quorum est, sur première convocation, du cinquième des actions tandis qu'aucun quorum n'est exigé sur seconde convocation ; là encore, les SA non cotées peuvent retenir des règles plus rigoureuses ; l'AGO statue à la majorité simple des voix dont disposent les actionnaires présents ou représentés ;
- dans les AG spéciales, le quorum est, sur première convocation, du tiers et, sur seconde convocation, du cinquième : les sociétés non cotées peuvent déroger à cette règle à la hausse : l'AG spéciale statue aux mêmes conditions que l'AGE.

2) *Les droits pécuniaires*

a) Droit aux dividendes

La première condition pour qu'un actionnaire puisse voir sa vocation au partage des bénéfices se transformer en droit effectif est que la société réalise un bénéfice. Le bénéfice est constitué, au terme de l'article L. 232-11 du Code de commerce, par le bénéfice de l'exercice, diminué des pertes antérieures, ainsi que des sommes à porter en réserve en application de la loi ou des statuts, et augmenté du report bénéficiaire. Toutefois, l'absence de bénéfices réalisés au cours d'un exercice n'est pas pour autant synonyme d'absence de droit au partage des fruits de l'exploitation sociale pour les actionnaires. En effet, rien n'interdit de prélever alors des sommes sur les réserves dites libres, à la libre disposition de l'assemblée, pour les mettre en distribution (C. com., art. L. 232-11, al. 2). À défaut de réaliser des bénéfices ou de pouvoir puiser dans les réserves libres, la société ne saurait distribuer de bénéfices sous forme de dividendes à ses actionnaires sous peine de voir ses dirigeants se rendre coupables de distribution de dividendes fictifs sanctionnée pénalement (C. com., art. L. 242-6, 1°) et d'ouvrir une action en répétition contre les actionnaires. La clause d'intérêts fixes, qui conduirait à verser un dividende aux actionnaires même en l'absence de bénéfice distribuable, ce qui nécessite de le prélever tant sur le capital social que sur les réserves obligatoires, est réputée non-écrite (C. com., art. L. 232-15).

La seconde condition réside dans la nécessaire décision prise par la majorité à l'assemblée annuelle de mettre en distribution le bénéfice réalisé au cours de l'exercice écoulé (C. com., art. L. 225-100). C'est à compter de cette date que l'actionnaire dispose d'une véritable créance à l'encontre de la société. La décision de l'assemblée est cependant souveraine. Elle peut, bien qu'il existe un bénéfice distribuable, décider de mettre ces sommes en réserve soit pour favoriser son autofinancement, soit pour faire face à des périodes plus difficiles à venir, sous réserve de l'application de la jurisprudence relative aux abus de majorité si la mise en réserve systématique des bénéfices venait rompre l'égalité des actionnaires sans trouver de justification dans l'intérêt social.

Sous cette double condition, l'actionnaire participera aux fruits de l'exploitation sociale sous la forme d'un dividende. Il pourra alors en exiger le paiement, en numéraire, en nature ou en actions ou en autres biens (C. com., art. L. 232-18 et s., si les statuts le prévoient), selon que la société a ou non des difficultés de trésorerie. De même, il sera en droit de déclarer sa créance en cas de redressement judiciaire de la société et de faire courir les intérêts moratoires du jour de la mise en paiement.

Le partage des bénéfices de la société est traditionnellement soumis au principe d'égalité. L'article 1844-1 du Code civil dispose à cet effet que la part de chaque associé dans les bénéfices se détermine à proportion de sa part dans le capital social. Cette règle n'est cependant pas impérative mais supplétive. Aussi est-il permis aux statuts d'y déroger. Il est donc permis de prévoir statutairement que certaines actions ou certains actionnaires percevront une part des dividendes non proportionnelle à leur participation au capital social tel un dividende préciputaire ou un dividende majoré (C. com., art. L. 232-14). Ces avantages dans la participation aux fruits de l'activité sociale prendront la forme soit d'actions de catégorie désormais appelées de préférence au sens de l'article L. 228-11 du Code de commerce, soit d'avantages particuliers au sens de l'article L. 225-8 du Code de commerce répondant l'une et l'autre à des conditions spécifiques de création, de modification et de suppression. Les deux ordres de procédure sont cumulables si les actions de préférence sont attribuées à un ou plusieurs actionnaires nommément désignés (C. com., art. L. 228-15 nouv.).

b) Droit au remboursement du capital et au boni de liquidation

Le remboursement de leur apport aux actionnaires peut avoir lieu à deux moments : en cours de vie sociale au moyen de l'amortissement (C. com, art. L. 225-198) ou lors de la liquidation de la société.

À la dissolution de la société, après paiement du passif externe et réalisation de l'actif, les actionnaires peuvent prétendre au remboursement de leur apport et au partage du boni de liquidation (C. com., art. L. 237-29). Sauf clause contraire des statuts ou actions de préférence, le partage des capitaux propres entre les actionnaires se réalise dans les mêmes proportions que leur participation au capital social.

C - Les contrôles

Il convient de distinguer les contrôles internes des contrôles externes.

1) Le contrôle interne

Au titre des contrôles internes, l'on évoquera le délicat problème des conventions passées entre la société et certaines personnes et qui font l'objet d'un régime spécifique à raison du risque de conflit d'intérêts qui les caractérise. Le même dispositif que celui déjà rencontré dans les SARL (cf. *supra*, Chapitre 9) est ici à l'œuvre, avec cependant quelques nuances.

Comme dans les SARL, il convient de distinguer selon la nature des conventions en cause :

- *les conventions interdites* : il est interdit aux dirigeants de la SA autres que les personnes morales, ainsi qu'aux représentants permanents des personnes morales dirigeantes et leurs conjoints, ascendants et descendants, directement ou indirectement, de contracter, à peine de nullité absolue insusceptible de confirmation, sous quelque forme que ce soit, des emprunts auprès de la société, de se faire consentir par elle un découvert, en compte-courant ou autrement, ainsi que de se faire cautionner ou avaliser par elle leurs engagements envers les tiers (C. com., art. L. 225-43 et L. 225-91). L'interdiction ne joue cependant pas si la société en cause exploite un établissement bancaire ou financier et que l'engagement litigieux relève des opérations courantes conclues à des conditions normales par cette société ;
- *les conventions libres* : il s'agit de toutes les opérations conclues entre la société et ses dirigeants ou l'un de ses actionnaires disposant d'une fraction des droits de vote supérieure à 10 % (avant la loi Sécurité financière du 1er août 2003, ce seuil était de 5 %) ou, s'il s'agit d'une société, la société la contrôlant au sens de l'article L. 233-3 du Code de commerce, qui ont le caractère d'opérations courantes au regard de l'activité ordinaire de la société ou des pratiques des sociétés placées dans la même situation et conclues à des conditions normales notamment de prix ou encore de délais (C. com., art. L. 225-39 et 225-87). Ces opérations ne nécessitent le respect d'aucunes formalités particulières. Toutefois, ces conventions doivent être communiquées au président du conseil d'administration ou de surveillance, selon le cas, qui doit, à son tour, en dresser une liste à destination des membres de leurs conseils respectifs et du commissaire aux comptes que dans l'hypothèse où, en raison de leur objet ou de leurs implications financières, elles sont significatives pour au moins l'une des parties ;
- *les conventions réglementées* : toutes les autres conventions sont des conventions relevant de la procédure des conventions réglementées. Toute convention intervenant directement ou par personne interposée entre la société et l'un de ses dirigeants ou l'un de ses actionnaires disposant d'une fraction des droits de vote supérieure à 10 % ou, s'il s'agit d'une société, la société la contrôlant au sens de l'article L. 233-3 du Code de commerce entre dans le champ des conventions réglementées. Elle doit, en conséquence, être soumise à l'autorisation préalable du conseil d'administration ou de surveillance, selon le cas (C. com., art. L. 225-38 et 225-86). Entre également dans le champ de cette procédure, d'une part, les

conventions auxquelles une des personnes susmentionnées est indirectement intéressée et, d'autre part, les conventions passées entre la société et une entreprise dans laquelle l'un des dirigeants de la première est également dirigeant de la seconde ou l'un de ses associés indéfiniment responsable.

Au plan procédural, l'intéressé doit informer le conseil dès qu'il a connaissance d'une convention entrant dans le champ de l'article L. 225-38 ou L. 225-86 du Code de commerce : le conseil doit les autoriser préalablement : le président du conseil informe le commissaire aux comptes : le commissaire aux comptes fait un rapport sur ces conventions à destination de l'assemblée : enfin, l'assemblée doit approuver les conventions. Dans toutes les hypothèses où un vote est requis (au conseil comme à l'assemblée), l'intéressé ne peut prendre part au vote.

Au plan des sanctions, les conventions conclues sans l'autorisation du conseil peuvent être annulées uniquement si elles ont eu des conséquences dommageables pour la société (C. com., art. L. 225-42, al. 1er) : toutefois, la nullité peut être couverte par un vote de l'assemblée. Les autres vices de procédure (défaut du rapport du commissaire aux comptes, par exemple) n'entraînent pas la nullité de la convention mais seulement la responsabilité éventuelle de l'intéressé. Ainsi, les conventions approuvées par l'assemblée, comme celles qu'elle désapprouve, produisent leurs effets à l'égard des tiers (elles sont opposables à la société par ceux-ci), sauf si elles venaient à être annulées pour cause de fraude. Même en l'absence de fraude, les effets préjudiciables à la société des conventions qui n'ont pas été approuvées peuvent être mis à la charge de l'intéressé et, éventuellement, des autres membres du conseil (C. com., art. L. 225-41).

2) Les contrôles externes

a) Commissaire aux comptes

Le commissaire aux comptes est obligatoire dans toutes les SA (C. com., art. L. 225-218 et s.). Il doit être également nommé un suppléant. Dans les sociétés qui établissent des comptes consolidés, il doit être nommé deux commissaires titulaires et deux suppléants (règle des quatre mains).

Le rôle du commissaire aux comptes est multiple et ses fonctions tendent à se multiplier : certifier que les comptes annuels sont réguliers et sincères et donnent une image fidèle du résultat des opérations de l'exercice écoulé ainsi que de la situation patrimoniale et financière de la société à la fin de cet exercice (C. com, art. 823-10). L'exercice de cette mission est gouverné par plusieurs principes : vérifier les valeurs et les documents comptables de la société, contrôler la conformité de sa comptabilité aux règles en vigueur. Vérifier la sincérité et la concordance avec les comptes annuels des informations données dans le rapport de gestion du conseil d'administration ou du directoire. Enfin, depuis la loi Sécurité financière, il doit justifier ses appréciations et présenter dans un rapport spécial joint à son rapport général, ses observations sur les procédures de contrôle interne mises en œuvre dans la société ainsi que la partie du rapport du président relative à l'élaboration de l'information comptable et financière.

Il pèse sur lui une obligation de moyens. En aucun cas il ne doit s'immiscer dans la gestion. Outre le rapport général qu'il présente à l'assemblée, il doit donner, tout au long de la vie sociale, des rapports spéciaux sur les conventions réglementées, l'exercice du droit préférentiel de souscription, l'émission d'obligations complexes ou de valeurs mobilières composées, le projet de réduction du capital, de transformation de la société, de fusion ou de scission. Enfin, il a un devoir d'alerte auprès des dirigeants et des actionnaires et un devoir de dénonciation des faits délictueux auprès du parquet (cf. *supra*, Chapitre 3).

b) Comité d'entreprise

Le comité d'entreprise, obligatoire dans les entreprises comptant plus de cinquante salariés (C. trav., art. L. 2322-1), devient, au gré des lois nouvelles, un acteur majeur des sociétés anonymes, notamment lorsqu'elles sont cotées. Il est titulaire d'un nombre croissant de prérogatives et devient un interlocuteur de premier plan des dirigeants de la société comme de ceux qui y sont extérieurs.

Ainsi, il a dans les SA le même droit d'information que les actionnaires (C. trav., art. L. 2323-8) et reçoit des informations sur l'organisation, la gestion et la marche de l'entreprise (C. trav., art. L. 2323-6 et s.).

Il peut convoquer le commissaire au compte de la société pour recevoir leurs explications sur la documentation qui lui a été transmise ainsi que sur la situation financière de la société : pour cela il peut se faire assister d'un expert-comptable de son choix aux frais de la société. Il peut même récuser le commissaire aux comptes.

Plus encore, le comité d'entreprise doit être informé de tous les projets de modification de l'organisation économique ou juridique de la société, notamment lors des cessions de son contrôle et fusions-acquisitions, de la décision de mettre en œuvre un programme de rachat d'actions par la société et ses avis sur ces questions seront communiqués aux actionnaires lorsque l'assemblée sera convoquée pour délibérer sur ces mêmes questions (C. trav., art. L. 2323-19).

Il peut, lorsque la société dont il émane fait l'objet d'une offre publique, demander à auditionner le dirigeant de l'initiatrice de l'offre qui, s'il ne répond pas à son invitation se trouvera privé de ses droits de vote.

Il a, de surcroît, le pouvoir de déclencher la procédure d'alerte et de demander la désignation d'un expert de gestion (C. trav., art. L. 2323-78 et C. com., art. L. 225-231).

Il bénéficie, enfin, du droit de demander en justice la désignation d'un mandataire *ad hoc* chargé de convoquer l'assemblée en cas d'urgence, de requérir l'inscription de projets de résolutions à l'ordre du jour des assemblées et de désigner deux de ses membres pour assister aux assemblées au cours duquel ils pourront demander à être entendus sur toute délibération requérant l'unanimité des actionnaires.

c) Autorité des marchés financiers

L'Autorité des marchés financiers (AMF) a été créée par la loi Sécurité financière n° 2003-706 du 1er août 2003. Elle résulte de la fusion de la Commission des opérations de bourse (COB), du Conseil des marchés financiers (CMF) et du Conseil de discipline de la gestion financière (CDGF). C'est une autorité publique dotée de la personnalité morale, statut qui lui permet de consacrer son indépendance et l'autonomie de ses moyens d'action. Ayant repris les anciennes attributions des autorités qu'elle remplace, l'AMF est une autorité qui intéresse au premier chef les sociétés qui font appel public à l'épargne et particulièrement celles qui sont cotées. En effet, l'AMF, d'une part, veille à la densité et la qualité de l'information produite et diffusée par les sociétés à l'intention du marché et des investisseurs qui y opèrent et, d'autre part, veille à ce que les sociétés cotées respectent les règles gouvernant la protection de l'épargne publique, notamment l'égalité entre les investisseurs. Pour mener à bien ses missions, l'AMF dispose d'un pouvoir réglementaire, veille au respect des dispositions qu'elle édicte et sanctionne les comportements déviants qu'elle constate et instruit[1].

D - Les valeurs mobilières émises par les SA

Les sociétés par actions émettent des valeurs mobilières (C. com., art. L. 228-1, mod. ord. n° 2004-604 du 24 juin 2004). Les valeurs mobilières sont définies à l'article L. 211-2 du Code monétaire et financier comme les titres émis par des personnes morales, publiques ou privées, transmissibles par inscription en compte ou tradition, qui confèrent des droits identiques par catégorie et donnent accès, directement ou indirectement, à une quotité du capital de la personne morale émettrice ou à un droit de créance générale sur son patrimoine. Les valeurs mobilières, encore appelées instruments financiers, ont pour points communs d'être négociables et donc de circuler entre les patrimoines selon les voies simplifiées du droit commercial, d'être dématérialisées depuis la loi du 31 décembre 1981 (le titre n'est plus matérialisé par un support papier mais fait seulement l'objet d'une inscription en compte), d'être fongibles c'est-à-dire interchangeables et sont susceptibles d'être cotées à la bourse.

S'agissant des sociétés anonymes, les deux principales valeurs mobilières qu'elles émettent sont les actions et les obligations.

Les actions constatent l'apport réalisé par l'associé. Leur montant nominal est libre et fixé dans les statuts. Elles sont négociables après l'immatriculation de la société. La matière des actions a été récemment modifiée par l'ordonnance n° 2004-604 du 24 juin 2004. Si, normalement, chaque action confère les mêmes droits à chacun de ses titulaires, il est toutefois admis que lors de la constitution de la société ou au cours de son existence, peuvent être créées des actions de préférence, avec ou sans droit de vote, assorties de droits particuliers de toute nature, à titre temporaire ou permanent, sous réserve des dispositions applicables en matière de suppression du droit de vote, de droit de vote double et de plafonnement du droit de vote (C. com., art. L. 228-11). Chose spectaculaire, les droits particuliers attribués aux actions de préférence peuvent être certes exercés dans la société émettrice de ces actions mais aussi dans la société qu'elle contrôle ou dans la société qui la contrôle (C. com., art. L. 228-20). Ces actions de préférence peuvent être converties selon certaines modalités (C. com., art. L. 228-12 et L. 228-13) en actions ordinaires ou en actions de préférence d'une autre catégorie.

Les obligations sont des titres négociables qui, dans une même émission décidée désormais en principe par le conseil d'administration, le directoire, le ou les gérants (C. com., art. L. 228-40, mod. ord. n° 2004-604 du 24 juin 2004), confèrent les mêmes droits de créance pour une même valeur nominale (C. com., art. L. 228-38). Une obligation est une fraction d'emprunt émis par une société auprès de souscripteurs de cette valeur mobilière qu'est l'obligation. L'obligation constate donc un droit de créance sur la société qui l'émet. Son titulaire prête de l'argent à la société. L'obligataire a droit un

---

1. Pour plus de détails, le lecteur se reportera à l'ouvrage intitulé *Master Pro – Le Droit de l'ingénierie financière*, coll. Fac-Universités, 3e éd., Gualino éditeur, 2009.

intérêt pendant la durée de l'emprunt et, à son échéance, le remboursement de la quote-part de la somme prêtée à la société. Pour protéger leurs intérêts, les obligataires sont réunis dans une masse qui a pour objet de protéger la collectivité des obligataires (C. com., art. L. 228-46).

À côté de ces figures classiques, le législateur a multiplié les valeurs mobilières et les instruments financiers permettant aux sociétés anonymes de se financer[2].

3 • MUTATIONS

Les mutations concernent tant les opérations qui peuvent être effectuées sur le capital de la SA que celle des actions détenues par les actionnaires ou encore celles propres à la structure sociétaire.

A - Les opérations sur le capital

1) L'augmentation du capital

La matière a été refondue par l'ordonnance du 24 juin 2004 pour, tout à la fois, assouplir les modalités techniques des augmentations et tenir compte de l'unification du régime des valeurs mobilières que cette même ordonnance introduit.

Le capital social est augmenté, soit par émission d'actions nouvelles ordinaires ou de préférence, soit par majoration du montant nominal des titres de capital existant : il peut également être augmenté par l'exercice de droits attachés à des valeurs mobilières donnant accès au capital (C. com., art. L. 225-127).

Les titres de capital nouveaux sont émis, soit à leur montant nominal, soit à ce montant majoré d'une prime d'émission (sorte de droit d'entrée des nouveaux actionnaires qui s'acquitte du montant des réserves déjà constituées – C. com., art. L. 225-144) et sont libérés, soit en numéraire (la société augmente alors ses capitaux propres), soit par compensation avec des créances liquides et exigibles sur la société (la société accepte qu'un créancier convertisse sa créance en titre de capital), soit par incorporation de réserves, bénéfices ou primes d'émission (il s'agit d'un changement d'écritures comptables – C. com., art. L. 225-149), soit par apport en nature (C. com., art. 225-147), soit en conséquence d'une fusion ou d'une scission soit, enfin, par l'exercice d'un droit attaché à une valeur mobilière donnant accès au capital et comprenant, le cas échéant, le versement des sommes correspondantes (hypothèse, notamment, des bons de souscription) (C. com., art. L. 225-128).

Seule l'augmentation du capital en numéraire nous retiendra.

L'assemblée générale extraordinaire est seule compétente pour décider, sur le rapport du conseil d'administration ou du directoire, selon le cas, une augmentation de capital immédiate ou à terme. Elle peut, toutefois, déléguer cette compétence au conseil ou au

2. Pour plus de détails, le lecteur se reportera à l'ouvrage intitulé *Master Pro – Le Droit de l'ingénierie financière*, coll. Fac-Universités, 3e éd., Gualino éditeur, 2009.

directoire, pour une durée ne pouvant excéder vingt-six mois et en fixant un plafond global de cette augmentation, comme elle peut seulement déléguer au conseil ou au directoire le soin de fixer les modalités de l'émission des titres (C. com., art. 225-129, 225-129-1 et 225-129-2). Notons que dans les sociétés cotées, la délégation peut faire l'objet d'une subdélégation au profit du directeur général dans la SA monocéphale ou de l'un des membres du directoire dans la structure bicéphale (C. com., art. L. 225-129-4). En l'absence de toute délégation de compétence, l'augmentation de capital doit être réalisée dans le délai de cinq ans suivant la décision de l'AGE. Relevons que, par exception, l'augmentation de capital par majoration du montant nominal des titres de capital n'est décidée qu'avec l'accord unanime des actionnaires (C. com., art. L. 225-130-II).

L'augmentation de capital qui doit se faire au moyen d'actions nouvelles à libérer en numéraire exige, à peine de nullité de la décision, que le capital social soit préalablement intégralement libéré (C. com., art. L. 225-131).

Pour éviter les risques de dilution inhérente à une augmentation de capital par émission d'actions nouvelles à libérer en numéraire, il est prévu que les actions déjà émises offrent à leurs titulaires un droit préférentiel de souscription, droit négociable (qui peut être vendu ou acheté, en lui-même), qui leur permet de souscrire par priorité aux nouvelles actions (C. com., art. L. 225-132). Toute clause contraire est réputée non-écrite. Toutefois, ce droit préférentiel peut être supprimé, en totalité ou en partie seulement, par l'AGE qui décide l'augmentation et qui veut faire souscrire de nouveaux apporteurs de fonds propres (C. com., art. L. 225-135). Dans les sociétés cotées, la suppression du droit préférentiel de souscription peut être remplacée par un délai prioritaire de souscription. Le droit préférentiel sera supprimé lorsque la société souhaite faire appel public à l'épargne ou, à l'inverse, lorsqu'elle souhaite faire souscrire une ou plusieurs personnes nommément désignées ou une ou plusieurs catégories de personnes (des financiers type capitaux-investisseurs, par exemple) répondant à des caractéristiques déterminées (C. com., art. L. 225-138). Relevons que l'ordonnance n° 2009-80 du 22 janvier 2009 relative à la réforme de l'appel public à l'épargne autorise désormais dans les sociétés cotées la réalisation d'une augmentation de capital sans droit préférentiel de souscription au profit d'investisseurs qualifiés ou d'un cercle restreint d'investisseurs dans la limite de 20 % du capital par an (C. com., art. L. 225-136, 3°). Par ailleurs, depuis la loi n° 2008-776 du 4 août 2008 dite de Modernisation de l'Économie, les porteurs d'actions de préférence sans droit de vote jouissant de droits pécuniaires limités sont privés, sauf disposition contraire des statuts, du droit préférentiel de souscription (C. com., art. L. 228-11). Enfin, les actionnaires peuvent, à titre individuel, renoncer à leur droit préférentiel. Par ailleurs, les actionnaires peuvent, à titre individuel, renoncer à leur droit préférentiel. Enfin, la décision relative à la conversion d'actions de préférence en actions ordinaires ainsi que celle relative à l'émission de valeurs donnant accès au capital emportent automatiquement renonciation des actionnaires à leur droit préférentiel de souscription (C. com., art. L. 225-132).

Les actions souscrites en numéraire sont obligatoirement libérées, lors de la souscription, d'un quart au moins de leur valeur nominale et, le cas échéant, de la totalité de la prime d'émission, la libération du surplus devant intervenir dans le délai de cinq ans à compter du jour de l'augmentation, en une ou plusieurs fois (C. com., art. L. 225-144).

Relevons, enfin, que dans les sociétés faisant appel public à l'épargne, l'augmentation de capital est réputée réalisée lorsqu'un ou plusieurs prestataires de services d'investissement (établissement bancaire et financier) ont garanti de manière irrévocable sa bonne fin (C. com., art. L. 225-145).

2) *La réduction du capital*

La réduction de capital peut intervenir dans deux séries d'hypothèses : soit parce que la société génère des pertes, soit parce que la société a appelé un capital trop important au regard de ses besoins véritables dont la gestion représente un coût qu'elle cherche à minimiser.

La réduction de capital motivée par des pertes est autorisée par l'AGE qui peut, cependant, déléguer au conseil ou au directoire, selon le cas, tous pouvoirs pour la réaliser. L'AGE se prononce après avoir pris connaissance du rapport présenté par les commissaires aux comptes qui font connaître leur appréciation sur les causes et les conditions de l'opération de réduction. En aucun cas cette opération ne saurait porter atteinte à l'égalité des actionnaires : chaque actionnaire perdra le même nombre d'actions ou chaque action perdra la même fraction de sa valeur nominale (C. com., art. L. 225-204). L'opération peut conduire à « exclure » les actionnaires lorsque le capital est réduit à zéro avant qu'il soit procédé à une recapitalisation de la société : cette pratique dite du « coup d'accordéon » a été validée par la jurisprudence (Cass. com., 17 mai 1994 : *Rev. sociétés* 1994, p. 485, note S. Dana-Démaret) qui considère qu'il ne s'agit pas d'une expropriation des actionnaires mais seulement de la sanction de leur obligation de contribuer aux pertes sociales dans la mesure de leurs apports.

La décision de réduire son capital peut être imposée à la société qui souhaite éviter la dissolution. En effet, si, du fait des pertes constatées, les capitaux propres deviennent inférieurs à la moitié du capital social, la décision de l'AGE écartant la dissolution de la société conduit à réduire le capital social d'un montant au moins égal à celui des pertes qui n'a pu être imputé sur les réserves si, dans le délai de deux ans suivant la décision de l'assemblée, les capitaux propres n'ont pu être reconstitués à concurrence d'une valeur au moins égale à la moitié du capital social (C. com., art. L. 225-248).

L'opération peut aussi être décidée en l'absence de pertes. Dans ce cas, les mêmes règles que celles précédemment exposées trouvent à s'appliquer. Mais, de surcroît, comme cette décision va conduire à restreindre le droit de gage qu'ont les créanciers sur le capital social, le représentant de la masse des obligataires ainsi que les créanciers dont la créance est antérieure à la date de dépôt au greffe du procès-verbal de délibération peuvent former opposition à la réduction (C. com., art. L. 225-205). En outre, la présence de certains créanciers obligataires ayant vocation, à terme, d'accéder au capital social, interdit purement et simplement cette opération.

3) *L'amortissement*

L'amortissement du capital, effectué en vertu d'une disposition statutaire ou d'une décision de l'AGE, consiste à rembourser, au moyen des sommes distribuables au sens de l'article L. 232-11 du Code de commerce (bénéfices ou réserves pré-constituées), aux actionnaires un montant égal sur chaque action d'une même catégorie (C. com., art. L. 225-198). Cette décision de remboursement anticipé de leurs apports aux actionnaires n'entraîne corrélativement pas de réduction du capital social tout en maintenant tous leurs droits d'associés, à l'exception du premier dividende et du remboursement de la valeur nominale de leurs actions, aux porteurs d'actions dites de jouissance (C. com., art. L. 225-199).

4) Le rachat par la société de ses propres actions

L'AGE qui a décidé une réduction de capital non motivée par des pertes peut-elle autoriser le conseil ou le directoire, selon le cas, à acheter un nombre déterminé d'actions en vue de les annuler afin de constater cette réduction (C. com., art. L. 225-207) ? L'offre de rachat doit être faite à tous les actionnaires ce qui impose de recourir à une Offre publique de rachat (OPRA) lorsque la société est cotée (C. com., art. R. 225-153).

Par ailleurs, dans les sociétés cotées, l'AGE peut autoriser le conseil ou le directoire, selon le cas, à des fins strictement financières, à acheter un nombre d'actions représentant jusqu'à 10 % du capital de la société (C. com., art. 225-209) ; le comité d'entreprise doit être informé sur ce point.

Il revient à l'assemblée de définir les finalités (strictement limitées par la loi et le règlement général de l'AMF) et les modalités de l'opération ainsi que son plafond. Un rapport spécial informe annuellement l'assemblée générale de la réalisation des opérations d'achat d'actions (date, nombre, prix volume, utilisation...).

Les actions achetées peuvent être cédées ou transférées par tous moyens comme elles peuvent être annulées dans la limite de 10 % du capital social.

L'acquisition de ces actions ne peut avoir pour effet d'abaisser les capitaux propres à un montant inférieur à celui du capital augmenté des réserves non distribuables. Les actions ainsi possédées par la société ne donnent pas droit aux dividendes et sont privées du droit de vote (C. com., art. L. 225-210).

B - Des actions

Les actions sont négociables ce qui signifie qu'elles peuvent être cédées sans qu'un écrit soit nécessairement dressé et sans qu'il soit nécessaire de respecter le lourd formalisme imposé par l'article 1690 du Code civil pour être opposable à la société et aux tiers : dématérialisées leur cession n'en doit cependant pas moins faire l'objet d'un virement de compte à compte : désormais, dans tous les cas (cessions d'actions cotées ou non), le transfert de propriété des titres résulte de l'inscription de ceux-ci au compte de l'acheteur, date qui peut être librement fixée par la convention des parties lorsque les actions ne sont pas cotées (C. com., art. L. 228-1 et R. 228-10). Les actions sont, de surcroît, librement cessibles ce qui signifie qu'aucune entrave ne saurait être dressée à leur cession : la SA est une société non point dominée par l'*intuitu personae* mais par l'*intuitu pecuniae* ce qui signifie que la personnalité des actionnaires importe peu. Ce dernier principe connaît cependant des tempéraments.

Ainsi, dans les sociétés dont les actions ne sont pas admises aux négociations sur un marché réglementé, la cession de titres de capital comme de valeurs donnant accès au capital, à quelque titre que ce soit, peut être soumise à l'agrément, y compris en cas de cession entre actionnaires, par une clause des statuts. Cette disposition est cependant écartée en cas de succession, liquidation de communauté de biens entre époux ou de cession, soit à un conjoint, soit à un ascendant, soit à un descendant (C. com., art. L. 228-23, mod. ord. n° 2004-604 du 24 juin 2004).

La procédure d'agrément suit un schéma classique : notification de la cession projetée, intervention dans un certain délai d'un organe de la société qui agrée le cessionnaire ou offre une solution alternative dans le cas inverse (C. com., art. L. 228-24).

Toute cession intervenue en violation d'une clause d'agrément est nulle (C. com., art. L. 228-23, *in fine*). Relevons que le cédant peut renoncer à tout moment à la cession de ses actions à défaut d'accord entre les parties (C. com., art. L. 228-14, al. 2, mod. ord. n° 2004-604 du 24 juin 2004).

À côté des clauses d'agrément peuvent se retrouver des clauses statutaires comme extra-statutaires de préemption au terme duquel le cédant doit, à peine de nullité de la cession en cas de collusion frauduleuse entre cédant et cessionnaire, d'abord proposer les titres qu'il souhaite céder aux actionnaires ou à certains d'entre eux avant de recouvrer sa pleine et entière liberté en cas de non levée de l'option, ainsi que des clauses de rachat forcé, à l'instar de ce que connaissent les SAS (cf. *infra*, Chapitre 12).

C - De la structure sociétaire

1) La transformation

La transformation de la SA en une société d'une autre forme nécessite que la société ait au moins deux ans d'existence et qu'elle ait établi et fait approuver par ses actionnaires le bilan de ses deux premiers exercices, sauf transformation en SNC (C. com., L. 225-243 et L. 225-245).

En outre, la décision de transformation nécessite l'intervention du commissaire aux comptes (sauf si la société se transforme en une autre forme de société par actions – C. com., art. 224-3) attestant que les capitaux propres de celle-ci sont bien au moins égaux au montant du capital social. Relevons que cette règle ne s'applique pas absolument à l'identique en cas de transformation d'une SA française en une Société européenne (C. com., art. L. 225 45 1).

La décision de transformation est de la compétence de l'AGE dans quasiment tous les cas sauf lorsque la SA est transformée en SNC, en SCS ou SCA, en SARL et, enfin, en SAS. En effet, dans le premier cas, il convient de recueillir l'accord de tous les actionnaires qui vont désormais supporter une obligation indéfinie aux dettes sociales, dans le second cas, il faut certes l'accord collectif de l'AGE mais aussi l'accord individuel des actionnaires qui acceptent de devenir associés commandités dans la nouvelle structure, dans le troisième cas il faut réunir une majorité des trois quarts, comme celle qui a cours dans les SARL pour modifier les statuts (C. com., art. L. 225-245) et, enfin, dans le quatrième cas, la décision relève de l'unanimité des actionnaires (C. com., art. L. 227-3).

Enfin, la présence d'obligataires nécessite qu'ils soient réunis en assemblée afin d'approuver la décision de transformation de la société (C. com., art. L. 225-244).

La transformation de la SA est soumise aux mêmes règles de publicité que pour les autres modifications statutaires (C. com., art. R. 225-165 – avis dans un *JAL*, inscription modificative au RCS, insertion au *BODACC*). Ce n'est qu'après l'accomplissement de ces formalités que la transformation devient opposable aux tiers.

2) La dissolution

La dissolution de la SA suit le régime de droit commun des dissolutions de société. Là encore, la SA peut être dissoute pour des causes communes à toutes les sociétés (C. civ., art. 1844-7), ainsi que pour des causes spécifiques telles que compter moins de sept actionnaires depuis plus d'un an (C. com., art. 1844-7), avoir un capital social qui soit devenu inférieur au minimum légal (C. com., art. L. 224-2) ou encore lorsque, du fait des pertes constatées, les capitaux propres de la société sont devenus inférieurs à la moitié du capital social (C. com., art. L. 225-248) ou encore pour n'importe quelle hypothèse dès lors que l'AGE l'a décidée (C. com., art. L. 225-246).

BIBLIOGRAPHIE

BARBIERI (J.-F.), « Loi NRE, conventions réglementées et conventions libres : les nouvelles contraintes pour le commissaire aux comptes », *Bull. Joly Sociétés* 2003, p. 251.

BULLE (J.-F.), « Intervention des salariés et de leurs représentants dans le fonctionnement des organes sociaux », *JCP* E 2002, p. 994.

COURET (A.), « Les dispositions de la loi Sécurité financière intéressant le droit des sociétés », *JCP* E 2003, p. 1422.

COURET (A.), « La loi sur les nouvelles régulations économiques : la régulation du pouvoir dans l'entreprise », *JCP* E 2001, p. 1660.

DAIGRE (J.-J.), « Actions privilégiées, catégories d'actions et avantages particuliers », *in Mélanges M. Jeantin*, Dalloz, 1999, p. 213.

DONDERO (B.), « Réflexions sur les mécanismes d'autorisation des sûretés et garanties consenties par les sociétés anonymes », *D.* 2004, première partie p. 405, 2e partie p. 485.

LE CANNU (P.), « Pour une évolution du droit des sociétés anonymes avec directoire et conseil de surveillance », *Bull. Joly Sociétés* 2000, p. 483.

LE NABASQUE (H.), « Commentaire des principales dispositions de la loi n° 2003-706 du 1er août 2003 sur la sécurité financière intéressant le droit des sociétés », *Bull. Joly Sociétés* 2003, p. 859.

SAINTOURENS (B.), « Le cumul des mandats sociaux au sein de la société anonyme après la loi du 20 octobre 2002 », *Rev. sociétés* 2003, p. 1.

SORDINO (M.-C.), « Aménagements conventionnels et révocation *ad nutum* des dirigeants de société anonyme », *in Mélanges Ch. Mouly*, Litec, 1998, t. 2, p. 245.

VIANDIER (A.) et CHARVERIAT (A.), *Sociétés et Loi NRE*, Francis Lefebvre, 2002.

VIANDIER (A.), « Le rachat d'actions après la loi n° 98-546 du 2 juillet 1998 », *RJDA* 1998, p. 590.

CHAPITRE 12

La société par actions simplifiée (SAS)

La Société par actions simplifiée (SAS) est comme la SA une société qui émet des actions mais qui s'en distingue par la grande souplesse qui caractérise son organisation interne qui fait largement appelle à la liberté statutaire. La loi n° 94-1 du 3 janvier 1994 l'avait réservée aux grandes sociétés dans la mesure où ses actionnaires ne pouvaient être que des sociétés ayant un capital d'au moins 225 000 entièrement libéré. La loi n° 99-587 du 12 juillet 1999 a supprimé la double condition de personnalité morale et de capital minimum que devaient auparavant réunir les actionnaires d'une SAS libéralisant le recours à cette forme sociale qui connaît un vif succès. Les lois Nouvelles régulations économiques du 15 mai 2001 et Sécurité financière du 1er août 2003 sont également revenues sur certaines dispositions du régime de la SAS. Quant à la loi dite de Modernisation de l'Économie du 4 août 2008, elle bouleverse sensiblement cette institution encore jeune dans le paysage juridique français en la rapprochant des SARL.

Elles sont spécialement régies par les articles L. 227-1 à 227-20 du Code de commerce.

1 • CONSTITUTION

A - La création *ex nihilo* ou *ab initio*

La création *ex nihilo* ou *ab initio* d'une SAS ne déroge pas, en ce qui concerne les formalités et les publicités à réaliser, aux règles applicables aux SA auxquelles nous renvoyons (cf. *supra*, Chapitre 11). En revanche, les conditions de fond présentent une certaine singularité.

1) Les associés

Les associés d'une SAS peuvent être, depuis 1999, des personnes morales (y compris unipersonnelles) comme des personnes physiques (C. com., art. L. 227-1).

Leur responsabilité étant limitée au montant de leur apport, une simple capacité civile est requise.

Le nombre d'actionnaires que doit comporter une SAS a été libéralisé puisque la loi a autorisé la création de SAS unipersonnelle (SASU). Relevons que cette unipersonnalité peut exister depuis l'origine de la société comme survenir en cours de vie sociale par la réunion de toutes les actions entre les mains d'un seul associé : une telle société peut d'ailleurs, par la suite, redevenir ou devenir, selon le cas, pluripersonnelle sans que cela n'entraîne une quelconque transformation de la société (C. com., art. L. 227-4).

En revanche, la loi ne fixe, à la différence de la SARL, aucun maximum d'actionnaires.

2) Le capital

La loi de Modernisation de l'Économie du 4 août 2008 a supprimé l'exigence d'un capital minimum dans les SAS. Comme dans les SARL, cela signifie que les associés doivent prévoir un capital social mais qu'ils sont libres d'en fixer le montant.

Celui-ci doit être intégralement souscrit.

Ce capital social recueille l'ensemble des apports effectués par les associés y compris les apports en industrie qui sont aujourd'hui autorisés à condition que les actions remises en contrepartie soient inaliénables et n'aient pas une durée de vie supérieure à dix ans.

Les règles de souscription et de libération des apports en numéraire sont les mêmes que celles qui ont cours dans les SA : aussi la moitié seulement des apports en numéraire doivent-ils être libérés lors de la souscription, la libération du surplus devant intervenir dans le délai de cinq ans suivant l'immatriculation, sur décision des organes de direction (C. com., art. L. 225-3).

S'agissant des apports en nature, ceux-ci doivent faire l'objet d'une vérification de leur valeur par un commissaire aux apports.

Les modalités de souscription et de répartition des actions d'intérêts relèvent des statuts.

Rien n'interdit d'introduire une clause de variabilité du capital social dans les statuts de la SAS (C. com., art. L. 231-1).

En contrepartie de leurs apports, les associés reçoivent des actions négociables dont le montant nominal peut être fixé dans les statuts. De surcroît, la SAS peut émettre les mêmes valeurs mobilières qu'une SA (obligations simples, obligations complexes, valeurs mobilières composées). Par contre, la SAS ne peut offrir ses titres au public ni être cotée afin de lui conserver sa logique interne de société fermée fortement empreinte d'*intuitu personae* (C. com., art. L. 227-2).

B - La création par transformation

La décision de transformation d'une société existante en SAS doit être prise à l'unanimité des associés de la société qui souhaite se transformer, sous peine de nullité de la transformation et de sanctions pénales (C. com., art. L. 227-3 et L. 244-2). Il en va de même en cas de création par voie de fusion-absorption (Cass. com., 19 décembre 2006 : *JCP* E 2006, p. 1192, note A. Viandier).

De plus, lorsqu'une société de quelque forme que ce soit qui n'a pas de commissaire aux comptes souhaite se transformer en SAS, il doit être procédé à la nomination d'un ou plusieurs commissaires à la transformation qui auront pour mission d'apprécier, sous leur responsabilité, la valeur des biens composant l'actif social (C. com., art. L. 224-3). En outre, dans une SA ou une SCA, la décision de transformation nécessite, d'une part, un délai d'existence de deux années et, d'autre part, un rapport du commissaire aux comptes attestant que les capitaux propres sont au moins égaux au capital social et la consultation, le cas échéant, des obligataires (C. com., art. L. 225-244).

2 • ORGANISATION

C'est essentiellement en matière d'organisation que la liberté souhaitée par les promoteurs de la SAS s'exprime le plus étant rappelé que les dispositions relatives à la direction et aux assemblées dans les SA ne s'appliquent pas dans le cadre d'une SAS (C. com., art. L. 227-1).

A - Le dirigeant

1) Le statut

C'est aux associés de fixer le statut du dirigeant de la SAS, d'arrêter les conditions (qualité d'associé ou non, compétences techniques particulières, âge...) qu'il doit remplir, la durée de son mandat, la possibilité ou non de cumuler ce mandat avec d'autres mandats dans d'autres sociétés ou avec un contrat de travail dans la SAS, les causes et modalités de sa révocation, le montant et les modalités de sa rémunération... (C. com., art. L. 227-5).

La liberté des associés n'est cependant pas totale. Ainsi, il leur faut impérativement désigner un président, qui peut être une personne morale (C. com., art. L. 227-7), chargé de représenter la société (C. com., art. 227-6).

Depuis la loi de Sécurité financière du 1er août 2003, l'alinéa 2 de l'article L. 227-6 dispose que « *les statuts peuvent prévoir les conditions dans lesquelles une ou plusieurs personnes autres que le président, portant le titre de directeur général ou de directeur général délégué, peuvent exercer les pouvoirs confiés à ce dernier par le présent article* ».

Relevons, enfin, qu'au plan fiscal et social, le statut des dirigeants de SAS est le même que celui des dirigeants de la SA : statut de salarié et affiliation au régime général de Sécurité sociale.

2) Les pouvoirs

Le président, seul organe prévu légalement et impérativement, a, dans l'ordre interne, les pouvoirs les plus étendus pour agir en toutes circonstances au nom de la société dans la limite de l'objet social et dans le respect des éventuelles limitations statutaires. On retrouve là les mêmes principes que dans la SA.

Dans l'ordre externe, vis-à-vis des tiers, il engage valablement la société par ses actes, même lorsque ceux-ci ne relèvent pas de l'objet social, à moins que la société ne puisse prouver que le tiers savait que l'acte dépassait cet objet ou qu'il ne pouvait l'ignorer compte tenu des circonstances, étant exclu que la seule publication des statuts suffise à constituer cette preuve (C. com., art. L. 227-6).

En outre, les clauses statutaires limitant ses pouvoirs (par exemple, obligation d'obtenir l'accord préalable des associés pour passer un acte de telle nature ou de tel montant), sont inopposables aux tiers. Leur violation par le président n'engage pas moins valablement la société.

Les mêmes règles s'appliquent aux éventuels directeurs généraux et directeurs généraux délégués (C. com., art. L. 227-6, al. 3).

3) *Les contrôles de la direction*

Le contrôle de la direction de la SAS est assuré par :

- les associés à l'occasion de l'exercice de leurs droits politiques ;
- l'éventuel organe de surveillance que les statuts auront créé (C. com., art. L. 227-5) ;
- le commissaire aux comptes, le cas échéant, dont la présence est aujourd'hui seulement facultative sauf exceptions (C. com., art. L. 227-9-1, nouv. introd. L. n° 2008-776 du 4 août 2008) ;
- l'existence d'un encadrement des conventions réglementées calqué sur celui qui existe dans les SA (C. com., art. L. 227-10 – cf. *infra*, p. 147 et s.) ;
- l'expertise de gestion dont disposent les actionnaires.

En aucun cas, à peine de nullité du contrat, le président et les dirigeants de la SAS ne sauraient contracter, sous quelque forme que ce soit, des emprunts auprès de la société, se faire consentir par elle un découvert, en compte-courant ou autrement, ainsi que de faire cautionner ou avaliser par elle leurs engagements (personnels) envers les tiers (C. com., art. L. 227-12).

4) *Les responsabilités*

La responsabilité civile et pénale des présidents, directeurs généraux et directeurs généraux délégués est la même que celle des administrateurs et membres du directoire des SA (C. com., art. L. 227-8 – cf. *supra*, Chapitre 11).

Relevons, toutefois, que lorsqu'une personne morale est nommée président ou dirigeant d'une SAS, les dirigeants de ladite personne morale sont soumis aux mêmes conditions et obligations et encourent les mêmes responsabilités civile et pénale que s'ils étaient président ou dirigeant en leur nom propre, sans préjudice de la responsabilité solidaire de la personne morale qu'ils dirigent (C. com., art. L. 226-7).

B - Les associés

1) *Les droits pécuniaires*

Les associés peuvent prétendre à une part du bénéfice distribuable de l'exercice et du boni de liquidation. Leur répartition effective relève de la liberté statutaire qui peut retenir une autre règle que celle de l'égalité proportionnelle visée à titre supplétif à l'article 1844-1 du Code civil, sous réserve de la prohibition des clauses léonines.

Relevons, toutefois, que les statuts peuvent prévoir valablement la suspension des droits pécuniaires d'un associé qui entre dans le champ de la clause statutaire lui imposant de céder ses actions ; tant qu'il n'a pas cédé ses actions, les droits pécuniaires normalement attachés aux actions qu'il détient sont suspendus ; c'est une forme d'astreinte privée (C. com., art. L. 227-16, al. 2).

Les associés bénéficient aussi d'un droit préférentiel de souscription en cas d'augmentation du capital social auquel ils peuvent renoncer individuellement ou collectivement.

2) Les droits politiques

À la différence des actionnaires des SA, les associés des SAS ne jouissent pas d'un droit à l'information développée. Pour l'essentiel, ce droit relève de la liberté statutaire. Toutefois, certaines informations doivent impérativement être portées à la connaissance des associés : rapport de gestion, comptes annuels et, le cas échéant, comptes consolidés et, plus largement, toutes les informations nécessaires pour éclairer les associés réunis en assemblée afin de délibérer valablement sur les questions figurant à l'ordre du jour de celles-ci.

De surcroît, les conventions dites réglementées, c'est-à-dire intervenues directement ou par personne interposée entre la société et son président, l'un de ses dirigeants, l'un de ses actionnaires disposant d'une fraction des droits de vote supérieure à 10 % (mod. L. n° 2003-706 du 1er août 2003) ou, s'il s'agit d'une société actionnaire, la société la contrôlant au sens de l'article L. 233-3 du Code de commerce, doivent aussi être présentées aux associés dans le cadre du rapport établi par le commissaire aux comptes de la société ou, à défaut, par le président (C. com., art. L. 227-10). Dans le même domaine, tout associé a le droit d'obtenir communication des conventions portant sur des opérations courantes conclues à des conditions normales qui doivent être normalement communiquées au commissaire aux comptes sauf si à raison de leur objet ou de leurs implications financières ces conventions apparaissent non significatives pour aucune des deux parties, auquel cas, elles n'ont pas à être communiquées au commissaire aux comptes (C. com., art. L. 227-11, mod. L. n° 2003-706 du 1er août 2003). Comme dans la SA, les conventions non approuvées par les associés n'en produisent pas moins leurs effets à charge pour la personne intéressée et éventuellement pour le président et les autres dirigeants de la SAS d'en supporter les conséquences dommageables pour la société (C. com., art. L. 227-10, al. 3).

Relevons que dans les SASU, et par dérogation à ce qui vient d'être exposé, il est seulement fait mention au registre des décisions des conventions intervenues directement ou par personne interposée entre la société et son dirigeant (C. com., art. L. 227-10, *in fine*).

Les actionnaires disposent également du droit de voter (C. civ., art. 1844). La répartition du droit de vote relève cependant de la liberté statutaire et il est permis de créer des actions à droit de vote multiple ou d'attribuer à un actionnaire un nombre de droits de vote sans commune mesure avec sa participation au capital social.

Pour exprimer leur vote, les actionnaires de la SAS ne sont pas systématiquement réunis en assemblée. En effet, ce sont les statuts qui déterminent les décisions qui doivent être prises collectivement par les associés ainsi que les formes et conditions de cette réunion (C. com., art. L. 227-9, al. 1er).

Cependant, la liberté des actionnaires de la SAS n'est pas totale :

- d'une part, les attributions dévolues aux assemblées générales extraordinaires et ordinaires des sociétés anonymes en matière d'augmentation, d'amortissement ou de réduction du capital, de fusion, de scission, de dissolution, de transformation en une société d'une autre forme, de nomination de commissaires aux comptes, de comptes annuels et de bénéfices sont obligatoirement exercées collectivement par les associés, dans les conditions – quorum et majorité – prévues par les statuts (C. com., art. L. 227-9, al. 2) ;

– d'autre part, certaines décisions requièrent toujours l'unanimité (par exemple, les clauses statutaires relatives aux restrictions à la libre négociation des actions et, au terme de l'article 1836 du Code civil, toute décision qui aurait pour objet ou pour effet d'augmenter les engagements des associés), tandis que d'autres ne la requièrent qu'à défaut de dispositions statutaires contraires (par exemple, prorogation de la société ou liquidation de celle-ci).

Par ailleurs, la SASU présente ici certaines particularités. En effet, il était prévu que l'associé unique devait approuver les comptes, après rapport du commissaire aux comptes, dans les six mois de la clôture de l'exercice et les décisions qu'il adoptait étaient consignées dans un registre (C. com., art. L. 227-9, al. 3). Depuis la Loi de Modernisation de l'Économie du 4 août 2008, le gérant unique de la SASU dont il est le seul associé peut approuver les comptes par le simple dépôt de ceux-ci au RCS et sans que le récépissé de dépôt soit porté au registre des décisions. Dans la même veine, le gérant associé unique n'a plus à déposer les comptes de l'exercice au RCS mais de les tenir seulement à disposition de qui en fera la demande.

Les décisions prises en violation des dispositions qui précèdent peuvent être annulées à la demande de tout intéressé (C. com., art. L. 227-9, *in fine*).

3 • MUTATIONS

A - Des droits sociaux

Les actions émises par la SAS sont, en principe, librement négociables. Toutefois, les statuts des SAS peuvent contenir des clauses qui restreignent cette liberté afin de renforcer l'*intuitu personae*.

Ainsi, il est permis aux statuts (d'origine ou modifiés à l'unanimité en cours de vie sociale) de soumettre toute cession d'actions à l'agrément préalable de la société (C. com., art. L. 227-14) : son domaine est vaste puisque même les cessions entre actionnaires peuvent y être astreintes. De même, rien n'interdit de prévoir statutairement une clause de préemption, de plafonnement des participations, de sortie conjointe ou non, au nom de la liberté contractuelle qui caractérise aussi cette forme sociale. Plus encore, il est permis de prévoir statutairement une clause d'inaliénabilité des actions pour une durée n'excédant toutefois pas dix années (C. com., art. L. 227-13).

L'efficacité de ces clauses est garantie puisqu'il est prévu que toute cession effectuée en violation des clauses autorisées aux articles L. 227-13 et 227-14 du Code de commerce est nulle (C. com., art. L. 227-15).

Dans la même veine et selon les mêmes modalités (unanimité, prévision des organes compétents et de la procédure), il est permis d'introduire des clauses d'exclusion, soit en cas de changement de contrôle dans la société associée (C. com., art. L. 227-17), soit pour toute autre cause (C. com., art. L. 227-16).

Lorsque c'est la société qui est conduite à acheter les actions litigieuses en application des mêmes clauses, elle est tenue de les céder dans le délai de six mois ou de les annuler (C. com., art. L. 227-18).

Ces dispositions ne sont pas applicables aux SASU (C. com., art. L. 227-20).

B - De la structure sociétaire

Une SAS peut se transformer en une autre forme sociale. Cette décision relève toutefois impérativement de la compétence des associés selon les modalités prévues par les statuts (C. com., art. L. 227-9, al. 2). Le commissaire aux comptes de la société fera office, dans ce cas, de commissaire à la transformation : il élaborera un rapport attestant que les capitaux propres sont au moins égaux au montant du capital social (sauf dans l'hypothèse d'une transformation en une SNC).

Les causes de dissolution de droit commun (C. civ., art. 1844-7) sont applicables à la SAS.

BIBLIOGRAPHIE

BERTREL (J.-P.), « La SAS : bilan et perspectives », *Dr. et patr.*, septembre 1999, p. 40.

GERMAIN (M.), « La SAS libérée », *JCP* E 1999, p. 1505.

LE CANNU (P.), « La SAS pour tous », *Bull. Joly Sociétés* 1999, p. 841.

PAILLUSSEAU (J.), « La nouvelle société par actions simplifiée. Le big bang du droit des sociétés », *D.* 1999, p. 333.

PAILLUSSEAU (J.), « Les sociétés par actions simplifiées : une nouvelle structure pour les PME et les personnes physiques », *JCP* E 2002, p. 458.

CHAPITRE 13

La société en commandite par actions (SCA)

La Société en commandite par actions (SCA) est une forme hybride de société en ce sens qu'elle emprunte aux régimes de deux autres formes sociales : la société en commandite simple à laquelle elle emprunte la dissociation entre le capital et la gestion de la société matérialisée par l'existence de deux catégories d'associés (commandités et commanditaires) et la société anonyme à laquelle elle emprunte la faculté de se financer par les moyens les plus divers et, précisément, d'émettre des titres négociables ce qui lui permet, le cas échéant, d'être cotée. Aussi, les textes qui la réglementent (C. com., art. L. 226-1 et s.) renvoient-ils régulièrement à l'une et l'autre de ces deux formes sociales dans la mesure où leurs réglementations respectives sont compatibles avec les dispositions spéciales applicables aux SCA (C. com., art. L. 226-1, al. 2nd).

1 • CONSTITUTION

A - Les associés

Comme dans la SCS, la SCA comporte deux catégories d'associés : les commandités et les commanditaires. Précisément, elle peut compter, lors de sa constitution, un ou plusieurs commandités mais impérativement trois associés commanditaires au moins (C. com., art. L. 226-1, al. 1er).

Le commandité est une personne physique ou morale (à l'exception d'une société civile), qui a obligatoirement la qualité (et donc la capacité) de commerçant, qui répond indéfiniment et solidairement des dettes sociales : l'on retrouve là les mêmes règles que dans le cadre de la SCS (cf. *supra*, Chapitre 6). L'associé commandité d'une SCA est traité comme l'associé en nom de la SNC (cf. *supra*, Chapitre 5). De surcroît, l'associé commandité doit être désigné dans les statuts ce qui imposera de les modifier en cours de vie sociale en cas de changement dans la personne des commandités.

Les commanditaires, quant à eux, sont des personnes physiques ou morales qui n'ont pas la qualité de commerçant et qui ne répondent des dettes sociales que dans la limite du montant de leur apport. Les droits octroyés aux commanditaires en rémunération de leur apport sont des actions. Pour une très large part, les règles relatives aux actionnaires des SA s'appliquent à ceux des SCA (cf. *supra*, Chapitre 11).

B - Le capital social

Le capital social de la SCA est divisé en actions, négociables.

Ce capital social doit avoir un montant minimum identique à celui qui est pratiqué dans les SA soit 37 000 euros lorsque la société n'offre pas ses titres de capital au public et 225 000 euros dans le cas contraire.

Une clause de variabilité du capital social peut être statutairement prévue (C. com., art. L. 231-1, al. 1er).

Le capital social est composé des apports effectués par les associés. Les commanditaires peuvent réaliser tout type d'apport à la société (numéraire et autres biens en nature) à l'exception de leur industrie. Quant aux commandités, ils doivent également réaliser un apport, qui peut, de surcroît, consister en un apport en industrie, mais ces apports ne seront alors pas portés au capital social mais dans un compte spécial.

2 • ORGANISATION

A - Les dirigeants

La SCA est gérée par une ou plusieurs personnes, physiques ou morales, ayant la capacité commerciale, qui prend le nom de gérant. Ce peut donc être un associé commandité (hypothèse de loin la plus fréquente) comme un tiers : mais en aucun cas il ne peut s'agir d'un associé commanditaire.

Lorsque le gérant est une personne physique, qui doit avoir, à peine de nullité, moins de soixante-cinq ans, sauf disposition statutaire contraire (C. com., art. L. 226-3), le dépassement de la limite d'âge est sanctionné de la démission d'office. Au-delà de ces règles minimales, la liberté statutaire recouvre son empire : durée du mandat (limitée ou illimitée), renouvellement du mandat (une ou plusieurs fois – par un vote ou par tacite reconduction)...

Le ou les premiers gérants sont désignés par les statuts. En cours de vie sociale, il convient de se référer aux statuts ce qui confère une certaine liberté d'organisation interne : si ceux-ci sont muets quant à la nomination du ou des gérants, il revient alors à l'assemblée générale ordinaire des commanditaires de les désigner avec l'accord de tous les associés commandités (C. com., art. L. 226-2, al. 2).

Le gérant est investi des pouvoirs les plus étendus pour agir en toutes circonstances au nom de la société.

Dans les rapports avec les tiers, la société est engagée même par les actes du gérant qui ne relèvent pas de l'objet social, sous réserve de la connaissance par le tiers du dépassement.

Les clauses statutaires limitant ses pouvoirs importants sont inopposables aux tiers.

En cas de pluralité de gérants, chacun dispose séparément des pleins pouvoirs pour agir au nom et pour le compte de la société et l'opposition formée par l'un des cogérants aux actes d'un autre gérant est sans effet à l'égard des tiers (la société est valablement engagée), à moins qu'il ne soit établi que le tiers en a eu connaissance (problème de preuve de l'opposition) (C. com., art. L. 226-7).

Enfin, le gérant assume les mêmes obligations que le conseil d'administration dans la société anonyme. Il lui revient donc, par exemple, de convoquer les assemblées, d'établir le rapport de gestion... (C. com., art. L. 226-7 – cf. *supra*, Chapitre 11).

Le gérant ne peut percevoir que la rémunération prévue par les statuts (C. com., art. L. 226-8). Toute autre rémunération nécessite un vote de l'assemblée générale ordinaire des commanditaires et, sauf clause contraire des statuts, l'accord unanime des commandités (C. com., art. L. 226-8, al. 2).

La révocation du gérant, associé ou non, ne peut intervenir que dans les conditions prévues par les statuts. Toutefois, le gérant peut être révoqué par le tribunal de commerce pour cause légitime, à la demande de tout associé ou de la société, toute clause contraire étant réputée non-écrite (C. com., art. L. 226-2, *in fine*).

Que le gérant soit ou non associé, il encourt une mise en cause de sa responsabilité civile en cas de violation de la loi, des règlements, des statuts ou de faute de gestion, envers la société et les associés comme envers les tiers (C. com., art. L. 226-12) ainsi que de sa responsabilité pénale (C. com., art. L. 243-1).

B - Les contrôles

Trois mécanismes de contrôle sont prévus par la loi :

- l'assemblée générale ordinaire doit désigner un ou plusieurs commissaires aux comptes, à l'instar de ce qui existe dans les sociétés anonymes (C. com., art. L. 226-6) ;
- la procédure des conventions réglementées est applicable aux conventions susceptibles de renfermer un conflit d'intérêts (C. com., art. L. 226-10 – cf. *supra*, Chapitre 11) ;
- il est fait obligation à l'assemblée générale ordinaire de nommer, dans les conditions fixées par les statuts, un conseil de surveillance, composé exclusivement d'associés commanditaires (3 au moins) qui assume, de façon permanente, le contrôle interne de la gestion de la société (C. com., art. L. 226-9). Il lui revient d'élaborer un rapport annuel sur la gestion de la société menée par le gérant dans lequel il doit signaler, notamment, les irrégularités et inexactitudes relevées dans les comptes sociaux. Il peut, de surcroît, convoquer l'assemblée des actionnaires.

C - Les associés

Comme dans la SCS, la SCA est marquée par la dualité de ses associés : l'on distingue les commanditaires des commandités.

Comme leurs homologues de la SCS, les commanditaires de la SCA sont exclus de la gestion de la société (C. com., art. L. 222-6, al. 1er, par renvoi art. L. 226-1). Ils peuvent cependant contrôler la gestion à travers l'assemblée générale ordinaire qui fonctionne sur le même modèle que l'assemblée générale des actionnaires d'une société anonyme (approbation annuelle des comptes, affectation du résultat de l'exercice, élaboration des décisions sociales, nomination des membres du conseil de surveillance, désignation du ou des commissaires aux comptes, approbation ou désapprobation des conventions réglementées).

Si pour toutes les décisions qui ne sont pas expressément réservées aux seuls commanditaires (par exemple, la désignation des membres du conseil de surveillance), l'accord des commandités est indispensable, certaines d'entre elles nécessitent de surcroît de recueillir l'accord unanime de tous les associés commandités : désignation du ou des gérants en cours d'exercice (C. com., art. L. 226-2), allocation d'une rémunération extra-statutaire au gérant (C. com., art. L. 226-8), modification des statuts de la société (C. com., art. L. 226-11), le tout sauf clause contraire.

Au plan pécuniaire, les commandités bénéficient d'une priorité dans les dividendes s'incarnant dans un intérêt préciputaire exprimé aux statuts sous la forme, généralement, d'un pourcentage du résultat net, qu'ils perçoivent en priorité. Pour le reste, on retrouve ici les mêmes règles que dans la SCS : tandis que la responsabilité des commanditaires est limitée au montant de leur apport, celle des commandités est indéfinie et solidaire.

3 • MUTATIONS

A - Des droits sociaux

Les commanditaires disposent d'actions qu'ils peuvent négocier librement, surtout lorsque la société est cotée. Toutefois, comme dans les sociétés anonymes, des restrictions (clauses d'agrément, de préemption voire d'inaliénabilité) sont envisageables dès lors que la société ne souhaite pas faire appel public à l'épargne.

Les commandités disposent, quant à eux, de parts sociales non négociables mais seulement cessibles. Aussi, leur cession doit être constatée par un acte écrit, signifié à la société dans les conditions de l'article 1690 du Code civil ou acceptée par elle dans un acte authentique (C. com., art. L. 222-8). La cession doit faire l'objet d'une publicité sous forme d'une inscription modificative au RCS. Elle doit, enfin, recueillir l'accord unanime des commandités et des commanditaires sauf dans quelques hypothèses visées expressément au texte.

B - De la structure sociétaire

La SCA peut se transformer en une société d'une autre forme avec l'accord unanime des associés commandités, sauf clause contraire (C. com., art. L. 226-11). Toutefois, la loi prend soin de préciser que la transformation d'une SCA en société anonyme ou en SARL est décidée par l'assemblée générale extraordinaire avec l'accord de la majorité des associés commandités seulement (C. com., art. L. 226-14), sauf l'hypothèse de la SNC qui requiert leur unanimité.

La SCA peut être dissoute pour les causes de droit commun (C. civ., art. 1844-7), et pour celles propres aux sociétés anonymes (la société compte moins de sept actionnaires depuis plus d'un an) ainsi que celles propres aux SCS.

BIBLIOGRAPHIE

BUCHER (F.), « Du bon usage de la commandite par actions », *Rev. sociétés* 1994, p. 415.

LUCET (F.) et GIRAUD (L.), « Le mariage d'une société « pilote » avec une société en commandite par actions », *Dr. et patr.*, mai 2001, p. 20.

TURCK (M.), « Société en commandite par actions et effet de levier juridique », *JCP* E 1994, I, 377.

VIANDIER (A.) (sous la direction de) *La société en commandite entre son passé et son avenir*, CREDA, Litec, 1983.

PARTIE 4

Règles propres à des groupements particuliers intervenant dans le domaine économique

Si l'activité économique est essentiellement réalisée sous la forme de structure sociétaire d'autres groupements offrent aussi, au plan juridique, l'opportunité de développer une activité économique.

CHAPITRE 14

Les associations

L'association est, au terme de l'article 1er de la loi du 1er juillet 1901, « *la convention par laquelle deux ou plusieurs personnes mettent en commun, d'une façon permanente, leurs connaissances ou leur activité dans un but autre que de partager des bénéfices* » (souligné par nous). Ainsi, tandis que la société est à but lucratif, l'association est à but non lucratif. Cela ne signifie pas qu'elle ne réalise point de bénéfices (on parle plus volontiers d'excédents) mais ceux-ci n'ont pas vocation à être partagés entre les membres de l'association, à enrichir individuellement les adhérents (Ch. Réunies, 11 mars 1914, *aff. Caisse rurale de Manigod* : *DP* 1914, 1, p. 257, note L. S.).

1 • CONSTITUTION

L'association est d'abord un contrat consensuel qui requiert uniquement, pour sa validité, l'accord de ses adhérents. En pratique, cependant, l'on recourt très fréquemment à la rédaction de statuts qui, d'une part, permettent de prévoir le fonctionnement interne de l'association et, d'autre part, seront exigés lors de la déclaration de l'association à la préfecture du département ou à la sous-préfecture de l'arrondissement dans le ressort duquel l'association aura son siège social.

Les fondateurs de l'association doivent joindre à leur demande un certain nombre d'informations : titre et objet de l'association, siège de ses établissements, noms, professions, domiciles et nationalités des personnes chargées de son administration et/ ou direction.

Cette formalité de publicité conférera la personnalité juridique et donc la capacité juridique à l'association. Dans le délai de cinq jours du dépôt de la déclaration, l'association recevra un récépissé de déclaration. Il sera, par la suite, procédé à une publication au *Journal officiel* dans le délai d'un mois par les animateurs de l'association.

Relevons qu'une association peut se voir reconnaître une capacité juridique plus complète lorsqu'elle est, au terme d'un décret pris en Conseil d'État, reconnue d'utilité publique : dans ce cas, l'association peut recevoir des dons et des legs dans les conditions fixées à l'article 910 du Code civil (L. 1er juillet 1901, art. 11).

2 • ORGANISATION

A - Les membres

L'adhésion à une association est également placée sous le sceau de la liberté. Cette liberté s'entend dans les deux sens : liberté de toute personne de choisir l'association de son choix mais aussi liberté de l'association de choisir librement ses membres.

Les droits et obligations des adhérents à l'association sont déterminés par les statuts.

Les membres doivent être au minimum deux mais aucun maximum n'est prévu. Il est possible de prévoir différentes catégories de membres.

Ils ne sauraient prétendre à un partage de l'excédent d'exploitation ni à celui d'un éventuel boni de liquidation lors de la dissolution de l'association.

Lorsque l'association a été déclarée et se trouve dotée de la personnalité juridique, les engagements contractés en son nom ne sauraient être mis à leur charge.

Les membres de l'association sont regroupés au sein d'assemblées. La liberté statutaire est à l'œuvre s'agissant de la détermination de la composition des assemblées, des modalités de leur convocation, des conditions de quorum et de majorité. Les AGO sont compétentes pour statuer sur les rapports sur la gestion morale et financière de l'association, pour approuver les comptes de l'exercice et, enfin, pour prendre les décisions concernant le patrimoine de l'association. Les AGE sont, quant à elles, compétentes pour modifier les statuts.

B - Les dirigeants

Toute association est dirigée par un conseil d'administration dont la composition comme la désignation et les pouvoirs relèvent des statuts.

Le conseil d'administration peut désigner en son sein un bureau, composé d'un président, d'un secrétaire et d'un trésorier. Le bureau est chargé de l'administration et de la gestion quotidienne de l'association.

En revanche, le président ne peut représenter l'association et, par exemple, interjeter appel d'une décision de justice en son nom, s'il n'est pas spécialement investi de cette mission par les statuts.

3 • RESSOURCES

Les ressources d'une association sont variées.

Toute association régulièrement déclarée peut recevoir des dons manuels ainsi que des dons des établissements reconnus d'utilité publique, acquérir à titre onéreux, posséder et administrer des subventions (État, collectivités locales, établissements publics), les cotisations de ses membres, le local destiné à l'administration de l'association et à la réunion de ses membres, les immeubles strictement nécessaires à l'accomplissement du but qu'elle s'est fixé. Toute association peut également bénéficier d'apports, qu'ils s'agissent d'apports en industrie, en numéraire ou en nature.

En revanche, seules les associations reconnues d'utilité publique et celles qui ont pour but exclusif l'assistance, la bienfaisance, la recherche scientifique ou médicale peuvent bénéficier de libéralités.

Enfin, certaines associations peuvent émettre des obligations, avec ou sans appel public à l'épargne (L. n° 85-698 du 11 juillet 1985, art. 1er). L'émission d'un tel emprunt contraint l'association à établir chaque année un bilan, un compte de résultat et une annexe ainsi qu'à recourir aux services d'un commissaire aux comptes.

4 • OBJET

L'objet d'une association est, en principe, civil. Rien ne lui interdit cependant d'accomplir des actes de commerce et vendre ainsi des produits ou fournir des services.

5 • RESPONSABILITÉS

La responsabilité civile d'une association peut être recherchée tant au plan contractuel que délictuel dans les conditions de droit commun.

La responsabilité civile de ses dirigeants peut également être recherchée lorsqu'ils auront commis des fautes à l'endroit de l'association elle-même ou de ses membres. Vis-à-vis des tiers, seule l'association est responsable des actes de ses dirigeants à moins qu'ils n'aient commis une faute détachable de leur fonction.

Relevons que les dispositions relatives au redressement et à la liquidation judiciaire des sociétés sont également applicables aux associations déclarées.

6 • DISSOLUTION

La loi prévoit trois hypothèses de dissolution d'une association : la dissolution volontaire décidée par les sociétaires à l'unanimité (*mutuus dissensus*), la dissolution statutaire (par exemple, arrivée du terme ou réalisation de l'objet) et, enfin, la dissolution judiciaire prononcée par le TGI à la demande de tout intéressé ou du Ministère public en cas d'illicéité de l'objet de l'association ou d'infraction aux règles de déclaration.

La dissolution entraîne la liquidation de l'association. Après apurement du passif et, éventuellement, reprise de leurs apports par les sociétaires, les biens de l'association sont dévolus conformément aux dispositions statutaires ou, dans le silence de ceux-ci, conformément au vœu exprimé par les membres réunis en assemblée. En aucun cas, il ne saurait être procédé à un partage du boni de liquidation.

BIBLIOGRAPHIE

ALFANDARI (E.), « Le patrimoine de l'entreprise sous forme associative », *in Mélanges J. Derruppé*, Litec, 1991, p. 265.

ALFANDARI (E.), « Associations et sociétés : points de rencontre », *LPA* 24 avril 1996, p. 6.

CHARTIER (Y.), « L'association, contrat, dans la jurisprudence récente de la Cour de cassation », *in Mélanges Y. Guyon*, Dalloz, 2003, p. 183.

LE CANNU (P.), « Réflexions sur la distinction entre l'association et la société », *LPA* 1983, n° 104.

MALAURIE (M.), « Plaidoyer en faveur des associations », *D.* 1992, chron. 274.

SOUSI (G.), « Le 90e anniversaire de la loi du 1er juillet 1901 : de la liberté d'association à la liberté d'entreprise », *LPA* 28 juin 1991, n° 77, p. 37.

CHAPITRE 15

Les groupements d'intérêt économique et européen économique

Dotés de la personnalité juridique, le groupement d'intérêt économique (GIE), et son homologue européen le groupement européen d'intérêt économique (GEIE), n'ont pas vocation à réaliser des bénéfices mais uniquement de faire profiter leurs membres des éventuelles économies réalisées dans son cadre. En effet, l'alinéa 2 de l'article L. 251-1 du Code de commerce dispose que « *le but du groupement est de faciliter ou de développer l'activité économique de ses membres, d'améliorer ou d'accroître les résultats de cette activité. Il n'est pas de réaliser des bénéfices pour lui-même* » mais de permettre à ses membres d'en réaliser.

1 • CONSTITUTION

A - Les conditions de fond

Deux ou plusieurs personnes peuvent constituer entre elles un GIE ou un GEIE. Dans le second cas, la seule condition supplémentaire est que deux des membres doivent relever d'au moins deux États de l'Union européenne. Aucun maximum n'est fixé par la loi. Parfois, le législateur lui-même impose le recours à cette forme juridique de collaboration : tel est le cas, par exemple, lorsque des commerçants veulent ensemble constituer un magasin collectif (C. com., art. L. 125-2).

Ces personnes peuvent être des personnes physiques ou morales. Une simple capacité civile suffit. En revanche, toutes ces personnes doivent exercer une activité économique qui se situe dans le prolongement de celle développée par le groupement.

Aucun capital social minimum n'est requis et un GIE peut même être constitué sans capital social (C. com., art. L. 251-3, al. 1er). Lorsqu'il est constitué avec un capital social, les membres du GIE reçoivent des droits sociaux qui ne peuvent être des titres négociables. Toute clause contraire est réputée non-écrite (C. com., art. L. 251-3).

B - Les conditions de forme

Au plan de la forme, la constitution d'un GIE ou d'un GEIE nécessite la rédaction d'un contrat qui, d'une part, détermine l'organisation du groupement et, d'autre part, contient un certain nombre d'informations (dénomination, nom, adresse et forme juridique des divers membres, durée du groupement, objet du groupement, adresse du siège du groupement) permettant de l'identifier (C. com., art. L. 251-8). En outre, le GIE comme le GEIE doivent être immatriculés pour jouir de la personnalité morale à compter de l'accomplissement de cette formalité (C. com., art. L. 251-4).

2 • ORGANISATION

A - Les dirigeants

Le groupement est administré par une ou plusieurs personnes, physiques ou morales (C. com., art. L. 251-11, al. 1er). Dans ce second cas, la personne morale doit désigner un représentant permanent qui endossera la même responsabilité civile et pénale que s'il était administrateur en nom propre.

Dans l'ordre interne, le statut (modalités de désignation, rémunération, fin des fonctions...) et les pouvoirs du ou des administrateurs sont du ressort du contrat constitutif ou d'une décision collective ultérieure des membres réunis en assemblée.

Dans l'ordre externe, les administrateurs engagent le groupement par tout acte entrant dans l'objet social. Les limitations de pouvoirs sont inopposables aux tiers.

Le ou les administrateurs du groupement, ainsi que le représentant permanent de la personne morale nommée administrateur, sont responsables individuellement ou solidairement selon le cas, envers le groupement ou envers les tiers, des infractions aux dispositions législatives et réglementaires applicables aux groupements, de la violation des statuts du groupement, ainsi que de leurs fautes de gestion.

B - Les membres

En principe, chaque membre du groupement dispose d'une voix. Toutefois, le contrat constitutif peut retenir une autre clé de répartition et, en particulier, peut attribuer à chaque membre un nombre de voix différent de celui attribué aux autres.

Les membres du groupement sont réunis en assemblée. Celle-ci est habilitée à prendre toutes les décisions, y compris la dissolution anticipée ou la prorogation du groupement. C'est le contrat constitutif qui fixe les règles de quorum et de majorité. Le contrat peut prévoir que toutes les décisions ou certaines d'entre elles seront prises aux conditions de quorum et de majorité qu'il fixe. Dans le silence du contrat, les décisions sont prises à l'unanimité (C. com., art. L. 251-10). L'assemblée est normalement convoquée par le dirigeant du groupement mais aussi à la demande d'un quart au moins des membres du groupement.

Les membres du groupement sont tenus des dettes de celui-ci sur leur patrimoine propre. Leur responsabilité est donc indéfinie (C. com., art. L. 251-6). De surcroît, sauf convention contraire avec le tiers contractant, les membres du groupement sont tenus solidairement entre eux et avec le groupement.

C - Les contrôles

Tout groupement doit prévoir et mettre en place deux organes de surveillance : l'un pour contrôler la gestion, l'autre pour contrôler les comptes (C. com., art. L. 251-12). Il revient au contrat constitutif de prévoir l'organisation et la mise en œuvre de ces deux structures de contrôle interne.

3 • MUTATIONS

A - Des membres

C'est le contrat constitutif du groupement qui élabore les conditions de l'entrée de nouveaux membres et du retrait de ceux qui sont déjà présents (C. com., art. L. 251-9).

Le groupement peut accepter de nouveaux membres en cours de vie sociale. À défaut de stipulation particulière dans les statuts, l'adhésion d'un nouveau membre requiert l'unanimité des autres membres. Les nouveaux entrants sont, comme dans la SNC, tenus des dettes nées avant leur entrée dans le groupement. Toutefois, le contrat instituant le groupement peut prévoir que le nouvel entrant ne sera tenu que des dettes nées postérieurement à son entrée. Cette exonération n'est opposable aux tiers qu'à compter de la publication de celle-ci au RCS.

Quant au membre qui se retire, il doit, dans le silence des statuts, recueillir l'accord unanime des autres membres. Le retrait ne peut cependant opérer que si le membre retrayant a exécuté toutes ses obligations à l'endroit du groupement (C. com., art. L. 251-9). Il demeure tenu des dettes nées avant la publication de son départ au RCS.

Enfin, il est admis que le contrat constitutif du groupement puisse contenir une clause d'exclusion.

B - De la structure

1) La dissolution

Un groupement est dissous par l'arrivée du terme, la réalisation ou l'extinction de son objet, la décision de ses membres, par décision judiciaire pour justes motifs, par le décès d'une personne physique ou par la dissolution d'une personne morale, membre du groupement, sauf disposition contraire du contrat (C. com., art. L. 251-19). Le groupement est également dissous si l'un de ses membres est frappé d'incapacité, de faillite personnelle ou de l'interdiction de diriger, gérer, administrer ou contrôler une entreprise commerciale, quelle qu'en soit la forme, ou une personne morale de droit privé non commerçante, sauf si la continuation du groupement est prévue par le contrat constitutif ou décidée par les autres membres à l'unanimité (C. com., art. L. 251-20).

2) La transformation

Un groupement peut se transformer en société. Cependant, seule la transformation d'un GIE en une SNC est légalement considérée comme ne donnant lieu ni à dissolution ni à création d'une personne morale nouvelle (C. com., art. L. 251-18). Dans les autres situations, le coût fiscal de la transformation interdit pratiquement la transformation directe d'un GIE en une société d'une forme autre qu'une SNC.

Ensuite, un GIE peut se transformer en un GEIE (et *vice et versa*) sans donner lieu, non plus, ni à dissolution, ni à création d'une personne morale nouvelle (C. com., art. L. 252-8).

Enfin, toute société ou association peut être transformée en un GIE sans donner lieu à dissolution ni création d'une personne morale nouvelle dès lors que l'objet de ladite société ou association correspond à la définition du GIE (C. com., art. L. 251-18, al. 1er). La même disposition existe pour le GEIE (C. com., art. L. 252-8).

BIBLIOGRAPHIE

GAVALDA (Ch.), « L'acculturation dans la législation française de la formule du GEIE », *in Mélanges J. Derruppé*, Litec 1991, p. 37.

LEPELTIER (D.), BUTTET (E.) et LESGUILLIER (G.), *Les groupements d'intérêt économique : GIE, GEIE*, éd. Joly 1990.

TROCHON (J.-Y.), « Le groupement d'intérêt économique (GIE/GEIE) est-il un véhicule juridique approprié pour conduire des coopérations industrielles européennes ? », *D. aff.* 1996, p. 699.

CHAPITRE 16

La société européenne – Societas europea (SE)

1 • PRÉSENTATION

La Société européenne est une société de type société anonyme, dont le capital est divisé en actions et dont les actionnaires ne s'engagent qu'à concurrence du capital qu'ils ont souscrit. C'est le règlement CE n° 2157/2001 du 8 octobre 2001 qui lui a donné le jour ; ses dispositions ont été transposées en droit interne à l'occasion de la loi n° 2005-842 du 26 juillet 2005, codifié aux articles L. 229-1 et suivants du Code de commerce.

La Société européenne est constituée sur le territoire de la Communauté, ce qui permet d'en affirmer véritablement le caractère européen. Mais c'est une société anonyme qui relève du droit de l'État membre dans lequel la société a établi son siège social statutaire, dans le pays où doit également se trouver son administration centrale. Il y a donc une superposition de deux ordres juridiques. En France, il conviendra d'appliquer, chaque fois que nécessaire, les dispositions des articles L. 225-1 et suivants du Code de commerce.

Son principal intérêt réside dans la faculté qui est reconnue de pouvoir transférer son siège social d'un État membre à un autre sans que cela ne soit analysé juridiquement, ni comme une dissolution, ni comme la création d'une personne morale nouvelle. De surcroît, cette décision relève du pouvoir de la majorité à l'assemblée et non d'une décision unanime des associés (C. com., art. L. 229-2).

Un Règlement européen n° 1435/2003 du Conseil du 22 juillet 2003 et une Directive n° 2003/72/CE du Conseil du même jour ont créé la Société Coopérative Européenne qui a été introduite dans le droit français par les lois n° 2008-89 du 30 janvier 2008 et n° 2008-649 du 3 juillet 2008 du 19 juin 2008 portant adaptation du droit français au droit communautaire.

2 • CONSTITUTION

La SE doit avoir un capital social d'au moins 120 000 euros (Règl. CE n° 2157/2001, art. 4.2). Si la législation d'un État membre exige un minimum plus élevé, c'est ce dernier qui devra être respecté par les SE ayant leur siège sur son territoire. Son capital est divisé en actions.

Elle doit, pour acquérir sa personnalité juridique, être immatriculée dans l'État membre de son siège statutaire dans un registre désigné à cet effet (le RCS en France – C. com., art. L. 229-1).

Si, en principe, la SE doit, par mimétisme avec la SA qui en constitue le canevas, comporter au moins sept associés, la loi déroge à ce principe en autorisant une SE à être l'associé unique d'une autre SE (C. com., art. L. 229-6).

Mais, et là se mesure l'influence du modèle rhénan, une SE ne peut être immatriculée que si un accord sur les modalités relatives à l'implication des travailleurs a été conclu ou est sur le point d'être conclu. À cet effet, des groupes spéciaux de négociation regroupant les représentants des salariés des sociétés impliquées dans la constitution d'une SE doivent être constitués afin de négocier un accord sur la participation des salariés dans la future SE (C. trav., art. L. 439-26 et s.).

Le Règlement prévoit quatre modes de constitution d'une SE ce qui en fait, théoriquement du moins, une société relativement accessible :

- en premier lieu, la SE peut être constituée par voie de fusion si deux des sociétés participantes au moins relèvent du droit d'États membres différents. Cette condition remplie, la fusion peut, au choix, s'opérer par voie d'absorption ou par voie de création d'une société nouvelle. Le contrôle de la légalité de la fusion est confié tant au greffier du tribunal qu'à un notaire (C. com., art. L. 229-3) ;
- en second lieu, la constitution d'une SE peut résulter de la promotion, par des sociétés anonymes ou des sociétés à responsabilité limitée d'une SE holding (C. com., art. L. 229-5). Il faut, pour utiliser cette voie de constitution, soit que deux sociétés participantes au moins relèvent du droit d'États membres différents, soit que deux sociétés participantes au moins aient depuis au moins deux ans une société filiale relevant du droit d'un autre État membre ou une succursale située dans un autre État membre ;
- en troisième lieu, une SE peut être constituée par des sociétés ainsi que toute entité juridique de droit public ou privé ayant son siège statutaire et son administration centrale dans la Communauté par voie de filialisation en souscrivant les actions de cette filiale. Là encore, il faut qu'au moins deux des entités juridiques participantes relèvent du droit d'États membres différents ou aient depuis au moins deux ans une société filiale ou une succursale dans un autre État membre. Relevons que la filiale a impérativement la forme d'une SA. Relevons qu'une SE peut constituer une filiale dont elle est le seul actionnaire (C. com., art. L. 229-6) ;
- enfin, en quatrième et dernier lieu, la constitution d'une SE peut résulter de la transformation d'une SA si elle a depuis au moins deux ans une société filiale relevant du droit d'un autre État membre.

3 • FONCTIONNEMENT

Il est prévu que la SE comporte nécessairement une assemblée générale des actionnaires et, soit un organe de surveillance et un organe de direction (système dualiste), soit un organe d'administration (système moniste) selon l'option retenue par les statuts.

En droit interne, les sociétés ont le choix entre les différents modes d'organisation des SA (C. com., art. L. 229-7), à quelques nuances près.

Quant à l'assemblée générale, il est prévu que ce sont les règles applicables aux assemblées des SA qui trouveront à s'appliquer, dans la mesure de leur compatibilité avec les dispositions du Règlement européen (C. com., art. L. 229-8).

Relevons qu'il revient aux statuts de la SE (C. com., art. L. 229-7, *in fine*) de prévoir des règles similaires aux dispositions légales impératives s'appliquant aux SA en matière de conventions réglementées. Il est spécialement prévu que dans le cas d'une SE unipersonnelle, la mention des conventions réglementées au registre des délibérations vaut approbation de celles-ci.

4 • MUTATIONS

A - Des actions

Le transfert des actions d'une SE faisant appel public à l'épargne suit le même régime que celui des SA traditionnelles (cf. *supra*, Chapitre 11).

En revanche, le régime de la négociation des actions d'une SE non cotée bénéficie des souplesses reconnues aux SAS. Dès lors une clause des statuts de ces sociétés peut :

- soumettre tout transfert d'actions à des restrictions à la libre négociabilité (par exemple, agrément, préemption voire inaliénabilité) sans que ces restrictions ne puissent avoir pour effet de rendre ces actions inaliénables pour une durée excédant dix années (C. com., art. L. 229-11) ;
- prévoir l'exclusion d'un actionnaire ou la simple suspension de ses droits non pécuniaires (C. com., art. L. 229-12), notamment en cas de changement de contrôle chez un actionnaire ou en cas d'acquisition par une personne de la qualité d'actionnaire de la SE suite à une opération de fusion, de scission ou de dissolution (C. com., art. L. 229-13).

L'on reconnaîtra là des dispositions qui sont jusqu'à présent réservées aux seules SAS dans le droit interne (cf. *supra*, Chapitre 12). Leur adoption comme leur modification ne peuvent se faire qu'à l'unanimité des actionnaires de le SE (C. com., art. L. 229-15).

B - De la SE

Toute SE peut se transformer en une SA si, au moment de sa transformation, elle est immatriculée depuis plus de deux ans et a fait approuver le bilan de ses deux premiers exercices. La société doit établir un projet de transformation. Un ou plusieurs commissaires à la transformation doivent attester que les capitaux propres sont au moins équivalents au capital social. La transformation est décidée par l'assemblée générale extraordinaire et les assemblées spéciales d'actionnaires (C. com., art. L. 229-10).

La SE peut être dissoute pour les causes de droit commun et les causes spéciales applicables au SA (cf. *supra*, Chapitre 11) mais aussi en cas d'annulation de l'une des délibérations des assemblées des sociétés qui ont décidé la création d'une SE par voie de fusion (C. com., art. L. 229-3, II).

BIBLIOGRAPHIE

BEGUIN (J.), « Quel avenir pour la société européenne ? », *in Mélanges F. Terré*, co-éd. Dalloz-PUF- Juris-classeurs 1999, p. 307.

CATHIARD (C), « La société européenne en droit français », *Dr. sociétés*, décembre 2005 et janvier 2006.

MENJUCQ (M.), « La société européenne : enfin l'aboutissement », *D.* 2001, Chron. p. 1085.

MENJUCQ (M.), « La société européenne », *Rev. sociétés* 2002, p. 225.

MOREAU (M.-A.), « L'implication des travailleurs dans la société européenne », *Dr. soc.* 2001, p. 967.

PARLEANI (G.), « L'impact possible de la création de la société européenne sur le droit français », *Gaz. Pal.* 2 avril 2003, p. 9.

PAROT (J.-C), DOM (J.-Ph.) et COLLIN (F.), « La société européenne », *Dr. sociétés* – Actes pratiques, mai 2002.

TEYSSIE (B.), « L'implication des travailleurs dans la société européenne... », *JCP* E 2002, p. 1728.

CHAPITRE 17

La fiducie

La fiducie (du latin *fides* qui signifie confiance) vient d'être introduite dans notre système juridique à l'occasion de la loi n° 2007-211 du 19 février 2007. Celle-ci met un terme à plus de vingt années de débat, mâtinées de soupçons de fraude, qui maintenaient la France au ban des pays développés et notamment des pays de droit anglais qui connaissent de longue date la pratique du trust. Autant dire que l'introduction de la fiducie en droit français afin de renforcer l'attractivité de la France constitue, en soi, une mini-révolution. La loi n° 2008-776 du 4 août 2008 dite de Modernisation de l'Économie est déjà revenue sur cette institution récente dans un sens libéral. Une ordonnance n° 2008-1345 du 18 décembre 2008 a précisé le sort de la fiducie en cas de procédure collective frappant le constituant.

1 • DÉFINITION

La fiducie est définie par l'article 2011 du Code civil comme « *l'opération par laquelle un ou plusieurs constituants (personnes) transfèrent des biens (meubles ou immeubles), des droits (monopole d'exploitation, droit de polluer...) ou des sûretés (réelles comme personnelles), ou un ensemble de biens (une universalité active/passive tel le fonds de commerce), de droits ou de sûretés, présents ou futurs, à un ou plusieurs fiduciaires qui, les tenant séparés de leur patrimoine propre, agissent dans un but déterminé au profit d'un ou plusieurs bénéficiaires* ».

Concrètement, par contrat, il est désormais possible à une personne (le constituant) de transférer à un tiers (le fiduciaire), temporairement (pour une durée maximale de 99 ans), la propriété d'un bien ou d'un droit (ou d'un ensemble de biens ou de droits), qui est placé dans un patrimoine d'affectation (le patrimoine fiduciaire), à charge pour le fiduciaire, après avoir conservé et géré ce bien ou ce droit conformément aux orientations contractuellement prédéfinies, de le transférer à terme à un bénéficiaire (qui peut être le constituant lui-même).

2 • UTILITÉS

La fiducie peut remplir deux missions principales, l'une de gestion de biens, l'autre de garantie :

– la ***fiducie-gestion*** permet au constituant (le propriétaire initial des biens) de confier la gestion d'un bien ou d'un ensemble de biens (par exemple, un portefeuille de valeurs mobilières, un ensemble immobilier, un fonds de commerce) à une tierce personne, le fiduciaire, qui aura la charge de les gérer dans l'intérêt exclusif de bénéficiaires désignés, au nombre desquels peut figurer le constituant lui-même ;
– la ***fiducie-sûreté*** poursuivra, quant à elle, une fonction de garantie. En effet, dans cette optique, le fiduciaire (qui pourra être le créancier lui-même) se verra confier des biens ou des droits en garantie d'une dette existant entre le constituant et le bénéficiaire. Il sera prévu qu'en cas de défaillance du constituant, le fiduciaire attribuera le droit ou le bien qui avait été placé dans le patrimoine fiduciaire dont il assumait la gestion au bénéficiaire (le créancier). À l'inverse, en cas de correcte exécution de ses obligations par le constituant (paiement régulier de la dette), le fiduciaire restituera le bien ou le droit au constituant au terme du contrat.

3 • PATRIMOINE FIDUCIAIRE

La création d'un patrimoine fiduciaire est le principal intérêt de ce contrat. En effet, au moyen du contrat de fiducie, le propriétaire initial du bien ou de l'ensemble des biens les transfère dans un patrimoine fiduciaire, une structure *ad hoc*, créée pour les besoins de l'opération, qui échappera à l'action des créanciers du constituant (hors l'hypothèse de la fraude et du droit de suite attaché à une sûreté régulièrement publiée avant le contrat fiduciaire) ; de la même manière, le patrimoine fiduciaire est hors de portée d'une action éventuelle d'un créancier du fiduciaire. Seuls les créanciers dont la créance est née à l'occasion de la conservation ou de la gestion du patrimoine fiduciaire peuvent appréhender ce dernier (C. civ., art. 2025). Le contrat de fiducie apparaît ainsi comme le moyen idéal de se constituer un véritable patrimoine d'affectation dont on retirera les fruits et revenus avec la quasi-certitude que ce patrimoine *bis* survivra à une éventuelle faillite du constituant.

4 • CONTRAT FIDUCIAIRE

Établi par loi ou par contrat, le contrat fiduciaire doit, à peine de nullité, comporter un certain nombre de mentions (C. civ., art. 2018), être enregistré (C. civ., art. 2019), faire l'objet d'une inscription dans un registre national des fiducies (C. civ., art. 2020), et met en présence trois catégories de personnes :

- *le constituant*, tout d'abord. Le législateur craignant toujours l'utilisation de la fiducie à des fins d'évasion fiscale, seules les personnes morales relevant, de droit ou sur option, de l'impôt sur les sociétés (IS) pouvaient originellement constituer une fiducie (C. civ., art. 2014) – une EURL optant pour l'IS, par exemple. La loi de Modernisation de l'Économie du 4 août 2008 est déjà revenue sur ce principe en autorisant la fiducie aux personnes physiques à titre de garantie ou à des fins de gestion ;
- *le fiduciaire*, ensuite. Par crainte de favoriser l'évasion fiscale et le blanchiment d'argent sale, la fonction de fiduciaire a été expressément réservée aux établissements de crédit, aux entreprises d'investissements ainsi qu'aux entreprises d'assurance, c'est-à-dire à des entreprises qui répondent déjà à des standards très élevés en matière de blanchiment (C. civ., art. 2015) ; la loi du 4 août 2008 y a adjoint les avocats ;
- *le bénéficiaire*, enfin. Celui-ci ne fait l'objet d'aucune précision, ce qui signifie que la catégorie est très ouverte. Il peut donc s'agir, indifféremment, d'une personne morale comme d'une personne physique, du constituant, du fiduciaire comme d'un tiers. L'identité du bénéficiaire peut être déterminée ou seulement déterminable au jour de la conclusion du contrat ; mais, en toutes circonstances, la désignation définitive du bénéficiaire devra intervenir avant l'expiration du contrat de fiducie. Dans tous les cas, le bénéficiaire doit accepter la fiducie ; jusqu'à cette date, le constituant peut révoquer seul le contrat de fiducie ; après l'acceptation, il ne le peut plus (C. civ., art. 2028).

Relevons que le constituant comme le fiduciaire doivent être résidents de la Communauté européenne ou d'un État ayant conclu avec la France une convention d'assistance en vue de lutter contre la fraude et l'évasion fiscale.

5 • FONCTIONNEMENT DE LA FIDUCIE

L'élément cardinal du contrat fiduciaire est qu'il doit impérativement échapper à toute intention libérale, à peine de nullité du contrat. Autrement dit, le bénéficiaire de la fiducie, celui qui est appelé à recevoir les biens conservés et gérés dans le cadre de la fiducie devra fournir une réelle contrepartie, qu'elle soit monétaire ou non. La fiducie n'a pas droit de citer dans le domaine des successions et des libéralités. Relevons que l'exigence d'une contrepartie ne postule pas une stricte équivalence entre les prestations réciproques.

Quant au fiduciaire, il doit exécuter sa mission de manière loyale et conformément aux objectifs arrêtés dans le contrat instituant le patrimoine fiduciaire : conservation, administration, gestion, disposition de tout ou partie du patrimoine, des fruits et/ou du capital. Sauf disposition particulière du contrat, le fiduciaire dispose des pouvoirs les plus étendus sur le patrimoine fiduciaire.

Sa fonction fera l'objet d'une rémunération à la charge du constituant qui pourra la prélever sur les fruits et revenus générés par les biens placés dans le patrimoine fiduciaire ; ses mêmes revenus pourront revenir au constituant-bénéficiaire pendant le contrat.

Enfin, il doit rendre compte de sa mission tant au constituant qu'au bénéficiaire ; s'il apparaît qu'il a manqué à ses devoirs, il sera responsable, sur son patrimoine propre, de ses fautes.

Fiscalement, en dépit du double transfert de propriété du constituant au fiduciaire puis du fiduciaire au bénéficiaire, le législateur fiscal a opté pour un système de neutralité afin d'assurer l'attractivité de ce nouveau contrat.

6 • FIN DE LA FIDUCIE

Le contrat de fiducie prend fin pour des causes naturelles (par exemple, décès du constituant personne physique, survenance du terme pour lequel il aura été initialement conclu, réalisation du but poursuivi) qui conduiront le fiduciaire à transmettre la propriété du patrimoine fiduciaire au bénéficiaire qui pourra être un tiers ou bien le constituant lui-même. Lorsqu'elle prend fin par le décès du constituant personne physique, le patrimoine fait de plein droit retour à la succession. Il pourra aussi prendre fin pour des causes accidentelles : renonciation des bénéficiaires, révocation de l'option pour l'IS du constituant, liquidation ou dissolution du fiduciaire (C. civ., art. 2029).

BIBLIOGRAPHIE

BISSY (A. de), « Aspects fiscaux de la fiducie », *JCP* E 2007, p. 1516.

KUHN (C.), « Une fiducie à la française », *Dr. et patr.*, avril 2007, p. 32.

LEROY (M.), « Le passif fiduciaire », *Dr. et patr.*, juin 2008, p. 58.

PARTIE 5

Structuration des sociétés

Dans le double souci d'être pérenne et de croître, les sociétés s'inscrivent dans un mouvement qui les voit se rapprocher ou s'éloigner de l'orbite de groupes plus ou moins intégrés. Dans son grand pragmatisme, le droit des sociétés ne pouvait ignorer ces opérations sans pour autant chercher à figer les solutions auxquelles elles conduisent, permettant ainsi une évolution permanente de cette matière.

CHAPITRE 18

Fusions, scissions et apports partiels d'actifs

Les opérations de fusion, scission et apport partiel d'actifs participent de la structuration des sociétés et des groupes qu'elles constituent entre elles. En effet, elles permettent la restructuration du cadre juridique de l'entreprise. Ces opérations sont le signe du développement stratégique des sociétés qui souhaitent rationaliser leur organisation pour mieux répondre à leur politique générale. Conscient de l'importance de ces opérations, le législateur a eu pour souci, sinon de les faciliter, du moins de lever les principaux obstacles à leur réalisation. Aussi, tant au plan juridique que fiscal, il a tenté d'établir un schéma de base qu'incarne le régime de la fusion, auquel se réfère largement le régime tant de la scission que de l'apport partiel d'actifs[1].

1 • FUSIONS

A - La définition de la fusion

La fusion se définit comme la transmission par une ou plusieurs sociétés de leur patrimoine à une société existante ou à une société nouvelle qu'elles constituent (C. com., art. L. 236-1).

La fusion a donc pour caractéristiques d'emporter la dissolution sans liquidation de la société absorbée, la transmission universelle de son patrimoine à la société nouvelle ou absorbante qui augmente corrélativement son capital social, dans l'état où il se trouve au jour de la réalisation définitive de l'opération ainsi que l'échange des droits sociaux des associés de la société dissoute par des titres émis par la société bénéficiaire de la transmission universelle du patrimoine.

De cette définition se dégagent les enseignements suivants :

- en premier lieu, la fusion se définit par ses effets légaux (dissolution sans liquidation de l'absorbée ; transmission universelle de son patrimoine ; acquisition de la qualité d'associé de l'absorbante par les associés de l'absorbée) ;

1. Pour plus de détails, le lecteur se reportera à l'ouvrage intitulé *Master Pro – Le Droit de l'ingénierie financière*, coll. Fac-Universités, 3e éd., Gualino éditeur, 2009.

– en deuxième lieu, la dissolution entraîne la disparition de la personnalité morale de l'absorbée qui est totale et immédiate ; il en résulte que les sociétés dépourvues de personnalité morale (société en participation et créée de fait) ne peuvent être parties à une fusion ;
– en troisième lieu, la fusion entraîne la transmission universelle du patrimoine ce qui signifie que l'absorbante se substitue à elle dans tous ses droits, biens et obligations ;
– en quatrième et dernier lieu, enfin, les associés de la société absorbée deviennent *ipso facto*, en raison de l'échange de titres, associés de l'absorbante sans obstacles ni autres formalités.

B - Le régime

La fusion connaît une phase de préparation importante, eu égard à la complexité de l'opération, qui précède une phase de réalisation proprement dite.

1) La préparation

L'article L. 236-6, al. 2 du Code de commerce impose la rédaction d'un projet de fusion par chacune des sociétés parties à l'opération en cause. Il marque le point de départ officiel de l'opération de fusion. Il est rédigé par les organes d'administration des sociétés.

Parallèlement, doit être consulté le comité d'entreprise ou, à défaut les délégués du personnel, (C. trav., art. L. 2323-19 et 2323-20) dont l'avis n'est certes que consultatif mais qui, s'il n'est pas recueilli, est constitutif du délit d'entrave.

Le projet prend normalement la forme d'un acte sous-seing privé sauf lorsque des immeubles sont transmis auquel cas un acte notarié est requis.

a) Contenu du projet

Son contenu, impératif, est détaillé à l'article R. 236-1 du Code de commerce. Il doit comporter la forme, la dénomination et le siège social de toutes les sociétés participantes, les motifs, buts et conditions de la fusion, la désignation et l'évaluation de l'actif et du passif dont la transmission est prévue, les modalités de remise des parts ou actions, les dates auxquelles ont été arrêtés les comptes des sociétés concernées, le rapport d'échange des droits sociaux (parité d'échange), la prime de fusion (différence entre la valeur réelle et la valeur nominale de chaque action ou part émise à l'occasion de la fusion), les droits accordés aux associés ayant des droits particuliers ou privilégiés et ceux de titres autres que des actions.

b) Contrôles du projet

Le projet de fusion fait l'objet d'un double contrôle.

D'une part, ***un contrôle interne*** de la part du ou des commissaires à la fusion. Si, textuellement, leur présence n'est obligatoire que lorsque l'opération n'intéresse que des SA, que des SARL ou des SA et des SARL (C. com., art. L. 236-10 et 236-23), celle-ci n'en est pas moins fortement recommandée dans les autres cas notamment en terme de protection des minoritaires.

Le commissaire à la fusion va établir, sous sa responsabilité un rapport se prononçant, d'une part, sur la ou les méthodes d'évaluation suivies pour la détermination d'un rapport d'échange équitable ainsi que, d'autre part, sur la valeur des apports en nature et des avantages particuliers (C. com., art. L. 236-10). Les actionnaires de toutes les sociétés participantes peuvent désormais, depuis la loi n° 2008-649 du 3 juillet 2008, à l'unanimité, décider de se priver de ce rapport. En revanche, en cas d'apports en nature ou d'avantages particuliers un commissaire aux apports doit impérativement être désigné.

Le rapport devra être déposé au siège des sociétés concernées un mois au moins avant la date des assemblées générales appelées à se prononcer.

D'autre part, les opérations de fusion et scission peuvent conduire au déclenchement de procédures de ***contrôle externe*** de la part tant des autorités de la concurrence (Conseil de la concurrence et ministre de l'Économie ou Commission des Communautés européennes) que des autorités de régulation propres à certains secteurs (CECEI, AMF, par exemple).

c) Publicité du projet de fusion

Le projet de fusion fait l'objet de nombreuses mesures de publicité.

Ainsi, doit-il être communiqué aux différents sièges sociaux afin que les associés puissent le consulter, adressé aux représentants du personnel, déposé au greffe du tribunal de commerce du siège social de chacune des sociétés concernées et, enfin, inséré dans un *Journal d'annonces légales*. Ajoutons que pour les sociétés faisant appel public à l'épargne, une publication du projet est en outre imposée au *BALO* et un exemplaire doit être adressé à l'AMF lorsque l'une des sociétés est cotée.

2) La réalisation de la fusion

Deux procédures de réalisation sont à distinguer : l'une normale, l'autre simplifiée.

a) La procédure normale

Les associés réunis en assemblées doivent approuver l'opération. S'agissant d'une opération conduisant à modifier les statuts ce sont les assemblées compétentes pour cette modification qui devront être réunies et se prononcer, même dans les SAS (C. com., art. L. 227-9). Dans toutes les formes sociales, une majorité renforcée et un quorum élevé sont requis (C. com., art. L. 236-2). Toutefois, par exception, le projet peut nécessiter une approbation à l'unanimité lorsque l'opération en cause a pour effet d'augmenter les engagements des associés (C. civ., art. 1836 ; C. com., art. L. 236-5). Il en sera ainsi, par exemple, en cas d'absorption d'une SA ou d'une SARL par une SNC à raison de la responsabilité illimitée qui pèsera désormais sur les associés ou lors de l'absorption par une SAS (Cass. com., 19 décembre 2006 : *JCP* E 2006, p. 1192, note A. Viandier).

L'AGE de la société fusionnée se prononce au vu du rapport présenté par les organes d'administration de la société, de la lecture du projet de fusion et du ou des rapports des commissaires à la fusion, s'il y en a un. Si elle les approuve, sa décision vaut dissolution anticipée, sans liquidation, de la société et transmission universelle de son patrimoine.

L'AGE de la société bénéficiaire se prononce dans les mêmes conditions sur l'augmentation du capital et la modification corrélative des statuts. Le caractère définitif de son vote est cependant suspendu à un vote positif de l'AGE de l'autre société.

La fusion par création d'une société nouvelle impose que les AGE des sociétés concernées approuvent les statuts de la société nouvelle. De plus, les règles de constitution propres à chaque type de société doivent être respectées.

b) Procédure simplifiée pour les filiales à 100 %

Lorsque la fusion a pour objet l'absorption d'une filiale à 100 %, l'article L. 236-11 institue une procédure simplifiée.

Le bénéfice de cette dérogation est cependant soumis à deux conditions : d'une part, que l'opération intervienne entre des SA, des SARL ou des SA et des SARL et, d'autre part, que la société absorbante ait détenu en permanence, la totalité du capital de la société ou des sociétés absorbées, depuis le dépôt au greffe du projet de fusion jusqu'à la réalisation de l'opération.

Lorsque ces conditions sont réunies, il n'y a lieu ni à l'approbation de la fusion par l'AGE de la ou des absorbées, ni à l'établissement du rapport des organes d'administration, ni à la nomination d'un commissaire à la fusion. Cela se comprend dès lors que la procédure est instituée pour protéger les minoritaires, ceux-ci n'existant pas ici il n'y a pas lieu de suivre la procédure.

Outre cette procédure simplifiée, tend aussi à se développer la dissolution-confusion. Au terme de l'article 1844-5 du Code civil, lorsque toutes les parts d'une société sont réunies en une seule main, la dissolution de cette société entraîne transmission universelle de son patrimoine à l'associé unique personne morale sans qu'il y ait lieu de procéder à une liquidation.

C - L'officialisation de la fusion

Celle-ci prend la forme d'une publicité et d'une déclaration de conformité.

1) La publicité de la fusion

Lorsque les opérations sont réalisées, il y a lieu de procéder à des mesures de publicité.

Pour la société absorbée, il convient de réaliser les mesures de publicité liées normalement à la dissolution de la société, à savoir, l'insertion de l'avis de dissolution dans un *Journal d'annonces légales*, le dépôt au greffe du tribunal de commerce des procès-verbaux relatifs à la dissolution et d'une copie de la déclaration de conformité, la demande d'inscription modificative au RCS en vue de la radiation, l'insertion au *BODACC*.

Pour la société absorbante, les formalités de publicité à accomplir sont celles prévues pour les augmentations de capital soit, le dépôt au greffe du tribunal de commerce du procès-verbal de la décision de fusion emportant augmentation de capital, les statuts mis à jour, une copie de la déclaration de conformité, une demande d'inscription modificative au RCS en vue de la mention de l'augmentation de capital, une insertion au *BODACC*.

Enfin, lorsque la fusion opère création d'une société nouvelle, toutes les formalités liées à cette création doivent être respectées : insertion dans un *Journal d'annonces légales*, dépôt au greffe du tribunal de commerce des procès-verbaux des assemblées générales en cause, des statuts de la société créée et des déclarations de conformité, demande d'immatriculation au RCS, insertion au *BODACC*.

2) La déclaration de conformité

L'article L. 236-6 du Code de commerce impose aux sociétés participant à une opération de fusion la rédaction, la signature et le dépôt au greffe du tribunal de commerce d'une déclaration de conformité. Le non-respect de cette formalité est sanctionné de la nullité de l'opération. L'action se prescrit par six mois.

Au terme de cette déclaration, les sociétés doivent, d'une part, relater l'ensemble des actes qui ont été effectués en vue de procéder effectivement à la fusion et, d'autre part, déclarer que l'opération a été réalisée conformément à la loi et ses règlements.

Son contenu est apprécié, sous sa responsabilité, par le greffier.

D - Les effets de la fusion

Ces effets doivent être appréciés tant au regard de l'organisation interne de la société que vis-à-vis de ses partenaires extérieurs.

1) L'effet à l'égard des dirigeants

Les dirigeants des sociétés qui disparaissent voient leurs fonctions prendre fin, sous réserve de leur responsabilité tant civile que pénale qui peuvent être mises en cause ultérieurement pour des faits ayant trait à la période antérieure à la fusion pendant laquelle ils dirigeaient la société disparue.

Dans la société absorbante ou nouvellement créée, s'agissant des conseils d'administration et de surveillance, le nombre d'administrateurs ou de membres du conseil de surveillance peut être porté de 18 à 24 pendant trois ans.

2) L'effet à l'égard des associés

S'agissant des porteurs de titres de capital, le principe général est simple : les associés des sociétés qui disparaissent deviennent automatiquement associés, sous réserve du respect des seuils légaux tel celui visé par l'article L. 223-3 du Code de commerce faisant interdiction à une SARL de compter plus de 100 associés (ord. 24 mars 2004), de la société absorbante ou nouvelle (C. com., art. L. 236-3) ce qui, concrètement, se traduit par la remise à ces derniers de parts ou actions de la société à laquelle ils vont dorénavant participer.

Relevons que pour régler les éventuels problèmes de rompus, la rémunération des associés peut prendre la forme du versement d'une soulte en espèces qui ne doit cependant pas dépasser 10 % de la valeur nominale des parts ou des actions attribuées afin que l'opération ne perde pas sa qualification de fusion (C. com., art. L. 236-1) ; le seuil de 10 % peut être dépassé si la législation applicable à l'une des sociétés impliquées le permet (C. com., art. L. 236-26).

L'échange de titres peut être rendu complexe par l'existence de liens capitalistiques préalables entre les sociétés participant à l'opération de fusion :

- lorsque la société absorbante détient une participation dans le capital de la société absorbée, elle limitera l'augmentation de capital subséquente à la fusion au nombre de titres nécessaires à la rémunération des associés de l'absorbée autres qu'elle-même ;
- lorsque la société absorbée détient une participation dans l'absorbante, la société absorbante peut alors accepter de recevoir cette participation avant de procéder à son annulation, sauf si l'absorbante est une société par actions auquel cas elle pourra décider de les conserver dès lors qu'elle ne détient pas plus de 10 % de son capital (C. com., art. L. 225-213). Il est aussi possible de prévoir que l'absorbée se séparera de cette participation avant l'opération de fusion ;
- en cas de participations réciproques, les deux systèmes de règlement précédemment exposés seront combinés.

3) L'effet à l'égard des tiers

Selon l'article L. 236-3 du Code la fusion emporte transmission universelle du patrimoine des sociétés dissoutes à la société bénéficiaire ce qui signifie qu'elle se substitue activement et passivement dans tous les droits et obligations, contractuels et délictuels des sociétés fusionnées sans que cela entraîne novation ou déchéance du terme et sans qu'il soit nécessaire de recourir aux formalités de l'article 1690 du Code civil ou encore de diligenter les formalités de publicité liées à l'apport d'un fonds de commerce. Précisément, il est prévu, sauf pour les créanciers d'une somme d'argent devenue certaine, liquide et exigible avant la publicité de l'opération de fusion et qui bénéficient d'un droit d'opposition (C. com., art. L. 236-14), que la société absorbante ou nouvelle devient débitrice au lieu et place des sociétés qui disparaissent, par exemple, d'une obligation de non-concurrence.

Ce principe général connaît cependant un certain nombre d'exceptions et de tempéraments.

De surcroît, les créanciers des sociétés fusionnées ou scindées comme des sociétés bénéficiaires vont entrer en concours ce qui risque d'amoindrir leur droit de gage. Pour cette raison, le législateur a organisé leur protection. Il convient pour l'apprécier, de distinguer les créanciers ordinaires des créanciers obligataires :

- pour les ***créanciers ordinaires***, l'article L. 236-14 du Code dispose que les créanciers sociaux ont le droit de former opposition à l'opération de fusion ; aussi, le juge du tribunal de commerce saisi d'une opposition aura le choix entre rejeter la demande d'opposition s'il estime que l'opération ne menace pas les intérêts des créanciers et accepter la demande dans le cas inverse en sommant alors la société de rembourser les créanciers ou de constituer des garanties suffisantes. Comme on peut le constater, en aucun cas l'opposition ne peut faire échec à l'opération ;
- pour les ***créanciers obligataires***, il faut opérer une distinction selon qu'il s'agit d'obligations ordinaires ou complexes :
  - en présence d'***obligations ordinaires***, les obligataires de la société bénéficiaire ne sont *a priori* pas consultés mais ils peuvent faire opposition dans les mêmes conditions que les créanciers non obligataires (C. com., art. L. 236-15). Cependant, en pratique, il est recommandé de consulter préalablement les obligataires.

Quant aux obligataires ordinaires des sociétés qui disparaissent, ceux-ci peuvent être remboursés sur leur simple demande de leur part dans un délai de trois mois si la société le leur propose ou consultés (C. com., art. L. 236-13) ;

- les porteurs de ***valeurs mobilières composées*** donnant accès au capital de la société qui est absorbée ou qui fusionne avec une ou plusieurs autres sociétés pour former une société nouvelle exercent leurs droits dans la ou les sociétés bénéficiaires des apports. Le nombre de titres de capital de la ou des sociétés absorbantes ou nouvelles auquel ils peuvent prétendre est déterminé en corrigeant le nombre de titres qu'il était prévu d'émettre ou d'attribuer en vertu du contrat d'émission en fonction du nombre d'actions à créer par la ou les sociétés bénéficiaires des apports (C. com., art. L. 228-101).

2 • SCISSIONS

A - La définition

Au terme de l'article L. 236-1 du Code de commerce, la scission se définit comme l'opération par laquelle une société transmet l'intégralité de son patrimoine à plusieurs sociétés, existantes et/ou nouvelles.

Cette opération se caractérise donc à la fois par la dissolution sans liquidation de la société scindée, la transmission universelle de son patrimoine à une autre société qui augmente en conséquence son capital social et, enfin, l'attribution de droits sociaux émis par les sociétés bénéficiaires des apports aux associés de la société scindée.

Comme en matière de fusion, toute société, dès lors qu'elle a la personnalité morale, peut participer, à un titre ou à un autre, à une opération de scission.

B - La préparation de la scission

Comme en matière de fusion, la scission suppose une phase préalable de négociation permettant de réaliser un audit du patrimoine de la société scindée, une évaluation des sociétés en cause sur la base de laquelle sera déterminée la parité d'échange et de déterminer avec précision la ventilation du patrimoine de la société scindée entre les diverses sociétés bénéficiaires.

Au plan juridique toutefois, le véritable premier acte de l'opération de scission se matérialise par la rédaction d'un projet de scission (C. com., art. L. 236-6). Arrêté et signé par les divers organes dirigeants des sociétés en cause, ce document a le même contenu et connaît le même régime de publicité légale que le projet de fusion. Il doit être déposé au greffe du tribunal de commerce du siège des sociétés concernées un mois avant la réunion de la première assemblée générale appelée à statuer sur l'opération et doit être transmis aux comités d'entreprise ou, à défaut, aux délégués du personnel.

Comme en matière de fusion, un commissaire à la scission n'est obligatoire que dans les SA et les SARL (C. com., art. L. 236-16), sauf si la scission opère au profit de SARL ou de SA nouvelles ne bénéficiant d'autres apports que ceux de la société scindée et à la condition que la répartition des actions et parts sociales de ces nouvelles sociétés soit attribuée aux actionnaires et associés de la société scindée proportionnellement à leurs droits dans le capital de cette société (C. com., art. L. 236-17). Dans les autres sociétés, la présence de ce commissaire est cependant recommandée. Lorsqu'un commissaire est nommé, il adopte le même régime et diligente les mêmes missions que le commissaire à la fusion, les dispositions relatives à la scission opérant sur ce point par renvoi simple au régime de la fusion.

C - Les modalités de la scission

Dans la société scindée, la décision de scission est du ressort exclusif de l'assemblée générale extraordinaire compétente pour modifier les statuts. Celle-ci statuera aux conditions de quorum et de majorité renforcée prévues pour ces assemblées. Toutefois, par exception, l'unanimité peut être requise si la scission a pour effet d'augmenter les engagements des associés ou des actionnaires. Tel sera le cas, par exemple, si les associés de la SARL à scinder devaient recevoir des parts d'une SNC dans laquelle la responsabilité est illimitée.

Du côté des sociétés bénéficiaires, il faut opérer des distinctions selon que les sociétés existent déjà ou qu'elles sont créées pour l'occasion.

Lorsque la société bénéficiaire existe déjà, l'opération de scission s'analyse en une augmentation de capital sur laquelle doivent se prononcer les associés selon les formes requises pour chaque type de société après avoir pris connaissance du rapport du commissaire à la fusion et, le cas échéant, du commissaire aux apports.

Lorsque la société est constituée à l'occasion de la scission, il faut normalement suivre les règles de constitution propres à chaque type de société. Il existe toutefois quelques aménagements en matière de SARL et de SA. En particulier, lorsque les apports sont effectuées au profit de SA ou SARL nouvelles non seulement ces sociétés peut être constituées sans autre apport que celui de la société scindée mais, de surcroît, il est possible de se dispenser de l'établissement du rapport du commissaire à la fusion si les actions ou les parts sociales des sociétés nouvelles sont attribuées, selon les cas, aux actionnaires ou aux associés de la société scindée proportionnellement à leurs droits dans le capital de cette société (C. com., art. L. 236-17 et 236-23).

Lorsque les diverses assemblées compétentes ont été réunies et se sont prononcées sur la scission, le projet doit faire l'objet d'une publicité qui est comparable à celle prévue en matière de fusion. De même, une déclaration de conformité est requise à peine de nullité de l'opération.

D - Les effets de la scission

Les effets de la scission sont, concernant les associés et les créanciers sociaux comparables à ceux qui ont déjà été exposés en matière de fusion. Toutefois quelques particularités subsistent. Ainsi, les sociétés bénéficiaires des apports sont normalement débitrices solidaires des créanciers autres qu'obligataires de la société scindée. Toutefois, les sociétés ont la faculté de renoncer à cette solidarité et, en conséquence, de n'être tenue que de la partie du passif qui leur échoit à raison de la transmission universelle, ce qui ouvre cependant le droit aux créanciers de former opposition à l'opération, opposition qui produira des effets identiques à celle examinée en matière de fusion (C. com., art. L. 236-21).

La protection des créanciers obligataires est calquée sur celle qui est organisée en matière de fusion (C. com., art. L. 236-18 et L. 236-19).

3 • APPORTS PARTIELS D'ACTIFS

A - La définition de l'apport partiel d'actifs

L'apport partiel d'actif consiste pour une société à faire apport à une autre société, nouvelle ou préexistante, d'une partie de ses éléments d'actifs et à recevoir, en contrepartie, des droits sociaux de la société bénéficiaire ; autrement dit, il s'agit d'une simple opération d'apport soumise au régime des augmentations de capital par apports en nature ou des constitutions du côté de la société bénéficiaire. L'apport partiel d'actif permet de réaliser des opérations de filialisation d'activités.

Deux différentes essentielles caractérisent l'apport partiel d'actif par rapport à la fusion et à la scission : d'une part, la non-disparition de la société qui réalise l'apport et, d'autre part, les titres émis en contemplation de l'apport sont remis à la société qui effectue l'apport et non à ses associés.

B - Les modalités de l'apport partiel d'actifs

L'apport partiel d'actif connaît deux régimes juridiques.

En effet, les articles L. 236-22 et 236-24 du Code de commerce ouvrent aux opérations réalisées entre deux SA ou deux SARL la faculté, et non l'obligation, de suivre le régime des scissions. Si l'option est exercée, l'opération d'apport n'est plus une opération à titre particulier mais devient une opération à titre universel entraînant transmission des éléments actifs et passifs (Cass. com., 4 février 2004 : *Bull. Joly Sociétés* 2004, p. 649, note P. Le Cannu, la transmission opère de plein droit même pour les créances non visées au traité d'apport mais qui se rattache à la branche transférée ; *Cass. civ.* 3e, 30 avril 2003 : *Bull. Joly Sociétés* 2003, p. 913, note M.-L. Coquelet, pour une application à un bail commercial transmis sans que soient suivies les formalités de cession de créance). Toutefois, pour profiter de ce régime plus simple et plus complet en terme d'effets, encore faut-il que l'apport porte sur une branche complète d'activité (Cass. com., 5 mars 1991 : *RJDA* 7/91, n° 605 et implicitement, Cass. civ. 2e, 12 juillet 2001 : *JCP* E 2003, juris. p. 281, décidant que les formalités de l'article 1690 du Code civil n'ont pas à être respectées pour rendre opposable l'opération aux créanciers transférés, note critique J.-J. Daigre).

Lorsque l'apport partiel est placé sous le régime des scissions, la décision relève de la compétence exclusive des assemblées générales extraordinaires des sociétés concernées, et non des seuls organes dirigeants. En outre, les assemblées des obligataires doivent être consultées. Ce régime crée, de surcroît, une solidarité entre les sociétés intéressées ou, si les sociétés en cause écartent celle-ci, ouvre un droit d'opposition aux créanciers.

Il conviendra également de nommer un commissaire aux apports qui devra apprécier sous sa responsabilité la valeur de l'apport et rédiger un rapport sur son évaluation.

Si, en revanche, cette option n'est pas retenue, l'opération est de la compétence des seuls dirigeants sociaux.

Si ces conditions ne sont pas réunies, l'apport suit le régime des augmentations de capital sous forme d'apport en nature ou de constitution s'il s'agit de la création d'une société nouvelle.

C - Les effets de l'apport partiel d'actifs

Si l'apport partiel n'est pas ou ne peut être soumis au régime des scissions, il en résulte plusieurs effets : si l'apport comporte la transmission de créances, il faudra signifier la cession aux créanciers cédés selon les formes prévues à l'article 1690 du Code civil. S'agissant de l'apport d'un fonds de commerce il faudra suivre l'ensemble des procédés de publicité prévus par les lois du 17 mars 1909 et 29 juin 1935. S'agissant de la transmission des éléments passifs dus par la société qui effectue l'apport, celle-ci s'analyse en une délégation qui ne décharge pas cette dernière (Cass. com., 12 décembre 2006 : *Rev. sociétés* 2007, p. 76, note D. Poracchia) sauf renonciation expresse du créancier et accord de sa part sur la novation de débiteur.

BIBLIOGRAPHIE

BARRET (O.), « À propos de la transmission universelle du patrimoine d'une société », *in Mélanges M. Jeantin*, Dalloz 1999, p. 109.

JEANTIN (M.), « Clauses d'agrément et fusion de sociétés commerciales », *Dr. sociétés* mai 1988, p. 2.

JEANTIN (M.), « La transmission universelle du patrimoine d'une société », *in Mélanges J. Deruppé*, Litec, 1991, p. 287.

LE GALL (J.-P.), « Apport partiel d'actif et transmission universelle du patrimoine », *in Mélanges M. Jeantin*, Dalloz 1999, p. 259.

MARTIN (G.-J.), « La notion de fusion », *RTD com.* 1978, p. 269.

URBAIN-PARLEANI (I.), « La fusion absorption à l'épreuve des clauses d'agrément. Le cas particulier de la transmission des droits sociaux détenus dans le capital d'une société tierce », *in Mélanges Y. Guyon*, Dalloz, 2003, p. 1061.

VIANDIER (A.), « Les contrats conclus *intuitu personae* face à la fusion des sociétés », *in Mélanges Ch. Mouly*, t. II, Litec 1998, p. 193.

CHAPITRE 19

Prises de contrôle

1 • CESSION DE CONTRÔLE

La cession de contrôle s'entend de la cession de parts ou actions par un ou plusieurs associés à un tiers, moyennant le versement d'un prix, d'un volume suffisant pour que le cessionnaire acquière ainsi le contrôle de l'entreprise. Précisément, le cessionnaire va chercher à détenir un nombre de voix suffisant pour avoir la majorité dans les assemblées de la société cible. Disposant de cette majorité (simple ou renforcée), il pourra peser sur les orientations stratégiques de la société et en prendre la direction en se désignant dirigeant social.

L'opération est juridiquement source d'incertitudes dans la mesure où si c'est bien un pouvoir sur l'entreprise qui est recherché, ce ne sont que des titres sociaux qui sont acquis : la personnalité morale de la société qui ne subit aucun changement du fait du changement d'associé fait écran[1].

A - Les conditions de validité de la cession de droits sociaux

La question de la nature juridique de la cession de contrôle et, plus précisément, de sa spécificité s'est posée. Normalement, l'acquéreur n'acquiert que des droits sur des parts ou des actions qui vont lui conférer, de manière seulement médiate, des droits dans une société. En revanche, la théorie de la personnalité morale s'oppose à ce que l'on considère que la cession massive de droits sociaux emporte transfert de l'entreprise : après de longues batailles opposant analyses substantielle et formelle de la cession de contrôle, il est aujourd'hui acquis, depuis un arrêt *Beauvallet* de 1984 (Cass. com., 7 mars 1984 : *RJF* 6/84, n° 805), que la cession massive n'équivaut pas à la cession du fonds de commerce, ni à celle de la clientèle, ni à une fusion de sociétés.

Il n'en reste pas moins vrai que la cession massive de droits sociaux est soumise à un régime particulier : ainsi, si l'acte de cession d'actions est normalement un acte civil par nature, la cession revêt un caractère commercial lorsqu'en raison du nombre de parts ou d'actions cédées, elle assure aux acquéreurs le contrôle de la société.

Les conséquences de cette qualification sont importantes tant en matière de preuve, où régnera la liberté des modes admissibles, que de compétence du tribunal de

---

1. Pour plus de détails, le lecteur se reportera à l'ouvrage intitulé *Master Pro – Le Droit de l'ingénierie financière*, coll. Fac-Universités, 3e éd., Gualino éditeur, 2009.

commerce, de la validité de la clause compromissoire ou encore de la présomption de solidarité qui pèsera sur les cédants.

La validité de la cession de droits sociaux est subordonnée à la satisfaction de conditions de fond et de forme.

1) Les conditions de fond

La cession massive de droits sociaux est un contrat de vente. En tant que contrat, sa validité est subordonnée au respect des conditions exigées de tout contrat. En tant que contrat de vente, il doit encore satisfaire certaines conditions spéciales.

a) Conditions relevant du droit commun des contrats

Comme tout contrat, la cession massive de droits sociaux doit, pour être valable, répondre aux conditions posées à l'article 1108 du Code civil. Dans ce domaine, les conditions de l'objet du contrat et de la cause ne soulèvent pas de difficultés. Aussi, les deux questions que nous retiendrons seront liées à la capacité et au consentement.

1. Capacité de céder

Le cédant comme le cessionnaire doivent avoir la capacité pour céder.

Le mineur non émancipé ne peut céder ou acquérir par lui-même. Seuls ses représentants légaux le peuvent (ses parents dans l'administration légale pure et simple), sous réserve de certaines autorisations (juge des tutelles dans l'administration sous contrôle judiciaire, conseil de famille dans la tutelle). Le mineur émancipé a, en revanche, la même capacité qu'un majeur pour tous les actes de la vie civile (C. civ., art. 481).

Le majeur sous tutelle ou curatelle ne peut céder ou acquérir que par l'intermédiaire du tuteur ou avec l'assistance du curateur. Le majeur sous sauvegarde de justice peut, en revanche, agir seul et donc être valablement engagé, sous réserve de l'action en rescision pour simple lésion dont il bénéficie.

S'agissant des époux, il faudra veiller à examiner le régime matrimonial de ces derniers ainsi que la nature des droits qui font l'objet de la vente (actions ou parts sociales non négociables).

Concernant les dirigeants de sociétés, on doit retenir que ceux-ci peuvent agir librement et céder les titres appartenant à la personne morale qu'ils dirigent (Cass. com., 21 janvier 1970, *aff. Saupiquet Cassegrain* : *JCP* G 1970, II, 16541, note B. Oppetit ; Cass. com., 24 février 1975, *aff. Castillon du Perron* : *Rev. sociétés* 1976, p. 93, note B. Oppetit) sauf si les statuts confèrent expressément ce pouvoir à un autre organe de la société telle l'assemblée (Cass. com., 24 juin 1997 : *Rev. sociétés* 1977, p. 792, note P. Didier). Toutefois, si la cession porte sur un bloc de titres représentant l'essentiel de l'actif de la société ou s'ils désirent céder une activité qui se confond avec l'objet social ou qui rend impossible la poursuite de l'activité, la décision est alors de la compétence de l'assemblée des associés.

Le cessionnaire veillera également à régler, par avance, les problèmes liés à l'existence de limites à la libre cession telles les clauses d'agrément, de préemption, ou d'inaliénabilité.

Rappelons que la cession de droits sociaux en violation de certaines de ces clauses, telles les clauses d'agrément dans les SA et les SAS ainsi que les clauses d'inaliénabilité dans la seule SAS, est sanctionnée de la nullité.

2. Consentement

Au terme de l'article 1109 du Code civil, il n'y a pas de consentement valable, si le consentement n'a été donné que par erreur, ou s'il a été extorqué par violence ou surpris par dol.

Nous ne retiendrons que l'erreur et le dol :

- l'erreur est source de nullité si elle porte sur la nature du contrat, son objet, la substance de la chose ou sur la personne du cocontractant dans les contrats conclus *intuitu personae* (C. civ., art. 1110). Seule l'erreur sur la substance, en tant que cause de nullité du contrat, opère ici. Normalement, seule la substance des titres, ce qu'ils représentent (des droits dans une société) devrait retenir l'attention des magistrats. En conséquence, l'achat de droits sociaux à un prix supérieur à la valeur de la société n'est pas constitutif d'une erreur. En revanche, a été jugée nulle pour erreur sur la substance, la vente d'actions d'une société qui n'a été jamais qu'une apparence et un leurre. L'erreur peut aussi être admise lorsque la chose, objet du contrat, n'est plus apte à remplir l'usage auquel celui qui s'est trompé la destinait (cas où la société ne peut plus exploiter l'entreprise ou accomplir son objet social). De surcroît, des qualités mêmes non substantielles peuvent aussi conduire à retenir l'erreur dès lors qu'elles sont entrées dans le champ contractuel, qu'elles ont été convenues entre les parties ;
- le dol réside dans des manœuvres telles du cocontractant qu'il est évident que, sans elles, l'autre partie n'aurait pas contracté. En outre, la jurisprudence admet le dol par réticence quand par son silence l'une des parties a dissimulé à l'autre un fait ou une situation qui, si elle avait été connue, l'aurait empêché de contracter. Le dol permet au cessionnaire de demander la nullité du contrat et/ou des dommages et intérêts. La jurisprudence a accueilli des actions en nullité de la cession sur le fondement du dol : par exemple quand le prix a été calculé à partir de documents comptables ou autres tronqués ou falsifiés (comptabilisation deux fois des mêmes factures, surévaluation des stocks, statuts incomplets) par le cédant.

Les tribunaux sont cependant rigoureux quant à l'admission du dol : il n'est pas constitué si les cessionnaires sont des professionnels compétents, d'anciens dirigeants, qu'ils ont été assistés par des spécialistes.

b) Conditions relevant du droit de la vente

La cession massive de droits sociaux est un contrat de vente qui a pour objet un bloc de titres conférant le contrôle dans la société et pour cause le transfert de ce contrôle du cédant au cessionnaire moyennant le versement d'un prix du second au premier. En fait, il s'agit d'une cession de créances qui n'est qu'une forme particulière de vente.

Selon l'article 1583 du Code civil, la vente est parfaite entre les parties dès qu'on est convenu de la chose et du prix.

La chose ici est le bloc de titres conférant le contrôle. Il n'appelle pas de remarques particulières hormis celles que l'on a déjà évoquées à propos tant de la majorité recherchée, pour laquelle il faut tenir compte de la dissociation du capital et des droits de vote, que des restrictions à la libre cessibilité des titres, sous la forme de clauses d'agrément, de préemption ou d'inaliénabilité.

Le prix quant à lui doit être déterminé et sérieux.

1. Détermination du prix

Le prix peut être déterminé dès la formation du contrat ou seulement déterminable, cas le plus fréquent. Il convient alors d'être prudent car il existe en effet deux risques majeurs : d'une part, celui de l'indétermination et, d'autre part, celui de la potestativité qui fait que le prix ne va dépendre que de la volonté d'une seule des deux parties. Si tel est le cas, la cession est nulle.

Deux textes fondamentaux régissent la matière : l'article 1591 du Code civil qui dispose que le prix de la vente doit être déterminé et désigné par les parties et l'article 1592 du même code qui prévoit la faculté de s'en remettre à l'office d'un tiers.

Pour la jurisprudence, il suffit, pour la formation de la vente, que le prix puisse être déterminé, en vertu de clauses du contrat, par voie de relation avec des éléments qui ne dépendent pas de la volonté ni de l'une, ni de l'autre des parties ou de la réalisation d'accords ultérieurs, c'est-à-dire sans que les parties aient à renégocier.

Aussi, il est possible de convenir que le prix sera, en tout ou partie, déterminé ultérieurement, dès lors que les critères et paramètres permettant de l'établir sont soustraits à l'influence de l'une ou l'autre des parties. L'essentiel est alors, et la jurisprudence le souligne régulièrement, que la formule de prix ne nécessite pas un nouvel accord des parties. Si tel est le cas, si, par exemple, il est prévu que le prix sera déterminé à partir d'un bilan établi de manière contradictoire ultérieurement, la cession est nulle.

2. Caractère sérieux du prix

Si les parties peuvent librement fixer, le prix celui-ci doit toutefois révéler une certaine dose d'équivalence des prestations sous peine de voir l'obligation du vendeur perdre sa cause. Or, une obligation sans cause est une obligation nulle qui ne peut avoir aucun effet (C. civ., art. 1131). C'est l'exigence d'un prix réel et sérieux. Dans le même temps, les parties peuvent convenir d'un prix éloigné de la valeur réelle des actions ou parts. Mais jusqu'où ?

Si le prix est vil, c'est-à-dire s'il est sans commune mesure avec la valeur réelle des parts ou actions, on admet l'action en nullité pour défaut d'objet et de cause selon le côté où l'on se place. Mais, sans parvenir au stade du prix vil, il se peut qu'il existe une disproportion importante entre le prix et la chose. Avant d'annuler la cession, le juge doit toutefois se demander si le prix est bien la seule obligation que s'est engagé à supporter l'acquéreur.

2) Les conditions de forme

La cession de parts sociales nécessite la rédaction d'un acte sous-seing privé ou authentique puisque, pour être opposable à la société, elle doit respecter les formalités liées à la cession de créances prévues par l'article 1690 du Code civil. Aussi, si la cession peut être acceptée par la société dans un acte authentique par l'intermédiaire de son gérant, elle peut aussi lui être notifiée, soit par la signification d'un exploit d'huissier, soit par le dépôt d'un original de l'acte de cession au siège de la société contre remise d'une attestation. S'y adjoint le dépôt au greffe du tribunal de commerce de l'acte de cession pour rendre celle-ci opposable aux tiers.

La négociation d'actions quant à elle n'est soumise à aucun formalisme particulier depuis que les valeurs mobilières, auxquelles elles participent, ont été dématérialisées. Aussi, nul besoin de recourir à l'écrit pour constater le transfert de propriété, seul un ordre de mouvement, signé par le cédant et adressé au teneur de compte, suffit à opérer le transfert de compte à compte des actions cédées.

Relevons que, même si la cession de contrôle n'intéresse normalement que le cédant et le cessionnaire, l'objet de la cession peut nécessiter l'intervention de tiers à la convention au regard de plusieurs réglementations telle celle qui réglemente les investissements étrangers, le droit de la concurrence, l'opération conduisant à une concentration économique, le droit des participations, le droit du travail, le droit boursier. On l'aura compris, l'opération est complexe et appelle la mobilisation de nombreuses compétences.

B - Les effets de la cession de droits sociaux

Le transfert de propriété des parts sociales opère dès l'échange des consentements tandis que celui des actions a lieu à la date de l'inscription des actions au compte de l'acheteur.

Par ailleurs, chacune des deux parties au contrat de cession du contrôle se doit de respecter certaines obligations à l'égard de son cocontractant.

1) Le paiement du prix par le cessionnaire

La principale obligation légale qui pèse sur le cédant est celle de payer le prix convenu. Ce paiement se réalise selon les dispositions des parties : en une seule fois ou de manière échelonnée (C. civ., art. 1650).

Notons qu'en cas de pluralité de cessionnaires, la dette est normalement conjointe. Elle peut toutefois être solidaire, soit lorsque la cession est de nature commerciale, soit parce que la solidarité aura été stipulée dans l'acte de cession. Lorsque la dette est solidaire, le créancier du prix peut agir pour le tout contre l'un quelconque des débiteurs qui bénéficiera d'un recours subrogatoire contre ses coobligés.

Relevons, enfin, que le cessionnaire peut souscrire des engagements accessoires envers le cédant tel un remboursement de compte-courant, une reprise de cautionnement, une reprise de dettes.

2) Les garanties dues par le cédant

La cession de contrôle est entourée d'un grand nombre de risques pour le cessionnaire qui aura du mal à correctement les évaluer ; il peut se retrouver à la tête d'une société qui ne vaut rien. Les garanties offertes par là sont bien souvent insuffisantes et impuissantes à les couvrir ; en outre, y recourir conduit généralement à l'annulation de la cession ce que ne souhaite pas toujours le cessionnaire. D'où l'idée de recourir à des mécanismes conventionnels.

a) Insuffisance des garanties légales

1. Vices du consentement

Comme nous l'avons déjà vu, la jurisprudence n'admet que marginalement et très peu fréquemment de retenir un tel vice du consentement lorsque le cessionnaire découvre que l'entreprise gérée par la société ne vaut en réalité plus rien, étant donné que l'objet de la vente est constitué par les parts sociales ou par les actions et non par le patrimoine de la société, hormis l'hypothèse marginale d'impossibilité de la société de poursuivre son objet social, de continuer à développer une quelconque activité économique.

2. Garanties du droit de la vente

Tout cédant doit au cessionnaire une garantie contre les vices cachés et une garantie d'éviction.

- *S'agissant, tout d'abord, des vices cachés*

L'article 1641 du Code civil dispose que le vendeur est tenu de la garantie à raison des défauts de la chose vendue qui la rendent impropre à l'usage auquel on la destine ou qui diminuent tellement cet usage que l'acheteur ne l'aurait pas acquise ou en aurait donné un prix moindre. Cela ouvre deux actions à l'acquéreur, l'une estimatoire conduisant à une réduction du prix et l'autre rédhibitoire conduisant à un anéantissement de la cession.

La garantie des vices cachés vise les défauts de la chose vendue, qui ne se révèlent pas au premier examen et empêchent l'acheteur d'en faire l'usage auquel il l'a destinée. Les juges ne l'admettent que si la diminution de l'actif de la société ou l'aggravation du passif social sont telles que le cessionnaire se trouve concrètement posséder des titres dépourvus de toute utilité (Cass. com., 12 décembre 1995 : *D.* 1996, p. 277 ; Cass. com., 7 avril 1998 : *Bull. Joly Sociétés* 1998, p. 956 ; Cass. civ. 3e, 12 janvier 2000 : *RJDA* 2000, n° 426). On retrouve là la même interprétation qu'en matière de vices du consentement.

- *S'agissant, ensuite, de la garantie d'éviction*

L'article 1626 du Code civil la définit comme la garantie due par le vendeur à l'acquéreur non seulement de l'éviction qu'il souffre dans la totalité ou partie de l'objet vendu mais aussi des charges prétendues sur cet objet et non déclarées lors de la vente.

Cette garantie vise principalement l'hypothèse de la concurrence du cédant après la cession. Dans un arrêt important de 1997, les magistrats de la Cour de cassation n'ont pas interdit par principe le rétablissement du cédant d'actions mais l'ont conditionné au fait que celui-ci ne doit pas être de nature à empêcher les acquéreurs de poursuivre l'activité économique de la société et de réaliser l'objet social (Cass. com., 21 janvier 1997 : *JCP* E 1997, II, 936, note Y. Guyon). En réalité, il apparaît que les juges recherchent si le cédant exécute ou non de bonne foi le contrat de cession.

b) Recours aux garanties conventionnelles

Devant la faiblesse des garanties légales offertes aux cessionnaires la pratique a eu l'idée de recourir à des garanties conventionnelles que souscrit le cédant tant à l'égard des éléments d'actif que des éléments de passif. Dans ce cadre, le cédant s'engage vis-à-vis du cessionnaire à le garantir contre les évolutions négatives affectant la société – aggravation du passif ou diminution de l'actif – ayant une répercussion sur la valeur des droits sociaux à raison d'événements antérieurs à la cession et donc imputables indirectement au cédant mais qui n'ont pu être décelés ni préalablement ni au moment de la cession.

Il importe d'avoir à l'esprit que le terme de garantie de passif est un terme usuel, générique recouvrant, en fait, de nombreuses réalités selon leur objet ou le mode d'indemnisation retenu :

- la clause de garantie de passif proprement dite par laquelle le cédant-garant s'oblige à supporter tout passif qui apparaîtrait depuis la cession ;
- la garantie de valeur par laquelle le cédant garantit le cessionnaire contre la diminution de la valeur des actions ou parts résultant de la sous-évaluation du passif de la société dont les titres ont été cédés ;
- les clauses de valeur nette qui ont pour particularité de fonctionner sur un mécanisme compensatoire entre les suppléments d'actifs non comptabilisés et les suppléments de passif ;
- les garanties de rentabilité au terme desquelles il est prévu que pour les exercices à venir les résultats nets devront avoir atteint un certain niveau ;
- les garanties de résultat au terme desquelles le cédant s'engage à rembourser toute différence entre le bénéfice net de l'exercice et celui qui a été prévu au cours de la négociation.

Les garanties conventionnelles se présentent généralement en deux parties : ce qui est demandé d'affirmer au cédant, d'une part, et l'étendue de la garantie strictement entendue, d'autre part.

2 • OFFRES PUBLIQUES (OPA-OPE)

Les offres publiques consistent en une offre faite par une personne physique ou morale envers les actionnaires d'une société cotée, en vue d'acquérir leurs titres à un prix (offre d'acquisition) et/ou une parité d'échange (offre d'échange) déterminés, généralement supérieur au cours de bourse[2].

Ainsi présentées, les offres publiques ne constituent qu'un mode particulier d'une cession de contrôle d'une société. Elles permettent à l'acquéreur, ou aux acquéreurs lorsque les actifs d'une même cible intéressent plusieurs acquéreurs potentiels qui vont alors déposer une offre commune par le biais d'une holding commune, de réaliser une croissance externe lui permettant tout à la fois d'atteindre la taille concurrentielle et de produire des synergies opérationnelles permettant une création de richesse grâce aux économies d'échelle réalisées. Initiées en France pour la première fois en 1964 (OPA sur la Franco-Wyoming Oil Co.), les offres publiques sont cependant demeurées rares jusqu'au milieu des années 1980. Elles constituent une procédure dérogatoire au droit commun des négociations et de formation des cours de bourse.

---

2. Pour plus de détails, le lecteur se reportera à l'ouvrage intitulé *Master Pro – Le Droit de l'ingénierie financière*, coll. Fac-Universités, 3e éd., Gualino éditeur, 2009.

La réglementation des offres publiques ressortit, à titre principal, au pouvoir normatif de l'Autorité des marchés financiers (AMF) qui résulte de la fusion, suite à la loi Sécurité financière du 1er août 2003, du Conseil des marchés financiers et de la Commission des opérations de bourse.

Cette réglementation prend appui sur quelques principes directeurs fixés par la loi puis développés dans le Règlement Général de l'AMF. Ainsi, selon l'article L. 433-1 du Code monétaire et financier, introduit par l'article 33 de la loi dite MAF (Modernisation des activités financières) du 2 juillet 1996, la réglementation de l'AMF fixe les règles relatives aux offres publiques portant sur les titres cotés afin d'assurer l'égalité des actionnaires et la transparence des marchés. Quant à l'article 231-1 3 du Règlement Général de l'AMF, il dispose qu'« en vue d'un déroulement ordonné des opérations au mieux des intérêts des investisseurs et du marché, toutes les personnes concernées par une offre publique doivent respecter le libre jeu des offres et de leurs surenchères, d'égalité de traitement et d'information des détenteurs de titres des personnes concernées, de transparence et d'intégrité du marché et de loyauté dans les transactions et la compétition.

A - Les cas d'offres publiques

Au plan juridique, l'offre publique, qu'elle soit d'achat ou d'échange, s'analyse avant tout comme une offre de contracter soumise en tant que telle au droit des contrats, même si elle est marquée par un certain particularisme. C'est donc avant tout un acte volontaire, celui d'une ou plusieurs personnes qui proposent aux actionnaires d'une autre société d'acquérir leurs actions moyennant un certain prix, généralement supérieur au cours de bourse. Toutefois, dans certains cas, le dépôt d'une offre devient obligatoire même si des tempéraments existent.

1) Les cas d'offres obligatoires

Il en va, tout d'abord, ainsi en cas de franchissement direct du seuil du tiers des titres de capital ou des droits de vote d'une société. Relevons que le seuil de 33 % pourrait prochainement être ramené à 30 %.

Quand une personne physique ou morale, agissant seule ou de concert, vient à détenir plus du tiers des titres de capital ou des droits de vote, elle est tenue, à son initiative et sous sa responsabilité, d'en aviser l'AMF et de déposer un projet d'offre visant la totalité des titres de capital et des titres donnant accès au capital ou aux droits de vote, libellée dans des conditions telles qu'il puisse être déclaré recevable par l'AMF (RG AMF, art. 234-2). Relevons que la cause du franchissement du seuil du tiers est indifférente : elle peut être active (acquisition de titres à quelque titre que ce soit comme, par exemple, un apport partiel d'actif, une souscription à une augmentation de capital, la conversion d'obligations) comme passive (octroi d'un droit de vote double, réduction de capital, diminution du nombre de droits de vote).

Ensuite, il y aura encore obligation de déposer une offre publique lorsque plus du tiers du capital ou des droits de vote d'une société cotée est détenu par une autre société et constitue une part essentielle de ses actifs et que, soit une personne vient à prendre le contrôle de la société détentrice, soit un groupe de personnes agissant de concert vient à détenir le contrôle de la société détentrice (RG AMF, art. 234-3).

La difficulté se concentre dans ce cas sur la définition de la notion non juridique de part essentiel des actifs qui est assurément moins que la part exclusive et plus que la part significative. Il faut, en réalité, combiner divers facteurs tels que la valeur nette comptable de la participation, le chiffre d'affaires réalisé par la société détenue rapporté à celui de la société détentrice et, enfin, la part, en termes de situation nette, que représente la société détenue dans celle de la société détentrice (CA Paris, 13 janvier 1998, *aff. Sté Tecknecomp Holding*).

L'article 234-3 du Règlement général de l'AMF oblige encore au dépôt d'une offre dans le cas où des personnes physiques ou morales, agissant seules ou de concert, viennent à détenir par suite de fusion ou d'apports plus du tiers des titres de capital ou de droit de vote d'une société dès lors que ces titres représentent une part essentielle des actifs de l'entité absorbée ou apportée.

Enfin, il y aura obligation de déposer une offre publique quand une personne physique ou morale, agissant seule ou de concert et qui détient directement ou indirectement un nombre de titres compris entre le tiers et la moitié du nombre total des titres de capital ou des droits de vote d'une société, vient, en moins de douze mois consécutifs, à augmenter sa participation d'au moins 2 % (RG AMF, art. 234-5). Notons ici que le franchissement du seuil de 2 % s'apprécie indépendamment de sa cause (acquisition, obtention d'un droit de vote double, conversion d'obligations...). En revanche, il n'est pas tenu compte du franchissement indirect du seuil résultant de l'acquisition du contrôle d'une société ayant une participation qui, ajoutée à la précédente, fait franchir ce seuil.

2) Les tempéraments

Les Offres publiques obligatoires (OPO) font cependant l'objet de certains aménagements.

En premier lieu, le non-lieu à dépôt qui joue lorsqu'en réalité il n'y a pas d'obligation de dépôt. Tel est le cas lorsque l'AMF constate que les seuils du tiers ou des 2 % sont franchis par une ou plusieurs personnes qui viennent à déclarer agir de concert, soit avec un ou plusieurs actionnaires qui détenaient déjà, seul ou de concert, la majorité du capital ou des droits de vote de la société, à condition que ceux-ci demeurent prépondérants, soit avec un ou plusieurs actionnaires qui détenaient déjà, seul ou de concert, entre le tiers et la moitié du capital ou des droits de vote de la société, à condition que ceux-ci conservent une participation plus élevée et qu'à l'occasion de cette mise en concert ils ne franchissent pas le seuil du tiers ou des 2 % (RG AMF, art. 234-7).

En second lieu, il existe un mécanisme d'autorisation conditionnelle qui concerne les cas où le franchissement du seuil du tiers par un actionnaire peut être permis si le dépassement porte sur moins de 3 % du capital ou des droits de vote et si sa durée n'excède pas six mois ; dans ce cas, celui qui franchit le seuil n'est pas tenu de déposer une OPO à la condition toutefois qu'il s'engage à ne pas exercer les droits de vote correspondants à reclasser, c'est-à-dire à se dessaisir par quelque moyen que ce soit, les titres excédentaires (RG AMF, art. 234-4).

En troisième lieu, les dérogations s'expliquent pour deux raisons : soit le franchissement de seuil est passif, soit il est actif mais l'obligation de dépôt ne se justifie pas parce que le contrôle n'est pas substantiellement modifié ou les intérêts des actionnaires minoritaires ont été protégés autrement.

On dénombre sept cas de dérogations (RG AMF, art. 234-9) :

- en cas de transmission à titre gratuit entre personnes physiques (entre vifs ou à cause de mort) ou de distribution d'actifs réalisés par une personne morale au prorata des droits des associés (cas de la distribution du dividende sous forme d'actions) ;
- de souscription à une augmentation de capital d'une société en situation avérée de difficulté financière ;
- d'opérations de fusions ou d'apports soumises à l'approbation de l'assemblée générale extraordinaire des actionnaires (la réunion de cette assemblée constitue une protection suffisante des actionnaires) ;
- de fusion ou d'apport soumise à l'approbation d'une assemblée générale extraordinaire des actionnaires et de la conclusion d'une action de concert ;
- de réduction du nombre total de titres de capital ou du nombre total de droits de vote existants dans la société visée (cas de la mise au porteur et de la perte corrélative du droit de vote double ou d'un programme de rachat) ;
- de détention de la majorité des droits de vote de la société par le demandeur ou par un tiers, agissant seul ou de concert (cas où le majoritaire en droit de vote le devient également en titre de capital ; le contrôle ne change pas) ;
- d'opérations de reclassement entre sociétés ou personnes appartenant au même groupe.

B - Les autres procédures publiques

1) La garantie de cours

La garantie de cours est une procédure autonome à côté des procédures ordinaire et simplifiée des offres publiques (RG AMF, art. 235-1 et s.).

Son fait générateur est l'acquisition ou le projet d'acquisition d'un bloc de titres, sur ou hors le marché, conférant, à la personne physique ou morale agissant seule ou de concert, compte tenu des titres qu'elle détient déjà, la majorité du capital ou des droits de vote d'une société cotée (la cession peut donc porter sur un faible pourcentage du capital).

La philosophie générale de cette procédure est de permettre aux minoritaires de sortir de la société dans les mêmes conditions que les cédants du bloc de contrôle. Aussi, le projet de cession soumis à l'AMF doit-il préciser l'identité du ou des cédants du bloc, la date, le mode de réalisation et le prix de la cession, la quantité de titres cédés.

La garantie de cours porte sur la totalité du capital : l'acquéreur s'engage à acheter tous les titres qui lui sont présentés pendant une durée de dix jours de bourse minimum. Des conditions particulières affectent cette procédure : aucune surenchère n'est possible et il ne peut y avoir d'offre concurrente.

2) Les offres publiques de retrait (OPR)

L'OPR offre une porte de sortie aux minoritaires d'une société déjà contrôlée (RG AMF, art. 236-1 et s.).

Elle s'entend comme la faculté offerte aux minoritaires de céder leurs actions et droits de vote et, d'autre part, comme l'obligation faite aux contrôleurs d'acheter les titres des minoritaires.

En effet, l'initiative appartient ici aux deux camps.

Ainsi, une OPR peut être lancée, soit par les minoritaires qui demandent à l'AMF de requérir que les actionnaires majoritaires déposent une telle offre en raison de la perte de liquidité de leurs titres, soit à l'initiative des majoritaires qui déposent un projet en ce sens à l'AMF afin de ne plus supporter le coût de la présence minoritaire.

Toutefois, dans l'un et l'autre cas, il faut que le ou les majoritaires détiennent ensemble plus de 95 % des droits de vote de la société.

La transformation de la société anonyme en société en commandite en actions est aussi un cas d'OPR.

Une OPR peut également être mise en place lorsque la ou les personnes physiques ou morales qui contrôlent une société informent l'AMF de la survenance de l'un des deux événements suivants : lorsqu'elles se proposent de soumettre à l'approbation d'une assemblée une ou plusieurs modifications significatives des statuts ou lorsqu'elles décident du principe de la fusion-absorption de cette société par la société qui en détient le contrôle, de la cession ou de l'apport à une autre société de la totalité ou du principal des actifs, de la réorientation de l'activité sociale ou de la suppression pendant plusieurs exercices de toute rémunération des titres de capital.

3) Le retrait obligatoire (Squeeze out)

Le retrait obligatoire a été introduit en France en 1993 et répond à une demande des émetteurs de bénéficier de la possibilité de fermer le capital des sociétés cotées avant de les sortir de la cote (RG AMF, art. 237-1 et s.).

Le retrait obligatoire sera mis en place à la demande des majoritaires, à l'issue d'une OPR initiée lorsque les majoritaires détenaient 95 % des titres de capital et des droits de vote de la société et portera sur les titres de capital, immédiat et différé, les droits de vote et les certificats.

Il faut donc que les minoritaires détiennent moins de 5 % des droits de vote.

En revanche, les majoritaires ne sont pas fondés à demander la mise en œuvre d'une procédure de retrait obligatoire lorsque l'OPR précédente était justifiée, soit par la transformation de la société anonyme en une société en commandite par actions, soit par des modifications juridiques, économiques ou financières.

Lorsqu'elle sera mise en œuvre, la procédure de retrait obligatoire visera les titres de capital ou donnant accès au capital et aux droits de vote des actionnaires demeurés dans la société à l'issue de l'OPR.

Le transfert des titres s'opérera automatiquement, les teneurs de compte devant procéder à la substitution des titres figurant en compte par le montant de l'indemnisation versée aux actionnaires exclus.

À la clôture de l'offre, les titres concernés sont radiés du marché réglementé sur lequel ils étaient admis.

C - Les offres concurrentes et surenchères

Le déroulement d'une offre publique qui suit la procédure normale n'est pas un long fleuve tranquille. En effet, l'initiateur de l'offre peut se heurter à des offres concurrentes et devoir surenchérir (RG AMF, art. 232-5 et s.).

Tout tiers peut présenter une offre concurrente au plus tard cinq jours de bourse avant l'échéance de l'offre. L'offre concurrente peut être de nature différente de l'offre antérieure : offre d'achat contre offre d'échange ou l'inverse. Le prix proposé doit être supérieur de 2 % à l'offre précédente sauf si le deuxième initiateur supprime la condition d'un nombre minimal de titres à apporter en réponse à l'offre, qu'avait retenu le premier. Si l'offre concurrente est déclarée recevable, les ordres des clients ayant répondu à l'offre précédente sont déclarés caducs : les actionnaires ont alors à choisir l'offre à laquelle ils veulent répondre et renouveler leurs ordres, sauf si l'initiateur de la première se retire.

Par ailleurs, le premier initiateur peut décider à son tour de surenchérir. Cette faculté lui est ouverte même en l'absence d'offre concurrente. Il peut agir sur le prix comme sur la nature et les modalités de son offre : l'essentiel est qu'elle soit jugée plus favorable que la précédente. Lorsque la surenchère est le fait du premier initiateur en l'absence de toute offre concurrente, les ordres déjà émis seront exécutés aux nouvelles conditions. Si la surenchère intervient dans le cadre d'offres concurrentes, il appartient à l'AMF de décider, en opportunité, s'il y a lieu ou non, la caducité des ordres précédemment émis.

D - L'action de concert

Introduite en droit français par la loi du 2 août 1989, à l'instar de ce qui existait déjà en Angleterre, l'action de concert vise à prendre en considération les liens qui unissent certaines personnes afin de soumettre celles-ci aux mêmes obligations. Il s'agit en fait de traiter comme une seule et même personne les individus ou personnes morales qui se sont liés par des accords révélant une convergence d'intérêts dans leur comportement ; ces personnes sont réputées n'en former qu'une au regard des obligations relatives à la déclaration des franchissements de seuils, de déclaration d'intention ainsi qu'en matière d'offres publiques (à cette fin une solidarité de droit a été créée).

Au terme de l'article L. 233-10 du Code de commerce, sont considérées comme agissant de concert les personnes qui ont conclu un accord en vue d'acquérir ou de céder des droits de vote ou en vue d'exercer des droits de vote, pour mettre en œuvre une politique commune vis-à-vis de la société.

Le texte pose, de plus, cinq présomptions ; une telle action est présumée exister entre :

- en premier lieu, une société et ses dirigeants ;
- en second lieu, une société et les sociétés qu'elle contrôle au sens de l'article L. 233-3 du Code de commerce ;
- en troisième lieu, des sociétés contrôlées par la ou les mêmes personnes ;
- en quatrième lieu, les associés d'une SAS à l'égard des sociétés que celle-ci contrôle ;

– et, en cinquième et dernier lieu, entre le fiduciaire et le bénéficiaire du contrat de fiducie lorsque ce dernier est également le constituant (introd. L. n° 2007-211 du 19 février 2007).

La loi n° 2006-387 du 31 mars 2006 transposant en droit interne la Directive communautaire du 21 avril 2004 relative aux offres publiques a introduit un nouveau cas d'action de concert visé à l'article L. 233-10-1 du Code de commerce. Au terme de cet article, en cas d'OPA, sont également considérées comme agissant de concert les personnes qui ont conclu un accord avec la société qui fait l'objet de l'offre afin de faire échouer l'offre.

BIBLIOGRAPHIE

BERTREL (J.-P.), « Les recours offerts par la loi à un cessionnaire déçu. Quel type de garantie de passif choisir », *Dr. et patr.* 1993, n° 4 et 5, pp. 53 et 50.

HUSSON (B.), *La prise de contrôle d'entreprise : motivations, conséquences et freins*, PUF, 1990.

MOULIN (J.-M.), « La loi n° 2006-387 du 31 mars 2006 transposant la Directive OPA du 21 avril 2004 », *JCP* E 2006, p. 1651.

NAYER (M.-C.), « Le retrait obligatoire », *Bull. Joly Bourse* 1994, p. 91.

OPPETIT (B.), « Les cessions de droits sociaux emportant le transfert de contrôle d'une société : essai de synthèse », *Rev. sociétés* 1978, p. 631.

PAILLUSSEAU (J.), « La cession de contrôle et la situation financière de la société cédée (de la nature juridique du contrôle et de la cession de contrôle) », *JCP* E 1992, I, 3578.

VIANDIER (A.), *OPA et autres offres publiques*, Francis Lefebvre, 3e éd., 2006.

CHAPITRE 20

Les groupes de sociétés

Les groupes de sociétés participent du mouvement de concentration économique des entreprises. Ensemble de sociétés juridiquement indépendantes, liées entre elles économiquement et financièrement, et dont l'une, qualifiée de société-mère, exerce sur l'ensemble un contrôle, le groupe de sociétés est, en tant que tel, ignoré en droit français même si de nombreuses dispositions s'y réfèrent.

1 • DÉFINITION

À défaut de définition légale, on doit considérer qu'il y a groupe de sociétés lorsque plusieurs sociétés, indépendantes au plan juridique en raison de leur personnalité morale autonome (C. civ., art. 1842 ; C. com., art. L. 210-6), sont placées sous la domination, le contrôle d'une autre. À l'autonomie des entités juridiques s'adjoint ainsi une certaine cohérence dans les politiques développées au niveau de chaque société à l'instigation de la société dominante.

A - Le contrôle, filiale et participations

1) Le contrôle

Le contrôle est au cœur des problématiques générées par les groupes de sociétés. Aussi convient-il de le définir.

Selon l'article L. 233-3 du Code de commerce, applicable en matière de notifications, d'informations et de participations réciproques, une société est considérée comme en contrôlant une autre dans plusieurs hypothèses :

- tout d'abord, lorsqu'elle détient directement ou indirectement une fraction du capital lui conférant la majorité des droits de vote dans les assemblées générales de cette société (contrôle de droit reposant sur une majorité absolue) ;
- ensuite, lorsqu'elle dispose seule de la majorité des droits de vote dans cette société en vertu d'un accord conclu avec d'autres associés ou actionnaires et qui n'est pas contraire à l'intérêt social (contrôle de droit reposant sur des conventions de vote) ;
- par ailleurs, lorsqu'elle détermine en fait, par les droits de vote dont elle dispose, les décisions dans les assemblées générales de cette société (contrôle de fait reposant sur une majorité relative) ;

– en outre, une société est présumée exercer ce contrôle lorsqu'elle dispose directement ou indirectement d'une fraction des droits de vote supérieure à 40 % et qu'aucun autre associé ou actionnaire ne détient directement ou non une fraction supérieure à la sienne (présomption de contrôle) ;
– de surcroît, depuis la loi NRE du 15 mai 2001, deux ou plusieurs personnes agissant de concert sont considérées comme en contrôlant conjointement une autre lorsqu'elles déterminent en fait les décisions prises en assemblée générale, en vertu d'un accord tendant à mettre en œuvre une politique commune (contrôle conjoint) ;
– enfin, lorsqu'elle est associée ou actionnaire d'une société et y dispose du pouvoir de nommer ou de révoquer la majorité des membres des organes de direction (L. n° 2005-842 du 26 juillet 2005, art. 33-1).

Il convient de relever qu'il existe d'autres définitions du contrôle. Ainsi, en matière de comptes consolidés (cf. *infra*), l'article L. 233-16 du Code de commerce ne reprend pas exactement les mêmes éléments que l'article L. 233-3 du même code pour qualifier des situations de contrôle.

2) Les filiales et participations

Aux diverses situations de contrôle répondent des types de participations capitalistiques. Ainsi, selon l'article L. 233-1 du Code de commerce, la filiale est la société dont plus de la moitié du capital est possédée par une autre, sa société-mère. Quant à la participation, elle vise les hypothèses où une société possède dans une autre société une fraction du capital comprise entre 10 et 50 % du capital. Ainsi, une simple prise de participation peut conduire à une situation de contrôle. On relèvera que tandis que le contrôle s'apprécie par rapport aux droits de vote susceptibles de s'exprimer aux assemblées, les notions de filiales et de participations se définissent uniquement à raison de la fraction du capital détenu. Il n'est pas tenu compte des hypothèses fréquentes de dissociation entre les titres de capital et le nombre de droits de vote.

B - Les modes de constitution des groupes

La constitution d'un groupe peut emprunter diverses modalités.

Une société peut ainsi acquérir le contrôle d'une autre à l'occasion de l'acquisition de parts sociales ou actions dont le nombre est tel qu'il lui confère le contrôle.

Cette opération peut résulter elle-même d'une négociation de gré à gré entre les détenteurs d'un bloc contrôle et ceux qui le convoitent, comme être le résultat d'une offre publique d'acquisition ou de vente.

Le contrôle peut aussi s'acquérir à l'occasion d'une augmentation de capital réservée, ce qui supposera, au préalable, que les actionnaires de la société dont le contrôle est pris aient renoncé à leur droit préférentiel de souscription.

Le groupe peut aussi naître de l'éclatement d'une société préexistante, celle-ci souhaitant apporter à diverses personnes morales, créées à cet effet, les divers départements ou branches d'activités qu'elle gérait en direct en créant des filiales soit au moyen d'apports partiels d'actifs ou de scissions (holding par le bas).

Enfin, la constitution du groupe peut résulter de la constitution d'un holding auquel est apporté l'ensemble des titres de participations (holding par le haut).

C - La typologie des groupes

Si la science économique s'intéresse aux groupes de sociétés sous l'angle des objectifs poursuivis et distingue à ce titre les concentrations verticales, horizontales et les conglomérats, le droit appréhende la typologie des groupes à partir des structures utilisées et des modalités de prise de participation. On distingue ainsi le groupe de type pyramidal dans lequel une société a des participations directes dans d'autres qui elles-mêmes en ont, par un effet de cascade, dans d'autres, conduisant la première à détenir une participation indirecte dans les secondes. Le groupe peut aussi être de type radial lorsqu'une société détient directement des participations dans diverses autres sociétés de second rang. Le groupe peut enfin être de type circulaire, au moyen de participations du même nom, lorsqu'une société détient une participation dans une seconde société qui, elle-même, détient une participation dans la première.

2 • ASPECTS JURIDIQUES DES GROUPES DE SOCIÉTÉS

S'il n'existe pas, en droit français, un corps de règles juridiques spécifiquement consacré aux groupes de sociétés cela ne signifie pour autant pas que le droit ignore la réalité économique que constitue le groupe.

A - L'absence de droit des groupes

On cherchera en vain dans le droit français une définition du groupe de sociétés. Le groupe n'est pas, en France, une entité juridique autonome. Il n'a pas, à la différence des sociétés qui le composent, la personnalité morale et ne peut donc apparaître à la vie juridique en tant que tel, ce qui explique l'absence d'organes sociaux à l'échelon du groupe lui-même. La situation diffère chez certains de nos voisins, notamment en Allemagne où le groupe de sociétés peut accéder à la vie juridique soit de sa propre initiative (contrat de domination inscrit au registre du commerce), soit à celle du juge. Quelques avancées doivent également être relevées en droit communautaire notamment avec l'instauration de la société européenne (cf. *supra*, Chapitre 16). Régulièrement, le législateur français est saisi de projets tendant à élaborer un véritable droit des groupes. En vain jusqu'à présent. Le dogme de l'autonomie de la personne morale est réfractaire à toute idée de synthèse en ce domaine. C'est ce qui explique aussi le succès des groupes en France ; à cet égard, le législateur n'est pas avare d'innovations (sociétés unipersonnelles autorisant les filiales à 100 %, société par actions simplifiée au fonctionnement souple, intégration fiscale permettant d'attribuer à la société-mère la qualité de contribuable unique, exception au monopole bancaire...) contribuant à garantir une gestion souple et efficace du groupe.

B - Le groupe saisi par le droit

Si le groupe de sociétés ne fait l'objet d'aucune définition en droit français, en revanche il est une réalité que saisissent de nombreuses branches du droit. Toutefois, chacune adopte une définition particulière qui enlève toute homogénéité à la matière.

1) Le droit des sociétés

a) Participations réciproques et l'autocontrôle

Ces opérations sont vues défavorablement dans la mesure où, d'une part, elles conduisent à rendre fictif une partie du capital des sociétés qui y participent et, d'autre part, elles conduisent à rendre quasi intangibles les directions en place. Pour ces raisons, elles sont strictement réglementées.

S'agissant des participations croisées, on doit relever qu'une société par actions ne peut posséder d'actions d'une autre société, si celle-ci détient une fraction de son capital supérieure à 10 % (C. com., art. L. 233-29).

En outre, si une société autre qu'une société par actions compte parmi ses associés une société par actions détenant une fraction de son capital supérieure à 10 %, elle ne peut détenir d'actions émises par cette dernière (C. com., art. L. 233-30).

En revanche, si une société autre qu'une société par actions compte parmi ses associés une société par actions détenant une fraction de son capital égale ou supérieure à 10 %, elle ne peut détenir qu'une fraction égale ou inférieure à 10 % des actions émises par cette dernière.

En cas de dépassement ou d'infraction, et à défaut d'accord entre elles pour régulariser la situation, la société qui détient la plus faible participation doit aliéner son investissement.

Outre des sanctions pénales, la participation croisée prohibée conduit à priver les actions litigieuses de leur droit de vote.

S'agissant de l'autocontrôle, il est prévu que lorsque des actions ou des droits de vote d'une société sont possédés par une ou plusieurs sociétés dont elle détient directement ou indirectement le contrôle, les droits de vote attachés à ces actions ou ces droits de vote ne peuvent être exercés à l'assemblée générale de la société et il n'en est pas tenu compte pour le calcul du quorum. La participation est neutralisée mais pas prohibée (C. com., art. L. 233-31).

b) Information des actionnaires et des sociétés

La constitution d'un groupe de sociétés génère de nombreuses obligations d'information à la charge des sociétés qui y participent.

L'information est tout d'abord destinée aux associés de la société qui prend la participation. Ainsi, il est prévu que dans toutes les sociétés commerciales, le rapport annuel de gestion doit mentionner toute prise de participation, au cours d'un exercice, représentant plus du vingtième, du dixième, du cinquième, du tiers ou de la moitié du capital d'une autre société ayant son siège sur le territoire de la République française (C. com., art. L. 233-6). Il en va de même en cas de prise de contrôle. En outre, dans les sociétés anonymes, les actionnaires doivent être informés sur l'identité des personnes détenant directement ou indirectement entre 5 et 95 % du capital social ou des droits de vote, ainsi que sur les modifications intervenues au cours de l'exercice (C. com., art. L. 233-13). Enfin, les dirigeants de sociétés ayant des filiales ou des participations doivent annexer au bilan de leur société un tableau en vue de faire apparaître la situation desdites filiales et participations (C. com., art. L. 233-15).

L'information est ensuite destinée aux sociétés qui sont l'objet de prises de participations. Ainsi, toute personne agissant seule ou de concert qui vient à posséder un nombre d'actions compris entre 5 et 95 % du capital ou des droits de vote d'une société ayant son siège en France et dont les actions sont inscrites à la négociation sur un marché réglementé, informe cette société du franchissement du seuil et du nombre total d'actions de celle-ci qu'elle possède (C. com., art. L. 233-7). Relevons que le franchissement de seuil doit également être porté à la connaissance de l'Autorité des marchés financiers (AMF), dans le délai de cinq jours de bourse, qui porte ces informations à la connaissance du public. À défaut, les droits de vote attachés aux actions excédant la fraction qui aurait dû être déclarée sont privés du droit de vote pour toute assemblée d'actionnaires jusqu'à l'expiration d'un délai de deux ans suivant la date de régularisation de la notification (C. com., art. L. 233-14). Ce délai de privation peut être porté à cinq ans par le juge sur demande du président de la société créancière de l'information, de l'un de ses actionnaires ou de l'Autorité des marchés financiers. En outre, à l'occasion du franchissement des seuils du dixième ou du cinquième du capital ou des droits de vote, la personne tenue à l'information doit également déclarer ses intentions pour les douze mois à venir. Par ailleurs, les statuts de toute société par actions peuvent prévoir des seuils statutaires de détention générant une obligation d'information inférieure à celle du vingtième sans descendre sous celui de 0,5 % du capital ou des droits de vote. Enfin, au terme de l'article L. 233-12 du Code de commerce, les sociétés contrôlées, directement ou indirectement, par une société par actions doivent notifier à cette dernière, ainsi qu'à chaque société participant au contrôle, le montant des participations qu'elle détient directement ou non dans leur capital respectif ; cette mesure facilite l'appréhension des mesures relatives à l'autocontrôle.

En outre, deux mesures récentes prennent en compte la réalité que constitue le groupe et tendent à améliorer sensiblement l'information des actionnaires minoritaires de la société-mère. D'une part, les comptes consolidés doivent désormais être approuvés par l'assemblée générale ordinaire de la société consolidante (C. com., art. L. 225-100). D'autre part, les actionnaires peuvent diligenter une expertise portant sur une ou plusieurs opérations de gestion concernant les sociétés que leur société contrôle au sens de l'article L. 233-3 du Code de commerce, même si la demande doit être appréciée au regard de l'intérêt du groupe (C. com., art. L. 225-231).

2) Le droit fiscal

Le droit fiscal aborde le groupe de sociétés tant sous l'angle de l'organisation que sous celui de la répression.

a) *Organisation fiscale*

L'existence du groupe postule une circulation des résultats entre les diverses sociétés y participant, les résultats ayant par nature vocation à remonter vers la société tête de groupe. Deux mécanismes permettent d'amoindrir le coût fiscal de cette circulation :

- en premier lieu, l'article 145 du CGI permet, lorsqu'une société détient une participation en capital dans une autre égale ou supérieure à 5 %, que les dividendes réalisés par une filiale soient imposés à son niveau au taux normal avant de remonter vers la société-mère en toute franchise d'impôt (régime dit des sociétés-mères et filles). En revanche, les pertes réalisées par une filiale ne bénéficient pas du même régime interdisant une imputation sur les résultats positifs de la société-mère. Cela n'est au demeurant exact que si les filiales sont des sociétés soumises à l'impôt sur les sociétés ; si, au contraire, elles relèvent de l'impôt sur le revenu, ce qui est le cas des sociétés de personnes, le principe de transparence fiscale permet que les déficits de la fille remontent au niveau de la mère. Ceci explique que les groupes de sociétés recourent fréquemment à l'interposition de sociétés de personnes ;
- en second lieu, l'article 209 sexies du Code général des impôts autorise le recours à la technique de l'intégration fiscale lorsque la société-mère détient au moins 95 % du capital de ses sociétés-filles relevant de l'impôt sur les sociétés. Lorsque ces conditions sont réunies, la société-mère réalise une déclaration de l'ensemble des résultats du groupe lui permettant de compenser les bénéfices et les déficits. L'impôt est alors assis sur le résultat net ainsi calculé.

b) *Répression*

Outre l'abus de droit (LPF, art. L. 64) lui permettant de redonner à des actes litigieux leur véritable qualification juridique lorsqu'elle estime qu'une opération a été réalisée dans le but exclusif de minorer ou d'éluder l'impôt normalement dû par le contribuable (hypothèse des fusions rapides ou de l'interposition d'une société de personne translucide fiscalement et autorisant une consolidation fiscale de fait), l'Administration fiscale peut utiliser la théorie de l'acte anormal de gestion pour réintégrer dans les résultats imposables des dépenses qui n'auraient pas été engagées dans l'intérêt de la société.

Il en ira ainsi chaque fois qu'une société membre du groupe accordera à l'une de ses sœurs, filiales ou à sa société-mère un avantage injustifié au regard de son propre intérêt, par exemple en abandonnant des créances. Dans ce domaine, la doctrine administrative est jusqu'à présent peu sensible à la notion d'intérêt de groupe.

3) Le droit comptable

La constitution d'un groupe, sous réserve d'exceptions, conduit à l'élaboration, par la société commerciale placée à sa tête, de documents comptables (bilan, compte de résultat, annexe) et d'un rapport sur la gestion du groupe à son échelon, en sus de ceux élaborés par chaque entité membre du groupe.

La consolidation des comptes doit être réalisée lorsqu'existe un contrôle exclusif, conjoint ou encore en cas d'influence notable (C. com., art. L. 233-16) :

- il y a contrôle exclusif soit lorsqu'une société détient directement ou indirectement la majorité des droits de vote dans une autre, soit lorsqu'elle désigne pendant deux exercices successifs la majorité des membres des organes d'administration, de

direction ou de surveillance dans une autre (il existe une présomption à compter de la détention de 40 % des droits de vote), soit, enfin, lorsqu'elle exerce une influence dominante sur une autre en vertu d'un contrat ou de clauses statutaires ;
- il y a contrôle conjoint lorsqu'un nombre limité d'associés ou d'actionnaires, en vertu d'un accord commun, se partage le contrôle d'une autre société ;
- l'influence notable d'une société sur une autre est présumée lorsque la première dispose, directement ou indirectement, d'une fraction au moins égale au cinquième des droits de vote de la seconde.

À chacun de ces trois stades de contrôle correspond une méthode de consolidation (intégration globale, proportionnelle ou mise en équivalence) qui doit permettre de présenter la situation financière et les résultats de l'ensemble des sociétés du groupe comme si celles-ci n'en formaient qu'une seule.

4) Le droit bancaire

Dépourvu de la personnalité juridique, le groupe ne saurait être parti à un contrat notamment bancaire. Les besoins de financement de l'ensemble des sociétés appartenant au groupe peuvent cependant être réglés à son niveau par l'instauration de pools de trésorerie, au moyen de conventions de centralisation ou d'omnium qui peuvent avoir une dimension internationale, assurant une meilleure adéquation entre les ressources et les emplois de chacune des entités du groupe.

Ces opérations ont cependant un caractère bancaire et devraient normalement, à ce titre, relever du monopole des banques et des établissements de crédit. Toutefois, le législateur, pragmatique, a autorisé exceptionnellement (C. mon. fin., art. L. 511-17, 3°) que de telles opérations soient réalisées en dehors de ce monopole par les groupes de sociétés.

5) Le droit du travail

Le droit du travail a aussi pris en compte la réalité du groupe de sociétés tant en ce qui concerne les relations collectives qu'individuelles de travail.

a) Relations collectives

Le droit du travail a prévu deux institutions permettant d'assurer la défense des intérêts des salariés au niveau du groupe de sociétés :
- le comité de groupe, doté de la personnalité morale, composé de représentants du personnel et présidé par le chef de l'entreprise dominante, il est amené à connaître des comptes et du bilan consolidés ainsi que de l'activité, de la situation financière, de l'évolution et des prévisions d'emplois dans le groupe et dans chacune des entreprises qui le compose ainsi que des actions éventuelles de prévention envisagées compte tenu de ces prévisions (C. trav., art. L. 439-2). Il doit être constitué au terme de la loi (C. trav., art. L. 439-1) lorsqu'une entreprise en domine une autre soit par référence aux différentes notions de contrôle que connaît le droit des sociétés, soit, plus largement, lorsqu'une entreprise exerce une influence dominante sur une autre, lorsque la permanence et l'importance des relations de ces entreprises établissent l'appartenance de l'une et de l'autre à un même ensemble économique ;

- un comité d'entreprise européen doit être institué dès lors que le groupe, constitué de filiales réparties dans divers pays de l'Union européenne, emploie au moins 1 000 salariés. Il est compétent pour connaître des questions liées à l'information et à la consultation des salariés (C. trav., art. L. 439-6).

Parallèlement, le comité d'entreprise a vu ses droits à l'information croître. Ainsi, doit-il être consulté par les dirigeants en cas de prise de participation, acquisition ou cession de filiales comme il doit être informé en cas de tentative de prise de contrôle de la société par le biais d'une offre publique d'achat ou d'échange et, plus largement, en cas de modifications dans l'organisation économique ou juridique de l'employeur (C. trav., art. L. 432-1 et s.).

Enfin, on relèvera que la loi du 19 février 2001 sur l'épargne salariale prévoit que l'intéressement, la participation ou un plan d'épargne d'entreprise peuvent désormais être mis en place au sein d'un groupe constitué par les entreprises juridiquement indépendantes mais ayant établi entre elles des liens financiers et économiques.

b) Relations individuelles

Le droit du travail n'ignore pas non plus le groupe à l'échelon des salariés pris individuellement. Ainsi, et pour s'en limiter à quelques exemples, la notion de groupe est opératoire dans l'appréciation des justifications des motifs économiques du licenciement comme les difficultés économiques ou la sauvegarde de la compétitivité, en matière d'obligation préalable de reclassement. De même, lorsqu'un salarié, mis par la société au service de laquelle il était engagé à la disposition d'une filiale étrangère à laquelle il est lié par un contrat de travail, est licencié par cette filiale, la société-mère doit assurer son rapatriement et lui procurer un nouvel emploi compatible avec l'importance de ses précédentes fonctions au sein de la société-mère (C. trav., art. L. 122-14-8). Enfin, l'existence d'un groupe peut conduire les juges à rechercher quel est le véritable employeur d'un salarié lorsque celui-ci, officiellement lié par un contrat de travail à une société, est en réalité sous la subordination juridique d'une autre entité du groupe ; la question est importante notamment lorsque le salarié cherche à obtenir des dommages et intérêts auprès de la société la plus solvable. Mais le groupe, faute de personnalité juridique, ne saurait être reconnu comme l'employeur.

6) Le droit de la concurrence

Les droits interne et communautaire de la concurrence n'ignorent pas non plus le groupe de sociétés. En effet, de par son existence, celui-ci peut fausser le libre jeu de la concurrence :

- toute opération de concentration (fusion de deux ou plusieurs entreprises antérieurement indépendantes, soit de la prise de participation au capital ou de l'achat d'éléments d'actifs, contrat ou tout autre moyen conduisant des personnes à acquérir le contrôle d'un ensemble d'entreprises) qui réunit certaines conditions en terme de chiffre d'affaires (C. com., art. L. 430-2) doit conduire au contrôle des autorités nationales (Autorité de la concurrence) et/ou communautaire (Commission européenne – Règl. n° 39/2004, CE du 20 janvier 2004) ;
- les articles L. 420-1 et L. 420-2 du Code de commerce prohibent les ententes et les abus de position dominante. Il y a entente lorsqu'existent entre des entreprises des actions concertées, conventions expresses ou tacites ou coalitions ayant pour objet

ou pour effet d'empêcher, de restreindre ou de fausser le jeu de la concurrence en limitant l'accès aux marchés ou le libre exercice de la concurrence par d'autres entreprises, en faisant obstacle à la libre fixation des prix, en limitant ou contrôlant la production, les débouchés, les investissements ou le progrès technique, en répartissant les marchés ou les sources d'approvisionnement. Il y aura abus de position dominante lorsqu'une entreprise ou un groupe d'entreprises abusera de sa position dominante sur le marché ou une partie substantielle de celui-ci en pratiquant des refus de vente, des ventes liées ou encore des ventes discriminatoires. Par principe, le groupe de sociétés ne tombe pas sous le coup de ces prohibitions en raison de l'absence d'autonomie économique de certaines sociétés du groupe à l'égard de la société mère. Il en va différemment si, indépendantes en terme de politique de gestion et commerciale, les sociétés du groupe s'accordent pour faire croire à l'existence d'une situation concurrentielle en réalité feinte en raison de la coordination de leurs actions respectives.

7) Le droit des procédures collectives

Le droit des procédures collectives peut conduire à engager la responsabilité de la société-mère en cas de défaillance de l'une de ses filiales. Trois voies sont retenues :

- ***la confusion de patrimoine***, tout d'abord, qui conduit à étendre à la mère la « faillite » de la filiale, faisant fi des cloisons juridiques. Il n'en ira cependant ainsi que si cette confusion est avérée c'est-à-dire si les deux sociétés ne fonctionnaient en réalité que comme une seule ;
- ***l'action en responsabilité pour insuffisance d'actif*** ensuite, qui conduira le tribunal, en cas de résolution d'un plan de sauvegarde ou de redressement judiciaire ou de liquidation judiciaire, à mettre tout ou partie des dettes de la société à la charge de la société-mère s'il apparaît que celle-ci, en tant que dirigeant de la fille a, par ses fautes de gestion, contribué à créer cette insuffisance d'actif (C. com., art. L. 651-1 et s.).

8) Le droit répressif

Les liens capitalistiques reliant entre elles les sociétés membres du groupe sont souvent doublés de liens économiques et financiers prenant la forme de contrat de fourniture de biens et services, d'avances et de prêts.

Le danger existe que ces contrats soient l'occasion de spolier une ou plusieurs sociétés au profit de la mère ou d'une sœur en difficulté.

Les associés minoritaires des SARL et des SA victimes de ces agissements sont alors fondés à agir sur le fondement de l'abus de biens sociaux (C. com., art. L. 241-3 et 242-6).

L'abus de biens sociaux est le fait, pour les dirigeants, de faire, de mauvaise foi, des biens ou du crédit de la société, un usage qu'ils savent contraire à l'intérêt de celle-ci, à des fins personnelles ou pour favoriser une autre société ou entreprise dans laquelle ils sont intéressés directement ou indirectement. La clé de cette définition réside dans l'intérêt social qu'il revient au juge d'apprécier : un abandon de créances ou des avances peuvent ne pas être contraires à l'intérêt de la société si celle-ci en retire, immédiatement ou médiatement, un bénéfice. À défaut, l'abus de biens sociaux peut être constitué. Toutefois, lorsque la société participe à un groupe, un acte apparemment contraire à son intérêt immédiat peut se révéler indispensable au groupe dont la pérennité lui assure sa propre prospérité. C'est la raison pour laquelle, les juges acceptent d'apprécier la régularité de ces actes à l'aune de l'intérêt du groupe tout entier (Cass. crim., 4 février 1985 : *JCP* 1985, II, 14614, note W. Jeandidier). Concrètement, ils rechercheront si l'opération litigieuse est dictée par un intérêt économique, social ou financier commun, apprécié au regard d'une politique élaborée pour l'ensemble du groupe, et si elle n'est ni dépourvue de contreparties pour la société qui la consent, ni en position de rompre les engagements respectifs des diverses sociétés concernées, ni excessive par rapport aux capacités financières de celle qui la supporte.

BIBLIOGRAPHIE

AUZERO (G.), « Les prérogatives du comité d'entreprise après la loi du 3 janvier 2003 », *Bull. Joly Sociétés* 2003, p. 237.

COURET (A.) *et alii*, « Les conventions de trésorerie intra-groupe », *Dr. sociétés*, Actes pratiques, n° 4, 1992.

COURET (A.) et MARTIN (D.), *Les sociétés holdings*, coll. Que sais-je, n° 2598, PUF 1991.

DELEBECQUE (Ph.), « Groupe de sociétés et procédures collectives : confusion de patrimoine et responsabilité des membres du groupe », *Rev. proc. coll.* 1998, p. 129.

FOYER (J.), « Faut-il un droit des groupes de sociétés », *RTD com.* 1996, p. 165.

HANNOUN (Ch.), *Le droit et les groupes de sociétés*, LGDJ, 1991, préf. A. Lyon-Caen.

OHL (D.), *Les prêts et avances entre sociétés d'un même groupe*, Litec, 1982.

PARIENTE (M.), *Les groupes de sociétés*, Litec 1993.

SOUPIOT (A.), « Groupes de sociétés et paradigmes de l'entreprise », *RTD com.* 1985, p. 621.

STORCK (M.), « Définition légale du contrôle d'une société en droit français », *Rev. sociétés* 1986, p. 385.

Bibliographie

CHAPUT (Y.), *Droit des sociétés*, PUF, 1993.

COZIAN (M.), VIANDIER (A.) et DEBOISSY (Fl.), *Droit des sociétés*, Litec, 2009.

DIDIER (P.), *Droit des sociétés commerciales*, PUF, coll. Que sais-je ?, 1999.

DONDERO (B.), *Droit des sociétés*, Dalloz, coll. Hypercours, 2009.

GUYON (Y.), *Droit des affaires – Droit commercial général et société*, Economica, 2003.

GUYON (Y.), *Traité des contrats – Les sociétés, aménagements statutaires et conventions entre associés*, LGDJ, 2002.

LE CANNU (P.), *Droit des sociétés*, Montchrestien, 2003.

MERCADAL (B.) et JANIN (Ph.), *Sociétés commerciales*, Francis Lefebvre, 2009.

MERLE (Ph.), *Sociétés commerciales*, Précis Dalloz, 2009.

MESTRE (J.) et BLANCHARD-SEBASTIEN (C), *Sociétés commerciales*, Lamy, 2009.

RIPERT (G.) et ROBLOT (R.), *Traité élémentaire de droit commercial*, t. 1, par Germain (M.), LGDJ, 2009.

VIDAL (D.), *Droit des sociétés*, LGDJ, 2008.

Index

A

Abus
– de biens sociaux 73, 132, 219
– de majorité 61
– de minorité 61
– de position dominante 219
Action 147, 158
– amortissement 149
– négociation 150, 162, 164
– de concert 208
– de préférence 146
– prêt d'126
– sans droit de vote 146
– sociale *ut singuli* 71, 131
Administrateur
– de SA 126 et s.
– provisoire 69
Affectio societatis 41 et s.
Agrément 85, 101, 116, 150, 158, 164
Apports 36 et s.
– en industrie 37
– en jouissance 38
– en nature 37
– en numéraire 37
– en pleine propriété 38
– en usufruit 39
– partiels d'actifs 195
Assemblée générale 62 et s.
– constitutive 125
– extraordinaire 63
– ordinaire 63
– représentation 140
– spéciale 141
Association 169 s.
– constitution 169
– dirigeants 170
– membres 170
– ressources 170 et s.
Associé 35 et s., 59
– droits extra-pécuniaires 60
– droits patrimoniaux 62
– droits pécuniaires 59
– nombre 35
Augmentation
– des engagements des associés 62
– du capital 147
Autocontrôle 214
Autorité des marchés financiers 145

B

Bénéfices 39 et s.
Boni de liquidation 56, 142

C

Capacité 27, 198
Capital social 50 et s.
– amortissement 149
– augmentation 147
– souscription 37
– libération 37
– quasi-capital 51
– réduction 148
Cause 32
Centre de Formalités des Entreprises 45
Cession
– de contrôle 197 et s.
Clause
– d'agrément 62
– d'inaliénabilité 62
– de préemption 62
– léonine 39
Comité d'entreprise 72 et s.
Commissaire
– aux apports 37
– aux comptes 50 et s., 112, 143, 157

Compte-courant d'associé 51
Conseil d'administration 126 et s.
– présidence 132
Conseil de surveillance 135
Consentement 32 et s.
– vices 32, 199
Contrôle
– autocontrôle 214
– cession de 197 et s.
– des concentrations 218
– interne 142
Convention
– d'omnium 217
– de vote 61
– réglementées 112, 143, 156, 163
Cumul
– de mandats 127, 133, 135
– mandat social et contrat de travail 66

D

Délégation de pouvoirs 72
Démembrement 36
Dénomination sociale 48
Directeur général 133
Directeurs généraux délégués 133
Directives communautaires 22
Directoire 134
Dirigeants sociaux 64 et s.
– de fait 64
– pouvoirs 67 et s.
– régime fiscal et social 67
– responsabilité 69 et s.
– révocation 65
– statut 64 et s.
Dissolution 54 et s.
– confusion 56
Dividendes 39, 59, 142
Droit comptable 216
Droit de la concurrence 218
Droit préférentiel de souscription 59, 148
Durée société 49

E

Économies 39
Emprunt obligataire 50
Ententes 218
Entreprise 21
Entreprise Unipersonnelle à Responsabilité Limitée (EURL) 119
Exclusion 62
Expertise
– de gestion 60, 138
– *in futurum* 60, 138

F

Faute
– de gestion 70
– détachable des fonctions 71
Fiducie 181
Filiale 214
Fiscalité
– abus de droit 216
– intégration fiscale 216
– régime des sociétés-mères et filles 216
Franchissement de seuils 204
Fusion 187 et s.

G

Garantie
– de cours 206
– de passif 202
Groupe de sociétés 211 et s.
Groupement d'intérêt économique 173 et s.

H – I – J

Holding 213
Incapables 30 et s.
Indivision 36
Information 60 et s.
Intérêt social 61 et s.
Intuitu personae 79, 97
Jetons de présence 129

L – M – N

Liquidation 57 et s.
Majorité 63 et s., 141
Mandats en blanc 10
Nationalité 49
Nullités 46 et s.

O

Objet social 32 et s.
– dépassement (d') 33
Obligation 146
– aux dettes 40
Offre
– au public 124
– concurrente 208
– publique d'achat et d'échange 203 s.
– publique de retrait 206

P

Pacs 30
Participations croisées 214
Parts sociales
– cession 62, 85, 116, 121
Personne morale 43 et s.
Pertes 40 et s.
Pourparlers 43
Président du conseil d'administration 132
Prix 199 et s.
Procédures collectives 219

Q

Questions 60
Quitus 71
Quorum 63, 141

R

Rachat d'actions 149
Redressement judiciaire 31, 219
Réduction du capital social 148
Registre du Commerce et des Sociétés 45
Reprise des actes 45 et s.
Réserves 39, 113, 142
Responsabilité
– d'une association 171
– de la société 53 et s.
– des dirigeants 69 et s.
– du commissaire aux comptes 53
– des membres d'un groupement 175
Retrait
Révocation 65
– *ad nutum* 65
– judiciaire
– pour justes motifs 65

S

Salarié 72 et s., 217
Scissions 193 et s.
Seuils
– franchissement 204
Siège social 48
Société
– anonyme 123 et s.
– à responsabilité limitée 107 et s.
– civile 97 et s.
– créée de fait 95
– définition 21
– durée 49
– en commandite par actions 160 et s.
– en commandite simple 87 et s.
– en formation 43 et s.
– en nom collectif 79 et s.
– en participation 93 et s.
– européenne 177 et s.
– évolutions 22
– fictives 41
– par actions simplifiée 153 et s.
– par actions simplifiée unipersonnelle 153 et s.
– sans personnalité morale 93 et s.
Squeeze out 207
Surenchères 28
Statuts 44 et s.

T

Terme 49
Transformation de la société 54
Transmission universelle du patrimoine 57, 188

U – V

Unanimité 102
Valeurs mobilières 146 et s.
Vote 61 et s.
– par correspondance 140
– par visioconférence140

IMPRIM'VERT®

Achevé d'imprimer par Corlet, Imprimeur, S.A. - 14110 Condé-sur-Noireau
N° d'Imprimeur : 123221 - Dépôt légal : novembre 2009 - *Imprimé en France*